贯彻落实双循环战略
防范重大市场风险

国家发展改革委市场与价格研究所 著

中国市场出版社
China Market Press
·北京·

图书在版编目（CIP）数据

贯彻落实双循环战略 防范重大市场风险 / 国家发展改革委市场与价格研究所著. —北京：中国市场出版社有限公司，2022.1

ISBN 978-7-5092-2118-1

Ⅰ.①贯… Ⅱ.①国… Ⅲ.①中国经济—文集 Ⅳ.①F12-53

中国版本图书馆CIP数据核字（2021）第199115号

贯彻落实双循环战略　防范重大市场风险

GUANCHE LUOSHI SHUANGXUNHUAN ZHANLüE FANGFAN ZHONGDA SHICHANG FENGXIAN

著　　者： 国家发展改革委市场与价格研究所

责任编辑： 晋璧东（874911015@qq.com）

出版发行： 中国市场出版社

社　　址： 北京市西城区月坛北小街2号院3号楼（100837）

电　　话：（010）68033539

经　　销： 新华书店

印　　刷： 河北鑫兆源印刷有限公司

成品尺寸： 170mm × 240mm　　**开　　本：** 16开

印　　张： 20.75　　**字　　数：** 420千

图　　数： 43　　**表　　数：** 29

版　　次： 2022年1月第1版　　**印　　次：** 2022年1月第1次印刷

书　　号： ISBN 978-7-5092-2118-1

定　　价： 99.00元

目录

第三部分 市场机制

第四部分 重点市场

第五部分　市场风险

第一部分 市场主体

加快中小企业数字化转型研究

王　丹

内容摘要：“十四五”规划纲要明确提出“建设数字中国”的战略目标，指出要“以数字化转型整体驱动生产方式、生活方式和治理方式变革”。中小企业是数字化转型的主力军。加快中小企业数字化转型能够有力抢占数字化发展的战略高点，实现供求高水平动态平衡，激活“双循环”新发展格局的微观主体动能，是复杂多变形势下抓住新机、开拓新局的重要突破口。本报告聚焦中小企业数字化转型的关键问题，从基本概念入手，分析中小企业数字化转型的典型模式，总结主要发展趋势。结合实际，提出中小企业数字化转型面临内驱力不足、适应力欠缺、驾驭力弱化、整合力缺乏、持续力不够的困境。进一步从转型前、转型中、转型后全流程剖析产生这些问题的主要原因。最后提出“关键五招”助力中小企业数字化转型，促进数字技术与实体经济深度融合，催生新产业新业态新模式，打造数字经济新优势。

一、中小企业数字化转型的内涵

（一）基本概念

数字化是利用新一代信息技术，构建数据的采集、传输、存储、处理和反馈的闭环，打通不同层级与不同行业间的数据壁垒，提高行业整体的运行效率，构建全新的数字经济体系。理论层面将数字化转型界定为技术经济范式下的创新驱动行为，涵盖两层含义：第一，新一代数字信息技术的投入产出，以创新要素突破传统资源瓶颈。第二，数字化技术在企业中的融合应用，体现创新的价值功能。数字化包括数据的采集、传输、存储、计算和应用，是指各类复杂多变的信息转变为可度量的数据，并加以处理的过程。政策语境下，将数字化转型定义为数字经济时代下企业所特有的战略升级现象。具体是指通过利用新一代数字化、网络化、智能化技术赋能企业管理、生产、销售和售后的过程，即企业利用新一代数字技术，将某个生产经营环节乃至整个业务流程的物理信息链接起来，形成有价值的数字资产，通过计算反馈有效信息，最终赋能到企业商业价值的过程。可以进一步将数字化转型分解为数字化技术、商业模式创新和企业文化创新三个维度，数据是联系三个维度的核心。如图1–1–1、图1–1–2所示。

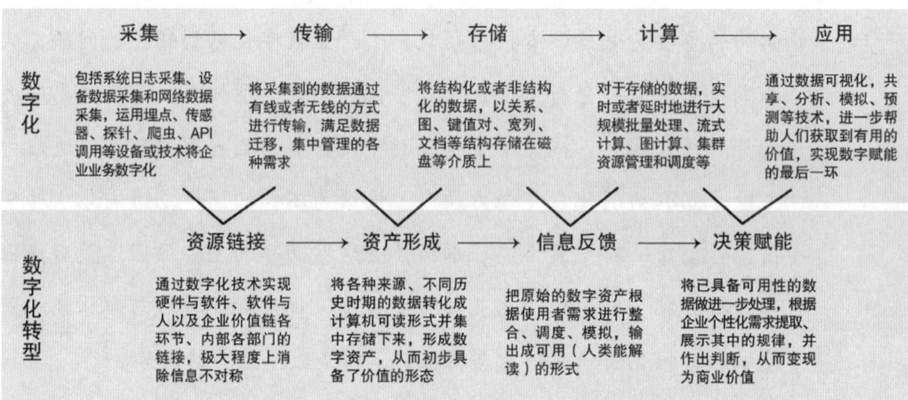

图1–1–1 数字化与数字化转型

资料来源：国务院发展研究中心《传统产业数字化转型的模式和路径》报告，2018。

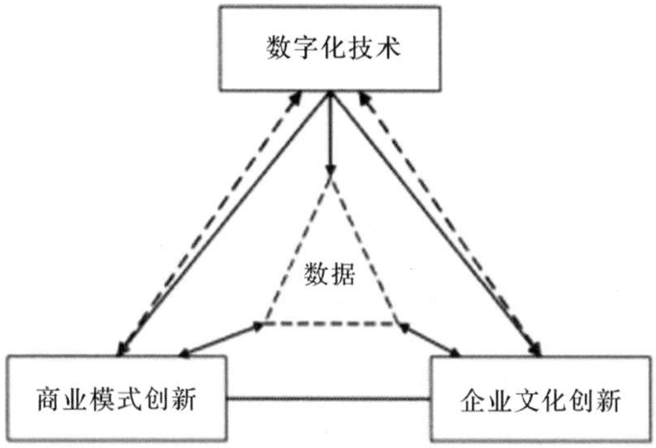

图1-1-2 企业数字化转型解构

资料来源：戚聿东，蔡呈伟. 数字化企业的性质:经济学解释[J]. 财经问题研究，2019（5）.

不同学者从思维、战略、变革、目标和政策等视角定义中小企业数字化转型。从培育壮大新动能、形成强大国内市场、激发各类市场主体活力要求出发，结合政策实践，本研究中的中小企业数字化转型是指提升中小企业智能制造和上云用云水平，实现中小企业从“技术应用”向“数字重构”、从“提升效率”向“提升价值”、从“系统思维”向“数据思维”的三大转变，最终促进产业集群数字化发展。

（二）典型模式

一是数字化平台赋能模式。大多数中小企业缺少开发和部署自己的数字化平台的能力和资源。因此，大多数中小企业开展数字化转型必须依赖于第三方的数字平台。

二是自主开发平台转型模式。部分优质的中小企业也可以通过开发和部署自己的数字平台实现转型，一些“隐形冠军”企业配备了丰富的资源和能力，它们可以协调内部资源开发关键能力，使它们能够克服组织惯性和抵制变化。

三是头部企业助力转型模式。头部企业是具备多年的B端商户服务经验的企业，其与商户保持最紧密的联系，具有天然入口侧的优势。在某一行业中，头部企业更熟悉该行业的业务流程、适宜架构和市场特性。因此，由头部企业提供一整套数字化升级方案也是中小微企业数字化转型的模式之一。

（三）主要趋势

从市场规模看，中小企业数字化转型增速呈现出从“暴风式增长”向“平稳式增长”转变态势。据行研报告统计，2015年中小企业数字化转型服务行业市场规模仅179.4亿元，2016年和2017年行业规模增速都高达80%以上。2019年超过千亿元级规模后增速逐步放缓至50%以下。2020年疫情一定程度上加速了中小企业的数字化转型进程，但中小企业数字化转型整体增速仍呈现放缓趋势。如图1–1–3所示。

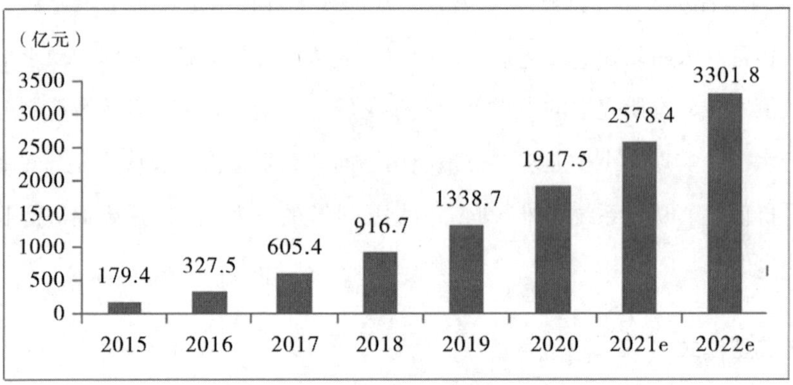

图1–1–3 中小企业数字化转型服务行业规模

资料来源：wind数据库。

从赋能要素看，中小企业数字化转型动力从“技术驱动”向“数据驱动”加速转移。目前，中小企业不仅用技术思维推动数字化，不再拘泥于用搭建IT平台、采购业务信息系统提升单点单环节信息化应用水平，其逐步将数据上升为新生产要素理念。中小企业越来越重视自身数据资源汇聚，加强数据管理能力建设，实现“用数据说话、用数据决策、用数据管理、用数据创新”，以数据应用创新推动业务创新变革。

从转型模式看，中小企业数字化应用显现出从“单环节”向“全流程”转变的趋势。中小企业量多面广，涉及批发零售、制造、商业服务、农林牧渔、酒店餐饮等诸多行业，数字化转型需求“千企多面”，在较短时期内很难形成覆盖全流程、体系化的通用共性数字化解决方案。在消费互联网的带动下，很多厂商利用电子商务平台拓展线上经营、精准营销、O2O服务。在疫情隔离机制倒逼下，又有更多企业基于移动办公平台，开展协同办公、移动商务等远程业务，为中小企业数字化转型探索了可操作性强、可复制性程度高的实践路径，将引领更多的企业从共性的经营管理、营销服务等环节入手，推动相关业务系统向云平台迁移，采购云化服务，先易后难地推进转型。

二、中小企业数字化转型对“于变局中开新局”意义重大

（一）能够夯实识变之基，抢占数字化发展战略高点

习近平总书记强调，“要以科技创新和数字化变革催生新的发展动能”。“十四五”规划纲要也明确提出，推进产业数字化，实施“上云用数赋智”行动，推动数据赋能全产业链协同转型是构筑数字经济新优势的重要内容之一。占据市场主体大半壁江山的中小企业是产业生态的重要组成部分。只有中小企业大范围深层次推进数字化转型，持续拓展研发设计、生产制造、经营管理、市场服务等环节的数字化应用场景，使数字技术充分赋能传统产业，深度变革要素构成内容、产业分工格局和市场需求态势，才能促使产业组织生态、组织范式和价值实现路径产生质的飞跃。最终以中小企业集群式升级创新提升产业整体发展层次和水平。因此，通过加快中小企业数字化转型能够按下数字化发展的快进键，是科技创新的基础性先导性工作，是构筑数字化时代国家竞争新优势的战略选择。

（二）能够充实应变之策，实现供需结构高水平动态平衡

推动质量变化、效率变革和动力变革是“十四五”时期实现高质量发展的内在要求。实现三大变革的核心是加快转变发展方式，提高全要素生产率。作为新的关键生产要素，数据要素可以从供需多个渠道提升经济发展效率，对推动经济高质量发展起到“倍增器”的作用。加快中小企业数字化转型，可以使数据要素直接参与生产和服务的规模范围迅速扩张，优化生产要素配置，依托工业互联网、大数据、人工智能等新型基础设施和技术，多维度推动生产效率的提升。具体来说，数据要素能优化中小企业生产流程，促进不同规模、类型、行业等企业间资源高效优化配置，促进产业链协同创新，提升产业整体竞争力，化解结构性矛盾，在更高水平上促进供需有效对接。

（三）能够提升求变之效，激活新发展格局的微观动能

畅通国民经济循环的关键环节之一是激发微观市场主体活力。加快中小企业数字化转型可以激发其创新潜能，促使其紧跟产业发展前沿，推动互联网、大数据、人工智能和实体产业的深度融合。通过技术的群体性突破来提升整个经济的产出效率和创新水平，有利于打造一大批专精特新企业，加快隐形冠军企业的培育力度和进程，形成新兴产业集群，充分激发中小企业内生发展动力，最大限度释放市场主体活力，形成强大国内市场的巨大推力。最终提升国内市场的高效性、活跃度、连通性和开放性，为强大国内市场夯实微观基础。

三、中小企业数字化转型面临“五力不足”困境

（一）内驱力不足

转型成本负担不起。数字化转型作为一项系统工程需要大量的前期资金投

入，而中小企业在难以利用资金杠杆和借助专项扶持的基础上，靠企业自身资本投入数字化转型几乎难以为继。中小企业协会调研数据显示，2020年仅有12%的中小企业获得了转型贷款。因此企业自身“造血”机能偏弱，外部“输血”机制滞后，致使中小企业数字化转型进展迟缓。

转型收效并非立竿见影。数字化转型的成效往往在短期内无法显现，其成果见效慢且价值难以量化。从投入产出比的直观对比效果来看，企业很难长期坚定决心，这在一定程度上影响了企业的转型预期，使企业很难持续、坚定地实施数字化转型。

转型风险难以预估。相较于大型企业转型，中小企业的特性导致其转型在空间和时间维度都受到更大限制，其数字化水平低，网络化、智能化基础更为薄弱。如果转型目标定位不准、评估不科学将会产生不可估量的转型风险，一旦失败可能会面临生存危机。因此，试错成本更高、风险更大难度更大让较多中小企业对数字化转型望而却步。

（二）适应力欠缺

数字化切入点找不准。数字化转型核心是转型，而中小企业数字化转型缺乏明确的目标指引，订单式转型方案难以满足中小企业定制化的多样性需求。因此，无法瞄准企业发展中的痛点堵点，并以此为切入点推进数字化转型。继而无法实现数字化系统与企业技术创新、产品开发、物流仓储、销售服务、财务管理、内审行政方面的紧密融合，无法使数字化价值渗透到企业生产经营的每个环节中，发挥主导作用。据阿里集团相关数据显示，只有不到20%的中小企业实现了真正的数字化，绝大部分企业与10年前、20年前基本没有太大变化。

数字化经营组织人才极度缺乏。企业数字化转型后，基于传统经营模式下培养起来的管理人才难以适应数字化运营体系。尤其是中小企业，缺乏大量专业化人才在科技驱动、迷途领航、资源整合、全局思维等方面推动企业数字化转型。同时，数字化转型对组织形态和组织文化重塑的要求也较高，这也对企业的管理人员提出了更高要求，但往往中小企业领导层对组织形态演进的方向把控不准，无法适应复杂多变的外部环境，难以形成数字化赋能带来的内推力。

（三）驾驭力弱化

中小企业竞争地位被削弱。数字化转型中，平台扮演着重要角色，其通过快速规模化和市场集中化来塑造效率优势的同时，也不断衍生出“赢者通吃”的风险。实际中，部分平台企业利用其市场支配地位让中小企业对其产生路径依赖，强迫中小企业“二选一”，通过限定交易、锁定产业链上下游等方式对中小企业进行深度捆绑。比如，某平台规定商家一旦同时入驻其同类竞争平台，佣金费率则上浮3%到7%。这样使得中小企业成为平台的附属企业，通过数字化链条持续强化垄断地位，破坏了市场的良性竞争格局。

中小企业议价能力减弱。在数字化赋能过程中，中小企业始终处于劣势位置，缺乏议价能力，平台或头部企业会不自觉地将自身的意志强加于中小企业身上，对中小企业收取不合理的高额平台抽成、佣金等费用，存在“敲竹杠”的不良现象。比如，某生活服务类电商平台对餐饮类中小企业收取高达23%的佣金。同时，由于平台能够对中小企业经营状况实现“在线监测”，一旦中小企业业绩增长较快，其对中小企业收取的佣金也会随之“水涨船高”，不断侵蚀中小企业利润。

中小企业商业机密保护力变弱。数字化转型过程中，对中小企业商业数据缺乏统一规范的保护标准，涉及中小企业成本等核心信息存在“透明化”的风险。一些头部企业在协助中小企业数字化转型后将其变为自身的上下游企业，由于其掌控中小企业的全流程数据，使得中小企业在谈判中处于绝对劣势。甚至一些平台或头部企业通过掌握核心商业数据来发展相关业务，这对中小企业的市场地位造成严重威胁。

（四）整合力缺乏

企业内部价值链难以整合打通。数字化转型取得实效需要利用数字技术实现流程驱动生产、供应链、研发、市场、服务等企业价值链升值，打通各环节的价值创造梗阻。但实际中，较多的中小企业一直在忙于进入各类信息化平台，CRM、ERP、APP、小程序等各种信息化项目让中小企业应接不暇，使其无暇探索内部价值链打通的有效路径，使得数字化转型难以带来经营效益的实际提升。

业务需求与转型方案的适配性不高。中小企业在在转型中存在单纯强调大量的数据存储、高性能的计算能力等问题，容易忽略业务需求与数字技术动态适应性等关键问题。在生产、经营、渠道、组织管理等核心环节，没有数字化能力的全面、深入协同推进，根本无法有效应对数字化阶段的经营难题。真正的数字化需要数据中后台的流程、产品与渠道的革新，而非前端植入高科技基础设施与智能设备，中后台不能相应地适应技术革新的要求。中小企业在提升业务需求与转型方案方面的能力还较为欠缺。

企业外部协同转型效应未形成。数字化转型后企业业务的网络化、链条化的趋势更加明显，需要上下游企业间协同转型才能最终实现企业外部资源数据的价值化。但中小企业间、上下游企业间由于要素流通不畅、转型步伐不统一、转型系统不兼容、转型模式不对接等，难以实现联动转型，无法发挥数字化协调倍增和集群效应，协同设计、生产、运维、销售程度较低，企业间的协同能力薄弱，难以形成正向的组织战略响应，企业外部的数字化资源难以有效协同利用。

（五）持续力不强

持续性投入不足导致转型半途而废。数字化转型需要持续性投入，不断优化升级方案，但由于预算约束，中小企业往往难以进入深度应用阶段。中小企业调研数据显示，目前仅有3%的中小企业处于深度应用阶段，89%的中小企业仍处于数字化战略的探索阶段。超过60%中小企业的数字化设备连接率低于40%，近50%中小企业的信息系统覆盖率低于40%、设备联网率低于40%。总之，我国中小企业数字化转型尚处于初级阶段。如图1–1–4所示。

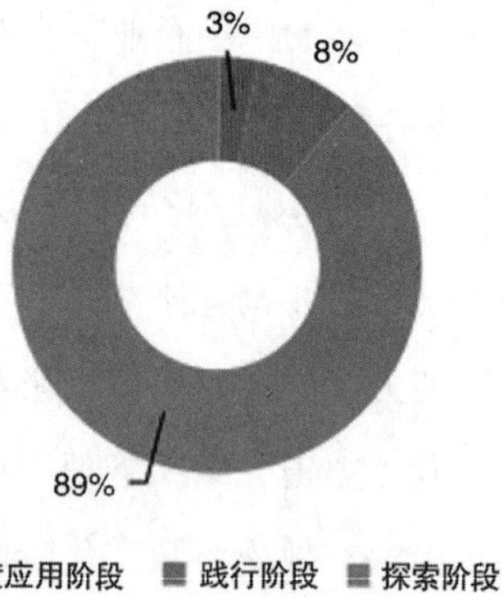

图1-1-4　中小企业数字化转型阶段

资料来源：中国电子技术标准化研究院《中小企业数字化转型分析报告（2020）》。

中小企业数字化迭代难以持续。数字化转型不是一蹴而就的，而是战略持续更新和高度动态化的过程，包括商业模式、协作方法和文化更新。但中小企业对短期利益的过度关注，导致其会制定过大、过快的数字化转型计划，基于自身的业务模式、企业文化、管理运营、技术能力综合考量不足，总体规划蓝图并未遵循数字化发规律，对数字化转型的持续感知力和敏捷性欠缺，转型的动态优化路径并未形成，最终导致数字化发展后劲不足，转型效益就会差强人意。

四、中小企业数字化转型裹步不前的主要原因

（一）转型前指引和评估体系不健全

转型指引不够明确精细。目前针对中小企业数字化转型的指引对实际工作的指导性还不强，关键性标准还未落地，导致中小企业对数字化转型的辨识程度相对欠缺，存在不会转的现实问题。同时，不同行业、不同发展阶段的中小企业数字化能力和基础存在较大差异。因此，对数字化转型战略的需求大相径庭，目前

无法满足中小企业个性化和多样化的需求，无法提供定制化服务，分类指导性较弱，很大程度上制约了中小企要数字化转型的实施进度和指导力度。

数字化评估体系不够完善。实际中，通过成熟度模型等对中小企业数字化转型进行科学完善细致的评估，才能找准其数字化基础、数字化重点及数字化动态路径。但由于中小企业数字化转型评估体系尚未建立，其无法客观评估数字化转型的现有基础、重点投入和主攻方向，也无法对数字化转型供给企业的服务能力进行客观评价，数字化转型服务的质量与可信度难以量化，也是制约中小企业数字化转型踌躇不前的一大障碍。

（二）转型中要素供给和保障不到位

核心关键技术支撑不足。信息基础设施和制造业数字化转型的基础相对薄弱是难以支撑中小企业多样化、个性化、高端化转型的原因之一。当前，关键工业软件、底层操作系统、嵌入式芯片、开发工具等技术领域仍需突破，工业传感器与控制产品大多集中在低端市场，控制系统、平台数据采集开发工具等领域的专利多为外围应用类，缺少核心专利。此外，我国信息基础设施供给发展不平衡矛盾依然突出。由于基础技术的自主创新支撑不足，对中小企业数字化转型的支撑力有限。

缺乏权威的数据标准。数字化转型中涉及大量数据标，包括经营管理数据、设备运行数据、外部市场数据等，只有完善规范的标准，才能有效推进数字化转型。尤其是工业设备种类繁多、应用场景较为复杂，不同环境有不同的工业协议，数据格式差异较大，不统一标准就难以兼容，也难以转化为有用的资源。目前，我国已有全国信息技术标准化技术委员会、智能制造综合标准化工作组、工业互联网产业联盟等多个从事相关标准研发的机构，制定了《国家智能制造标准体系建设指南（2018年版）》《工业互联网标准体系框架（版本1.0）》等文件，但需要进一步加强与数字化转型体系的对接融合，才能为转型中面临的新问题提供解决方案和有力支撑。

数据安全保障待加强。数字化转型中的安全保障是关键，因为工业数据涵盖设备、产品、运营、用户等多个方面，在采集、存储和应用过程中一旦泄露，会给企业和用户带来严重的安全隐患，对中小企业的正常运营及市场竞争产生难以弥补的损伤。目前，各种信息窃取、篡改手段层出不穷，单纯依靠技术难以确保数据安全，相关惩罚措施不到位难以形成威慑。同时，中小企业的技术水平往往与提供转型服务的头部企业和平台企业存在较大差距，对自身数据保护缺乏隔离安全机制，在数据安全受到威胁时，缺乏相应的甄别能力和应对措施。因此，需要依靠强有力的外部制度来规范保障中小企业的数据安全。

（三）转型后数据生态和环境待优化

数字化生态未建立。多数平台企业以及其他类型赋能机构大都各自为战、单打独斗，相互之间缺乏合作与互动，支持中小微企业数字化转型的生态尚未建立。平台企业在发展过程中积累了大量数据，在开展中小企业普惠贷款业务过程中也缺乏与专业金融机构的合作，数据共享存在严重障碍。科研机构和行业协会与服务提供商也未建立相应合作机制，难以形成帮扶中小企业数字化转型的赋能合力。此外，平台企业间的数字市场封锁也较为严重，数字市场融合畅通的生态并未形成，数字化转型服务的多样选择存在困难。例如，对于京东而言，很难进入市场已经被阿里充分占有的浙江及杭州区域；又如由于一线城市基本已被天猫、京东两大巨头牢牢占据，拼多多的产品则主要面向三四线城市用户。

数据开放与共享环境尚未建立。随着数字经济发展，企业对外部数据的需求呈现不断上升的趋势，包括产业链上下游企业信息、政府监管信息、公民基础信息等，将这些数据资源进行有效整合才能产生应用价值，但前提是这些数据能够被获得。目前，政府、事业单位等公共部门的数据仍处于内部整合阶段，企业间的数据开放共享更是存在诸多梗阻和桎梏。数据采集和共享的规范标准、范围不明确，严重制约转型后数据的有效利用。

上述内容参见图1–1–5所示。

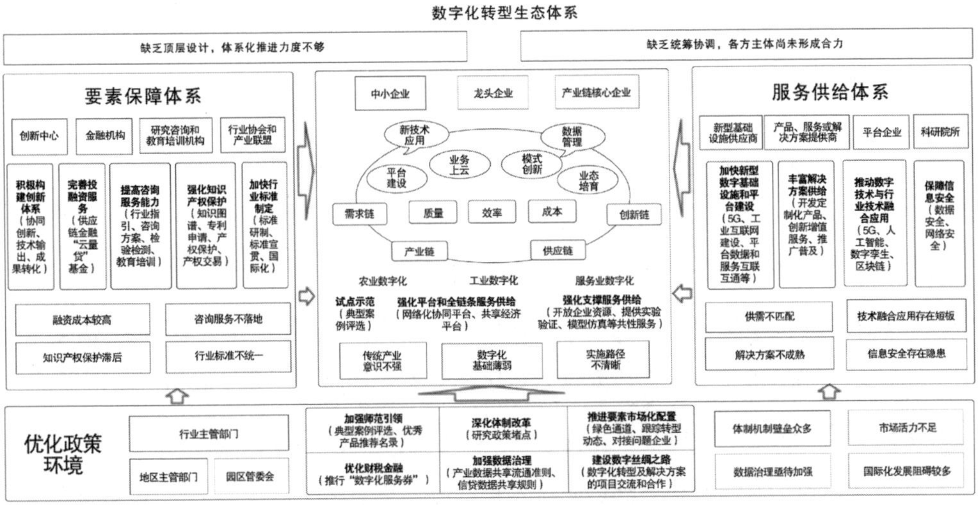

图1-1-5　中小企业数字化转型生态

五、"关键五招"助力中小企业数字化转型

（一）硬招：出思路，强化中小企业数字化转型顶层设计

明确目标导向。明确数字化转型重在转型，数字化只是手段，价值导向是关键。引导中小企业追求长期价值，始终坚持价值导向，将企业持续发展的价值效益作为核心评判依据，有效平衡、兼顾实效性价值与中远期发展价值，建立覆盖数字化转型重大投资决策、应用决策、成效评价及绩效考核的建设与治理体系，不断激发企业数字化转型的动力和活力。强化财政专项资金统筹，设立中小企业数字化专项资金，合理制定财政预算，简化中小企业申报审批流程，强化对该专项资金的绩效跟踪和评价，确保资源投入和使用效率。引导各级财政资金加大对中小企业数字化转型的投入，加强对数字经济领域重大平台、重大项目及试点示范的支持力度。建立数字化转型标杆示范型中小企业。总结一批中小企业数字化转型实践案例和典型经验，基于典型应用场景和示范效应引导中小企业持续创新

发展，鼓励中小企业坚持“专精特新”发展方向，对形成的成功经验予以推广。

（二）实招：供资源，构建多层联动服务平台和关键要素

夯实服务转型技术要素保障。依托数字化转型创新中心等，开展数字化转型核心技术攻关，开放线下能力线上配置的新型服务。依托多层级金融机构，探索“云量贷”等融资新服务，构建企业信用监测、产能对接、大数据风控等服务体系，提升中小企业融资能力和效率。依托第三方咨询机构围绕企业数字化转型战略、路径、策略等决策需求，研究发布数字化转型发展路线图和发展指引。依托行业联盟（协会）平台，围绕数字化转型开展需求征集、案例推广、经验交流、产品交易等活动。夯实人才保障机制，支持开展股权激励和科技成果转化奖励试点。加强中小企业数字化转型在用地、用能、创新等方面的要素资源优化配置和重点保障。构建数字化人才培养体系，增强引进数字化人才政策的力度和持续性，鼓励政企校共建中小企业数字化人才实训基地，激发行业协会、培训机构、咨询公司等在数字技能人才培育中的作用，促进数字技能人才培育体系的形成。搭建多层次服务平台。针对中小微企业数字化转型所需的资源，引导平台企业、行业龙头企业整合开放资源，共建数字化技术及解决方案社区，利用共享经济、平台经济等开放模式，推进研发设计、产品开发、制造、物流配送等生产经营资源，以及建模、实验验证、模型仿真、软件源代码等技术和设备资源的高效利用和价值共享，鼓励平台企业创新“轻量应用”“微服务”，对中小微企业开展低成本、低门槛、快部署服务。鼓励各类平台、开源社区、第三方机构面向广大中小微企业联合提供普惠化、低成本、多样性的“上云用数赋智”相关开发工具、产品和公共性服务。通过建设数字化转型促进中心和开源社区，提供数字化转型所需的转型咨询、人才培训、技术输出、成果转化、协同创新等一体化、全链条服务。

（三）真招：重实效，出台细则指引完善相应配套政策设施

制定分类指引。逐步为不同行业中小企业数字化转型提供定制化、全周期

服务，做到分类指导、分步实施。适时扩大国家发展改革委“数字化转型伙伴行动”及工业和信息化部“数字化赋能专项行动”等专项行动参与单位范围，吸纳更多的行业协会、行业龙头企业、平台企业投身数字化转型工作，充分发挥各自的优势，形成更强大的转型合力。加快推进工业互联网平台标准体系建设。建立健全规范化工业互联网平台标准体系，提高平台兼容能力，以标准接口延长技术生命周期，有效带动行业健康发展。加快创建国家级工业互联网示范基地、示范园区。鼓励产业规模大、平台发展好、应用效果优的平台企业及园区管委会创建工业互联网示范基地、示范园区。支持工业互联网安全保障能力建设。支持工业互联网平台安全防护能力建设，提供统一灵活的认证、授权、审计等安全服务。支持企业建立数据安全保护体系，实现工业数据全生命周期保护。支持工业信息安全公共服务能力建设，为行业或区域企业提供风险预警、应急处置等保障服务。推动新型基础设施建设。加大5G、人工智能、物联网等新型基础设施投入和建设力度，扩大高速率、大容量、低延时网络覆盖范围，为中小企业连接互通提供信息网络支撑。

（四）高招：建生态，完善中小企业数字化转型生态体系

完善创新系统机制。推动转型主体融合创新，探索建立政府-金融机构-平台-中小微企业联动机制，因地制宜、分业施策实施利益共享措施，促进转型主体间、区域间合作共赢、风险分担、利益共享、价值共创，形成协作融通新格局。依托数字化转型伙伴行动，畅通数字化服务商与转型需求企业的对接机制，建立技术、资金、数据、人才、市场、渠道设施、中台等服务全要素自由流通机制，赋能跨界融合的数字化生态建设。联合各界产业龙头企业建设一系列不同专攻方向的研究中心，分别着力于推广云计算技术的使用、研究数字化流程和资源管理，以及推广知识和创新管理、数字化通信流程等。构建优质转型服务体系。积极构建面向中小企业提供技术赋能、组织赋能和管理赋能的产业公共服务体系，包括开放型技术和科技服务平台、资源对接和推广服务平台等。行业协会等

在整合社会信息资源、培育数字经济人才、研发数字经济新技术方面具有优势，有效发挥它们的服务和协调作用，能够为企业数字化转型升级提供助力。可鼓励中小企业组建数字化发展协会，实现数字化转型设备的共建共享，应答协会牵头组建中小企业数字化转型研究机构，加强信息收集及路径研究，用以指导中小企业开展数字化转型。

（五）妙招：优监管，防范中小企业数字化转型相关风险

坚持依法依规和审慎敏捷监管。完善数字经济监管法律法规体系，坚持法治思维和法治方式，运用正面清单和负面清单相结合的方式，推进监管职责和权限法治化。更新细化平台经济反垄断监管规则，高度关注数字化转型中的垄断和不正当竞争行为，适时将数据集中等新问题及时纳入反垄断分析框架，完善优化数字经济领域的竞争政策规则。以包容审慎为原则，提升对数字经济领域的监管效率，力求在保护创新和消费者利益之间最优权衡。创新运用监管沙盒等新模式，积极推进敏捷监管和响应式监管，增强数字化转型中监管的及时性、准确性。提升数字经济监管效率。不断创新分析工具和思路营造公平有序的市场环境。结合数字化转型特性，针对转型服务中“二选一”、滥用市场支配地位、设置市场隐性壁垒、用户议价能力等供给或需求替代性进行重点分析。规范平台或头部企业利用流量、算法、数据等不正当竞争行为，对不合理佣金等行为加强监管，优化中小企业数字化转型的竞争环境。构建多元共治监管格局。加强商会、协会等行业组织建设，支持和鼓励行业组织建立行业标准和自律规范，建立与有关互联网平台监管部门的常态化机制化沟通合作机制，发挥行业组织桥梁作用，引导转型服务提供企业依法合规经营。畅通社会监督渠道。进一步完善转型服务相关的监管投诉举报平台，拓展投诉举报渠道，引导社会公众、中介机构、新闻媒体等对互联网平台市场秩序的监督，发挥消费者对互联网平台经营活动的直接监督作用，健全中小企业竞争保护机制。

参考文献

[1] 唐·泰普斯科特，亚历克斯·洛伊，戴维·泰科尔. 数字经济蓝图 [M]. 陈劲，何丹译，大连：东北财经大学出版社，1999.

[2] 裴长洪，倪江飞，李越. 数字经济的政治经济学分析 [J]. 财贸经济，2018 (09): 5-22.

[3] 戚聿东，李颖. 新经济与规制改革 [J]. 中国工业经济，2018 (03) :5-23.

[4] 江小涓. 高度联通社会中的资源重组与服务业增长 [J]. 经济研究，2017 (03) :4-17.

[5] 戚聿东，蔡呈伟. 数字化企业的性质:经济学解释 [J]. 财经问题研究，2019 (05) :121-129.

[6] 方燕，刘柱，隆云滔. 互联网经济的性质:本质特征和竞争寓意 [J]. 财经问题研究，2018 (10) : 31-39.

[7] 哈尔R. 范里安，约瑟夫·法雷尔，卡尔·夏皮罗. 信息技术经济学导论 [M]. 韩松，秦安龙，姜鹏译，北京：中国人民大学出版社，2013.

[8] 谢康，谢永勤，肖静华. 共享经济情境下的技术信任——数字原生代与数字移民的差异分析 [J]. 财经问题研究，2018 (04) :99-107.

[9] 李晓华. "新经济"与产业的颠覆性变革 [J]. 财经问题研究，2018 (03) :3-13.

[10] 李细枚，张湘伟，张毕西. 基于"学习曲线"理论的投产量决策模型研究 [J]. 系统科学学报，2018 (04) :53-57.

[11] 艾尔弗雷德·钱德勒. 企业规模经济与范围经济：工业资本主义的原动力 [M]. 张逸人，陆钦言，徐振东等译，北京：中国社会科学出版社，2006.

[12] 卡尔·夏皮罗，哈尔·瓦里安. 信息规则：网络经济的策略指导 [M]. 孟昭丽，牛露晴译，北京：中国人民大学出版社，2000.

[13] 蔡呈伟. 论"互联网+"背景下竞争政策的意义 [J]. 现代经济探讨，2016 (04) : 20-24.

[14] 李海舰，田跃新，李文杰. 互联网思维与传统企业再造 [J]. 中国工业经济，2014 (10) :135-146.

[15] 中田敦. 变革:制造业巨头GE的数字化转型之路 [M]. 李会成，康英楠译，北京：机械工业出版社，2018.

[16] 李佳峰，周清源，吴斯. 中小企业如何把握数字化转型机遇 [N].经济日报，2020-10-9.

[17] 国务院发展研究中心课题组. 传统产业数字化转型的模式和路径 [R]. 2018 (03).

[18] 中国信通院. 数字经济发展白皮书2020 [R]. 2020 (07).

［19］Erdem，T.，Keller，K. L.，Kuksov，D.，et al. *Understanding Branding in a Digitally Empowered World*［J］. *International Journal of Research in Marketing*，2016，33（01）：3–10.

［20］Li，H.，Joh，Y. S.，Kim，H.，et al. *Evaluating the Effect of Database Inflation in Proteogenomic Search on Sensitive and Reliable Peptide Identification*［J］. *BMC Genomics*，2016，17（S13）:10–31.

［21］Solow，R.M. *We'dBetterWatchOut*［J］. *NewYork R eviewofBooks*，1987，7(12):1.

［22］Coase，R.H. *TheNatureoftheFirm*［J］. *Economica*，1937，4（16）：386–405.

［23］Jensen，M. C.，Meckling，W. H. *Theory of the Firm: Managerial Behavior, Agency Costs and Ownership Structure*［J］. *Journal of Financial Economics*，1976，3（4）：305–360.

平台企业并购反垄断规制研究

胡　飞

内容摘要：平台是数字经济的重要载体和实现形式，平台企业并购在推动企业做大做强的同时，也给反垄断和反不正当竞争带来新挑战。本报告结合平台企业不同于传统行业的并购特点与竞争特征，从创新、竞争和垄断等角度分析平台企业并购的主要影响。在此基础上，结合欧美国家反垄断规制实践，对平台企业并购的反垄断规制困境及对策建议进行探讨。

平台经济是数字经济时代涌现出的生产力的新组织方式，近年来，平台企业并购现象大量涌现，市场集中度不断提高，平台生态系统加速构建。日渐强势的网络平台在为信息传播带来极大便捷的同时，也存在滥用市场支配地位排除限制竞争的倾向，并购所带来的限制竞争等问题持续引发反垄断担忧。

一、平台企业并购现状、特征与主要影响

并购是传统企业实现规模扩张的重要方式。对于平台企业而言，由于网络外部性的存在，并购更是企业培养竞争优势的重要途径。滴滴并购优步中国、滴滴并购摩拜单车、美团并购大众点评、携程并购艺龙和去哪儿网等案例都曾引起广泛关注。随着互联网经济的发展，平台企业并购动机也不同于传统企业。

（一）平台企业通过并购扩张的方式正受到越来越多的关注

并购是平台企业规模扩张的重要方式。数字技术体系使不同地域和部门中具有相似逻辑的经济活动，集成到同一数字平台上进行，具有规模效应（谢富胜等，2019）。近年来，互联网头部平台企业通过收购、战略投资、商业合作等方式，扩展进入互补或关联领域，从上游到下游，从线上到线下，从科技到金融，广泛布局，通过收购、并购等行为占有行业中由中小企业引领的创新，实现自身的“生态化”发展。以阿里巴巴为例，2007年上市时，旗下包括阿里巴巴、淘宝网、阿里软件、支付宝、中国雅虎5家子公司，被戏称为“达摩五指”。此后，通过持续投资并购，阿里巴巴构建起“大文娱”生态，打造出庞大商业帝国。截至2019年11月，阿里一共投资345次，总投资金额为4362.5亿元。据新财富统计，10年时间，阿里、腾讯已各自铸就10万亿元市值生态圈，几乎“承包”了人们的衣食住行。

互联网企业利用并购扩张，市场寡头化趋势明显，“一家独大，赢者通吃”的商业模式突出。伴随着大数据及人工智能技术的应用，马太效应作用下越来越多的市场份额向互联网头部企业集中，美国的微软、脸书、亚马逊及谷歌，中国的百度、阿里、腾讯、京东等均可认为是互联网平台企业的领军者。数据显示，2009年，全球市值前十大公司主要是石油公司、银行，而2019年市值前10家中有7家是互联网平台企业。从市场份额看，谷歌拥有大约90%的互联网搜索市场，脸书占据全球三分之二的社交媒体市场，亚马逊在全球在线零售活动中占近40%的份额。中国App前10名中，腾讯占4席，阿里系占3席。阿里巴巴拥有中国电子商务市场近60%的份额，微信月活跃用户超过12亿，微信支付与支付宝占中国第三方移动支付市场份额的90%以上（如图1-2-1所示）。

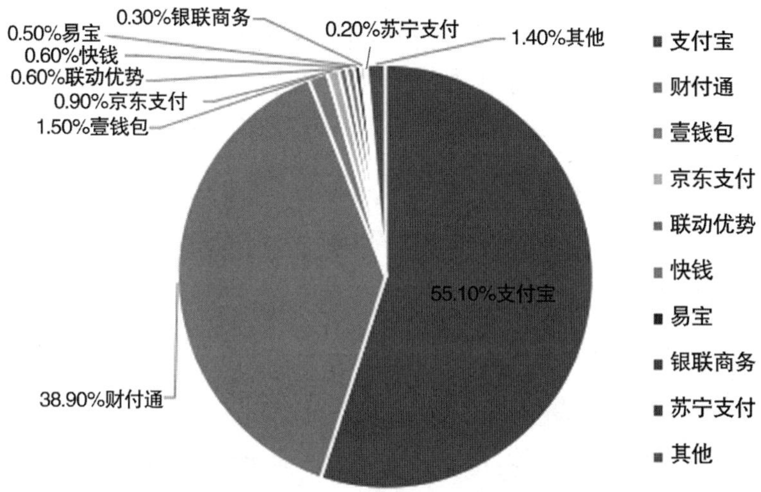

图1-2-1　2019年中国第三方移动支付行业市场竞争格局分析情况

数据来源：前瞻产业研究院《中国第三方支付行业市场需求预测与投资战略规划分析报告》。

强化互联网平台反垄断成为全球普遍趋势。随着大型互联网平台企业的快速发展，由于在相当长时间内各国反垄断执法机构未能进行有效规制，平台垄断问题越来越严重，侵害消费者权益、危害市场竞争秩序的情况时有发生，世界各国纷纷强化平台规制。以欧盟为例，其先后数次对谷歌（Google）进行反垄断查处，罚款金额合计近100亿美元。苹果（Apple）、脸书（Facebook）和亚马逊（Amazon）也因垄断问题受到欧盟的调查。美国同样加强平台规制。2019年9月，美国国会及反垄断执法机构先后开始对平台巨头的反垄断调查。同时，美国50多个州宣布对谷歌发起反垄断调查。其他国家和地区也纷纷加大对于平台的反垄断规制。据报道，2017年至2019年7月，谷歌、苹果、脸书和亚马逊（简称GAFA）四大互联网巨头在全球17个国家或地区至少遭遇了52起反垄断调查。强化对平台的反垄断规制成为大势所趋。

上述内容参见专栏1所示。

专栏1 阿里投资的典型案例

投资是阿里拓展其商业生态的手段之一。2008年，阿里巴巴成立阿里资本，开启投资之路。截至2019年11月，阿里一共投资345次，总投资金额为4362.5亿元。在2018财年报告中阿里明确表示，不会出于纯粹的财务原因进行投资和收购，而是侧重于加强阿里的生态系统、创造战略协同效应，并提高公司整体价值。

当投资的项目对阿里集团极其重要时，阿里会从投资逐渐转变为控股，甚至全资收购。例如2016年8月，阿里巴巴和蚂蚁金服一起向饿了么投资12.5亿美元；2017年4月，阿里巴巴和蚂蚁金服以总投资金额4亿美元进一步增持饿了么。自此，阿里系对饿了么持股比例达32.94%，成为饿了么最大股东。一年后，阿里巴巴则联合蚂蚁金服以95亿美元对饿了么完成全资收购。2018年10月，饿了么和口碑合并，阿里正式成立本地生活服务公司，饿了么成为在本地生活服务领域阿里对抗美团的武器。这正是阿里一步步掌控投资公司的典型案例，投资并购版图也伴随阿里生态系统的需要而不断扩展延伸。

（二）平台企业并购具有不同于传统并购的特殊性

获取用户数据等资源是平台企业并购的重要动因。通过跨界并购，可以争取到尽可能多的用户，尤其是异质性用户信息，以进一步巩固平台企业的竞争优势。随着用户资源数据化程度加深，以及数据信息在采集、存储、传输、处理、管理等方面越来越便捷，数据成为新的竞争资源，以数据驱动型并购等方式获取数据资源的活动受到较高关注（于澜，2020）。一方面，数据作为重要的生产要素，企业能够通过数据分析不断改善产品和服务质量，进而吸引更多的消费者。这种数据驱动型的业务模式使企业获得正反馈式循环，网络效应被逐步扩大，新进入者很难与拥有大量用户的现有企业进行竞争。另一方面，数据收集和使用具有趋于零的边际成本结构，即前期投入成本较高，但会带来后期趋于零的边际成本，这种成本结构导致数据易被集中（曾雄，2017）。例如，脸书公司（Facebook）2014年斥资190亿美元收购即时通信软件WhatsApp，看中的正是后者庞大的用户群体。收购时，WhatsApp仅有50名员工，营业收入刚突破1020万美元，但活跃用户数达4.5亿，每天处理320亿条信息。按照190亿美元的成交价计算，WhatsApp每个用户价值42美元。通过对数据的控制，强化企业的竞争优势，强化行为的反竞争效应，造成市场进入壁垒，包括资金、技术、人才等壁垒（陈兵，2018）。

跨界并购是平台企业进行多平台经营、实现市场势力延伸的重要途径。商业生态系统的建立，使互联网行业的竞争不是停留在一个单一的业务领域，而是转向了更广阔的市场空间。平台企业在某一领域获得的垄断地位，可以通过绑定的客户资源较容易地传导至其他平台。随着基于互联网市场准入基准的降低以及资源共享范围的扩大，不同行业之间的竞争边界不断被打破，关联市场甚至是不相关市场上的经营者跨界竞争的现象愈加频繁（陈兵，2020）。互联网平台进行跨界融合及打造平台一体化经营，将自身在现有市场上形成的竞争优势传导至其他关联或不相关市场上，成为其他细分市场上的跨界竞争者，从而谋取新的利润增长极，成为互联网经济下普遍且重要的竞争模式。同时，互联网企业往往同时经营多个平台，形成多元平台集群，在“传导效应”下通过关联形成平台集群的垄断力。当平台成长到足够大的规模时，用户转向其他平台将无法与原平台用户进行有效沟通，从而形成“用户黏性”且具有更强的锁定效应。

通过并购打击或消除竞争对手，也是平台企业巩固竞争优势、排除限制竞争的便捷手段。这一并购也被称为猎杀式并购。与传统并购目的不同，猎杀式并购旨在通过大数据等方式，针对抹杀竞争对手或潜在竞争对手的并购（陈弘斐等，2020）。平台企业在获得市场优势之后，也会获得资金优势，倾向于利用资金优势对潜在竞争对手进行收购，以消除竞争，形成新一轮的垄断。李勇坚和夏杰长（2020）也发现，自数字超级平台兴起之后，大型平台就开始了大手笔的收购。

这些并购很多是超级平台在与其主要活动相邻或重叠的空间中收购了较小的创新公司，旨在消除潜在的未来竞争对手。例如，研究发现，美国制药行业中6%的并购属于“猎杀式并购”，为打压竞争，维持市场优势，药企在并购创新公司之后，会停止创新公司相关竞品的开发，目的是消除潜在的竞争对手。2020年美国众议院反垄断小组委员会发布报告，认为亚马逊、苹果、Facebook和谷歌都拥有垄断权，其中，反竞争的“猎杀式并购”正是委员会关注的核心议题，该报告调查了Facebook收购Instagram是否为了扼杀竞争对手。

（三）平台企业并购的竞争影响

平台企业并购有积极影响。例如，数据的价值实现天然需要跨界融合，而同质化恶性竞争也需要通过并购实现外部成本内部化。与此同时，近年来平台企业并购的负面影响不断凸显，成为强化反垄断规制的正当性和必要性的来源。

一是导致市场垄断问题。随着平台企业并购现象大量涌现，市场集中度不断提高，并购导致的市场垄断和限制竞争问题引发担忧。时建中（2016）等知名反垄断学者纷纷撰文指出，互联网行业的并购大幅提高了市场集中度，甚至几近垄断整个市场。李勇坚和夏杰长（2020）分析指出，平台经济模式对先行者的优势具有明显的放大效应。随着平台内用户增多，平台的运营成本与竞争力就越强，导致在平台经济运行过程中出现“赢家通吃”的情况。先行者微弱的市场优势都可能通过双边市场效应转换为大的市场势力。陈兵（2020）也认为，虽然互联网市场竞争具有强烈的动态特征，但是市场上仍然存在因交叉网络外部效应、用户锁定效应、大数据逆向激励等形成的多种竞争妨碍因素，致使早期动态的市场竞争向市场固化竞争趋态演化。

实践中，大型互联网平台企业的出现导致市场结构高度集中，呈现长期垄断现象。互联网行业的细分领域中，占有最大市场份额的企业，如电子商务领域的阿里巴巴，网络社交领域的腾讯，搜索引擎领域的百度等长期保持一致，显示出互联网电子商务平台企业的垄断势力与结构正趋于固化，互联网行业内创新发展的能力有待激活。自从BAT（即百度、阿里巴巴、腾讯）等巨头崛起后，我国互联网行业鲜有在技术和商业模式创新上能够独立发展壮大的企业，即便有一些独角兽企业，如滴滴、大众点评等，其背后均有BAT的资本力量。BAT的文娱投资版图共覆盖公司上百家，构建起“大文娱”生态，几乎全方位掌控了信息内容领域的产出渠道。同一赛道内互联网巨头的存在抑制了新进入者的产生。

二是存在不正当竞争风险。通过并购形成的超级平台拥有巨大的市场影响力，可能利用这种影响力实施不正当竞争行为。李勇坚和夏杰长（2020）指出，这种不正当竞争行为分为两方面：一是限制新的平台进入市场，从而垄断整个中介服务市场。例如，在位平台通过数据垄断、流量垄断等，增加新平台进入的成本。二是平台还可以对其平台内的经营者施加明示或暗示的影响，使平台内的经营者无法进入到新平台的经营中，例如通过“二选一”使经营者无法实现跨平台经营。尽管不正当竞争问题不是超级平台所特有的问题，但由于超级平台对平台内经营者的影响力远超工业经济时代，这个问题在数字经济时代更为突出。于澜（2020）从数据垄断的角度进行了系统阐释，占据大数据市场优势地位的企业通过并购使其竞争优势愈发强化，导致形成数据寡头的市场结构的同时，同数据本身固有的锁定效应、网络效应一道，为潜在竞争者进入相关领域设置畸高的市场进入壁垒。

三是蕴含社会福利隐患。一方面，大型平台企业常常利用大数据技术优势实施不正当定价行为，从而减损消费者福利。例如，通过掠夺性定价迫使竞争对手退出市场，或者通过“大数据杀熟”直接侵害消费者权益。另一方面，平台企业占据互联网市场寡头地位时，可能降低服务质量，降低消费者隐私保护甚至是主动侵犯、泄漏用户隐私。这一隐私风险在数据驱动型并购的情形下尤为突出甚至更为加剧（于澜，2020）。事实上，美国与欧洲各国早已将隐私维度列入数据驱动型经营者集中的审查范围。例如，在微软（Microsoft）并购领英（LinkedIn）一案中，欧盟在竞争评估中考虑了隐私保护这一重要的竞争维度，认为并购后所产生的封锁效应极易导致比领英隐私保护力度更强的竞争对手被边缘化。因此，当隐私风险与竞争密切相关时，反垄断法可以成为一项重要的救济手段。

二、平台企业并购的反垄断规制：政策、实践与困难挑战

2008年我国《反垄断法》颁布实施，经营者集中控制制度作为反垄断三大基本制度之一，旨在对可能出现的限制竞争效果构建前瞻性“防御工事”，与禁止垄断协议和禁止滥用市场支配地位一起，对市场力量的形成、维持、固化以及滥用进行控制，以防止限制竞争效果发生。企业并购反垄断审查（经营者集中审查）有两大基本问题：一是判断何种并购交易应被纳入审查的范围，即审查对象问题；二是如何对纳入审查范围的并购交易进行实质性评估，以判断是否具有反竞争的法律效果，即实质审查问题。随着互联网平台作为重要经济形态在经济社会发展中占据更重要地位，平台并购反垄断进入新阶段（王磊，2020）。

（一）反垄断制度改革加快推进，积极回应平台经济规范健康发展需要

当前“发展和规范并重”取代“包容审慎”，成为平台经济主要监管思路。随着平台经济极速发展壮大，滥用市场支配地位实施排除限制竞争行为的现象频发，平台经济反垄断面临严峻形势。为此，2020年12月召开的中央经济工作会议，提出强化反垄断和防止资本无序扩张，对平台企业规范发展作出部署。2021年3月15日中央财经委员会第九次会议进一步强调，要及时弥补规则空白和漏洞，加强数据产权制度建设，强化平台企业数据安全责任，促进平台经济领域民营企业健康发展。

为适应新时代经济社会发展的新定位和新动向，发布具有针对性的法律法规和指导文件。其中，国家市场监督管理总局于2020年1月2日发布《〈反垄断法〉修订草案（公开征求意见稿）》，向社会公开征求意见，其中就经营者集中审查申报表中、调查权限、罚款限额等针对平台经济作出适应性调整。2020年10月27日国家市场监督管理总局官网公布《经营者集中审查暂行规定》，整合、梳理

了此前零散的各项经营者集中审查程序性规定，为经营者集中执法工作带来更统一的确定性和透明性。2020年11月10日公开征求意见、2021年2月7日正式印发的《国务院反垄断委员会关于平台经济领域的反垄断指南》（国反垄发〔2021〕1号，以下简称“《平台经济指南》”），进一步强调要加强对于平台的反垄断规制，对平台企业并购等反垄断问题作出针对性规范，对VIE（协议控制）架构下经营者集中申报等前沿问题作出积极回应。

（二）通过个案执法传达监管信号，平台反垄断强监管时代到来

根据国家市场监管总局网站公布的数据，从无条件批准的案例看，2020年反垄断局无条件批准458起案件，与2019年（460起）基本持平。在2020年国家市场监管总局无条件批准的简易案件中，首例涉VIE架构交易的无条件批准案，即上海明察哲刚管理咨询有限公司与环胜信息技术（上海）有限公司新设合营企业案。

从应申报未申报领域的调查执法情况看，2020年国家市场监管总局反垄断局总计公布13起应申报未申报的案件，罚款金额共计565万元。在应申报未申报领域的调查执法也已产生了新动向、新特点，其中互联网领域涉VIE架构的企业并购交易未依法申报遭严厉处罚（王先林，2021）。2020年12月14日，国家市场监管总局公布了阿里巴巴投资收购银泰商业股权案（“银泰案”）、阅文集团收购新丽传媒股权案（“新丽案”）和丰巢网络收购中邮智递股权案（“中邮智递案”）的三份处罚决定书，这三起案件均为涉VIE架构的互联网领域企业违法实施经营者集中案件，也是国家市场监管总局首次对涉及VIE架构企业违法实施集中做出行政处罚，标志着执法机构加紧对涉VIE架构主体交易的监管态度，是我国加强平台经济领域反垄断规制的重要表现。

（三）平台企业并购反垄断规制仍面临困难挑战

平台企业势力的获得和维持不同于传统企业，给现有的经营者集中控制制度

带来了极大挑战。目前来看，要发挥经营者集中规制的制度功能，还需克服观念认识层面与技术操作层面的双重障碍。

1. 认识层面，关于是否规制存在一定分歧

一方面，有观点认为，互联网领域动态竞争、跨界竞争的特征使得互联网企业的垄断地位“随时”会被取代，因此不必对互联网企业的垄断状态过度紧张。例如，朱战威（2016）从动态竞争理论出发，指出互联网平台技术具有低成本的易复制性，互联网企业可以利用平台的虚拟产品特性，采取类似经营策略，以较低的模仿成本实现对已有企业的模仿和超越。同时，“跨界竞争”特征使平台界限容易被打破，平台之间业务扩展更加随意，竞争呈现剧烈化趋势。由于平台企业之间存在激烈动态竞争，认为市场垄断获取的仅是一种短暂的、不确定的地位动态竞争下，潜在竞争者可以通过技术创新、资金集结等方式迅速进入市场，对市场内经营主体形成约束。这也是互联网平台反垄断规制受到质疑的重要原因。

另一方面，结合实践看，平台企业并购的反垄断规制仍是一个亟待系统推进的重要议题。首先，从市场结构角度来看，互联网行业的垄断结构已经显现。大企业纷纷开展平台化、多元化经营，主导推动企业并购；与之相对，小企业在初创阶段不得不接受大企业的持股，在获得消费者的青睐并占据一定市场份额之后，难逃被完全收购的命运（陈兵，2020）。其次，从互联网企业达成垄断协议的角度来看，企业通过合并与收购后形成的寡头垄断结构，为互联网企业之间利用算法共谋，达成明示协议或者默契协同提供了实施与监督的便利。最后，从实施滥用行为角度来看，大型互联网平台实施搭售、拒绝交易、歧视性排序等行为的频率显著上升，已在实践中产生了反竞争效果。因此，“要不要执法”是一个伪命题，“如何执法”才是问题的实质。

2. 操作层面，对于如何有效规制面临较大挑战

互联网产业经营者集中救济的适用与传统产业不同。既有反垄断规制理论产生于传统的工业化时代，其经营者集中审查框架主要为：竞争分析始于市场界定

与市场集中度的计算，在恰当界定相关市场并计算过市场份额后，如果经营者集中方案将会提高市场集中度，执法机构将在市场结构推定的基础上进而评估单边效应或者协同效应。相较之下，互联网平台展现出免费模式、锁定效应、跨界竞争等与传统平台截然不同的技术特征，互联网产业经营者集中竞争效果评估需要考虑的因素更广泛，具体个案分析更困难和更复杂，不断挑战反垄断规制的既有路径，使反垄断规制遭遇前所未有的应对困境。

一是采用单一营业额作申报标准可能导致漏报问题。关于申报标准，根据我国反垄断法的相关规定，其主要根据参与集中的经营者上一会计年度的营业额来确定。因此，参与集中的经营者的营业额是否达到法定申报标准就非常关键。但是，随着以“互联网+”为特征的数字经济、平台经济快速发展，单一的营业额指标面临实施困境：“互联网+”企业初创期间为抢占市场份额，经常采用补贴性经营策略，容易导致企业营业额较低。例如，脸书公司（Facebook）2014年斥资190亿美元收购即时通信软件WhatsApp，收购时后者仅有50名员工，营业收入刚突破1020万美元，但活跃用户数达4.5亿，每天处理320亿条信息。2015年“滴滴”和“快的”合并，2016年“滴滴”再与“优步”合并，尽管并购导致市场结构出现大幅调整，滴滴在我国网约车市场的份额达到70%以上，但是由于没有达到规定的营业额申报标准而未与申报。事实上，近年来我国互联网领域内的并购案件大多未进行经营者集中申报，说明我国现行申报标准适用存在疏漏，有必要作出相应调整。

二是跨界竞争、“免费模式”等新特征使相关市场界定更加困难。传统反垄断法中认定企业的市场支配地位前首先要界定“相关市场”，这是公认的逻辑起点。只有界定出“相关市场”，才能评估在这一市场范围内企业的市场力量、企业的行为对竞争的损害等（黄勇、蒋潇君，2014）。相关市场界定的核心是考察产品的可替代性，而互联网领域竞争具有的跨界竞争的、“免费模式”等特点，给相关市场界定的基本制度框架带来了挑战。一方面，跨界竞争增加了相关市场界定难度。传统行业的业务界限明显，相关市场界定比较容易。但在平台经济领域，相关的平台类型复杂、往往跨越多个业界、涉及多个市场，此时该如何界定相关市场，何种情况下应被界定为一个市场，何种情况下应被界定为多个市场，这是实务中的难点也是重点。另一方面，“免费模式”也带来新的挑战。在经典的反垄断规制理论中，经常采用的SSNIP（假定垄断者测试法）[1]以商品的基础价格为基准，通过长时期（通常为一年）上涨一定幅度，测试某种最小产品群中的消费者是否转移，确定产品的替代关系，从而确定相关市场。本质上是一种以价格和产量为核心分析要素的认定方式。对于平台经济而言，“免费模式”已成为互联网平台发展初期甚至很长一段时期普遍采用的生存方式（Rochet和Tirole，2003）。一些典型互联网平台不仅在发展初期以免费的方式向用户提供服务，而且在平台搭建之后始终保持这种对用户免费开放的模式（朱战威，2016）。“免费经济”模式则直接抽离了SSNIP测试方法适用的基础（叶明、承上，2019）。SSNIP测试针对免费用户一端无法有效使用，面对互联网平台“免费模式”产生失灵现象。

三是通过市场份额判断市场势力的方式失效。互联网经济中新技术不断替代旧有技术，依靠创新实现一代又一代的快速发展，呈现出熊彼特意义上的“创新性毁灭”过程。新经济竞争状况中，市场份额、商品价格等因素的重要性已大大下降，互联网企业的技术创新和产品创意占据主导性地位。“创新因素在新经济下发挥了重要作用，甚至在某些领域大于市场份额对市场竞争的影响”（杨东、郑双十，2011）。在技术不断更新的动态竞争场景中，“暂时拥有市场支配地位的互联网企业不敢高枕无忧，而必须不断加快创新步伐才能保证领先优势”。因此，朱战威（2016）认为，技术创新在“产业突变”过程中扮演着引擎动力的

[1] 所谓SSNIP（Small but Significant Not—transitory Increase in Price）检验是指，在界定相关市场时，假定某种产品有一个垄断企业，它在初始市场中对产品施加一个微幅但显著且非暂时的提价后，如果只有很少的消费者发生消费转移，且对假定垄断企业的利润没有造成负面影响，则该初始市场就是相关市场。但是，如果结果相反，则应该在原初始市场中加入次优替代品，重复以上提价测试，直到提价使得垄断企业获利，则此时所确定的市场范围即为相关市场。参见李虹. 相关市场理论与实践——反垄断中相关市场界定的经济学分析[M]. 北京：商务印书馆，2011：86.

角色，已超越价格、产量、市场份额成为判断市场势力的关键性要素，建议将技术变革因素作为主要考量因素。同时，有越来越多的研究认为，数据已成为一种重要的经济资源，不仅可以作为企业的一种竞争优势，也可能形成相关市场的进入壁垒，妨碍正常的市场竞争秩序（孙晋、钟原，2018）。因此，对数据的掌控程度也应成为衡量市场势力的重要决定性因素。市场结构与市场势力之间的不对等，打破了传统经济中以市场份额衡量市场势力的固有标准。

四是平台企业并购的竞争影响更趋复杂。经营者集中审查需要对并购的可能影响进行合理预测，但平台经济并购影响所固有的不确定性，使得有效控制更加困难。一方面，有学者从构建生态圈、创新商业模式、更好满足需求等角度，论证了跨界并购的积极影响。例如罗珉和李亮宇（2015）认为，平台型生态系统的商业模式的发展，使得更多的产业边界变得模糊，通过跨越不同领域、行业乃至文化、意识形态而碰撞出新的事物，也有利于获得基于用户的范围经济和规模经济优势。徐德力（2013）认为，平台企业可通过挖掘用户需求和创造用户需求，锁定用户、利用创新技术开发市场、创新商业模式以吸引风险投资等方式实现颠覆性创新。孙晋、钟瑛嫦（2015）指出，互联网平台型企业通过合并组成战略联盟，实现优势互补和资源共享，其规模不断扩大，使得网络效应的功能发挥得更加淋漓尽致。另一方面，一些研究则侧重于对其强化市场势力、传导垄断地位等探讨，如产业链的融合使得优胜者更容易控制产业收益、引发外部效应、突破临界点进而实现“赢家通吃”。因此，综合来看，在准确把握平台企业并购的综合影响方面还缺少清晰明确的操作路径，存在较大困难。

三、平台企业并购反垄断规制的国际实践

平台企业并购反垄断是一个复杂的新课题，也是全球面临的共同挑战。从全球反垄断视野来看，平台经济反垄断进入全面监管阶段——反垄断执法机构强化在互联网与数字化领域的调查与执法是大势所趋。美欧等反垄断执法发达国家和地区纷

纷加快探索，形成了一些适于互联网平台竞争新形式的有益经验，具有借鉴意义。

（一）完善并购规制目标

欧美并购审查经历了从结构主义向行为主义、创新导向的转向。早期欧美各国主要将市场支配地位作为企业并购的实质审查标准，但因过分注重对市场份额等市场结构的评价，而忽视了动态竞争环境和对竞争的影响，这种结构主义的审查标准常认为过于僵化。一方面，即使企业并购取得了市场支配地位，由于市场进入、买方力量、公共利益等抵消性因素存在，并不必然实施排除限制竞争等垄断行为。另一方面，有些企业并购虽未增强市场支配地位，也有可能对市场竞争产生负面影响。例如，某公司拥有一项重要技术许可，其并购可能会阻止竞争对手对于新技术的接触。可见，市场份额仅是支配地位的一种指标而非僵化的规则。随着互联网平台等新业态持续演化，一些新的规制目标开始发挥更大作用。

一方面，审查注重分析并购对竞争的影响。美国在《克莱顿法》第7部分提出，要禁止“可能实质性减少竞争或倾向于创造一个垄断者”的合并。近年来欧洲也逐步向美国靠拢，2004年，欧盟理事会通过《关于企业间集中控制的第139/2004号条例》，对并购审查进行重大改革，确立“严重损害有效竞争”（Significantly Impedes Effective Competition，SIEC）的实体审查标准。新条例更加强调并购对竞争的影响，而非市场支配地位本身，从基于结构的分析转向基于效果的分析。集中类型根据划分标准的不同，通常分为三类，即横向集中、纵向集中和混合集中。欧盟出台的一系列法律法规也正是基于此类划分。例如，为提高并购审查透明度和可预期性，欧盟制定《横向并购评估指南》，明确横向并购反垄断审查的评估要素包括市场份额及集中度、非协同效果和协同作用产生的潜在反竞争效果，不仅考虑并购对竞争造成的直接损害，而且结合反竞争抵消因素，综合分析并购对竞争的影响。可以说，欧盟的评估指南是美国《横向并购指南》在欧洲的翻版，为委员会进行并购反竞争性分析提供了明确的指导性框架和特定标准，使企业知悉如何合法开展并购活动。

另一方面，创新成为反垄断的重要价值取向。美国在反垄断规制上以保护创新、促进市场自由竞争、保护消费者福利为目标，重视互联网平台在技术创新中的重要作用。随着相关理论与实践的发展，由关注静态的配置效率转向关注长期的动态效率，支持一定程度的市场集中对创新的正向促进作用，鼓励维持动态竞争以提高市场效率。2010年美国司法部和联邦贸易委员会联合发布了新版的《横向合并指南》，首次将由损害创新竞争引发单边效应加入合并审查的考虑之中。

（二）调整审查申报标准

增加交易金额等指标。“烧钱补贴”“免费模式”等典型模式下，平台经济领域一些对市场竞争产生重大影响的并购案件常常因参与交易的经营者营业额不达标而回避了并购审查。在数字经济产业以及医药行业，这种情况时有发生。参与交易的经营者虽然营业额可能不高，但是却因为掌握了大量的关键性数据信息而在市场竞争中占据了优势地位。针对这种情况，2016年欧盟针对调整以营业额为计算依据的并购审查申报门槛征求公众意见，考虑调整申报标准，在以营业额为衡量标准的基础上补充加入诸如交易金额等指标，以综合判断一项交易是否应该进行并购申报。德国在2017年第九次修订《反限制竞争法》时增加了“交易额条款”，规定只要交易金额（收购价）超过一定标准（目前是4亿欧元），而且企业在德国境内有重大营业活动，也需要进行经营者集中申报。这一做法值得参考，特别是针对平台经济领域动辄数十亿元甚至数百亿元人民币的收购，使用交易额标准能够有效解决“互联网+”企业营业额偏低无法反映其市场势力的困境（钱晓强，2020）。

（三）完善相关市场界定

明确界定相关市场是评估交易竞争损害的重要工具之一，但不是评估竞争损害的必要前提。在2010年以前，美国执法机构对横向合并进行竞争影响分析的第一步往往就是界定相关市场，在此基础上执法机构再通过测算市场集中度等方式来评估合并的竞争损害。但是，市场集中度只能指示性地反映合并后实体的市场势力，并不反映合并后实体把产品价格提高到竞争水平之上的能力和动力，即交易可能产生的竞争损害。而界定相关市场的目的是为了认定交易的竞争损害。在理论上，执法机构如果有足够的证据可以直接认定合并交易的竞争损害，那么就没有必要再进行相关市场的界定。于是，美国执法机构在2010年《横向合并指南》中明确，并购审查的竞争分析并不必然从界定市场开始。对于在纵向合并中界定相关市场的目的和限制，新版《指南》通过转引技术继承了2010年《横向合并指南》的观点。这也意味着，如果有直接证据表明纵向合并交易将造成相关市场的竞争损害，其也没有必要正式界定相关市场的精确范围。由于能直接表明并购将造成相关市场竞争损害的证据不多见，实践中执法机构往往仍需界定相关市场。总体而言，界定相关市场对评估合并的竞争损害依然具有重要作用，只不过在理论上不具有绝对必要性。

（四）关注新型竞争方式

采用适应互联网特性的分析指标。针对互联网平台免费服务的特征，欧盟弱化了对价格因素的考察。在判断竞争损害程度时，注重将流量、算法、数据等新的互联网关键要素对产业发展的影响，纳入对市场结构、产业环境、产业创新性等分析结构中来。

一方面，警惕超大型平台垄断地位跨界传导。欧盟采取同一主体多案并行的调查方案，防止拥有数据与流量巨大优势的超大型平台，将其在某单一市场的支配地位，传导至其他市场。比如，欧盟针对谷歌利用搜索引擎支配地位提升比较购物市场竞争力、利用安卓操作系统市场支配地位提升移动搜索引擎和浏览器市场竞争力，分别立案调查。美国创新引入关联产品，更好服务竞争损害认定。美国《纵向合并指南》创造性地提出“关联产品”的概念，以更好服务于竞争损害的认定。关联产品即指一种由合并后实体所供应或控制，且纵向于或补充于相关市场的产品和服务。如果合并后实体的下游产品所处市场可能遭受竞争损害，此时下游产品所处市场是相关市场，而导致下游产品所处市场受损害的，可能是上游产品。如果说相关市场是潜在竞争损害发生的范围，那么关联产品就是引起潜在竞争损害的切入方式，共同服务于竞争损害的认定。

另一方面，严厉打击扼杀式并购。中小平台企业既是大型平台的潜在竞争对手，更是大型平台迅速扩大市场份额的可选捷径。大型平台企业总是会将目光锁定在优秀的初创中小平台企业上，采取并购行为以提高市场集中度，进而容易出现市场垄断局面。从世界主要国家的经验看，扼杀式并购行为一直是反垄断处置中严厉打击的对象。2020年，欧盟出台《数字服务法案》和《数字市场法案》，直指谷歌、苹果、微软等10家大型互联网公司，法案规定上述公司如要进行收购、合并等行为，必须事先通报欧盟。美国发布的《数字市场竞争的调查》报告分析了谷歌、亚马逊、脸书、苹果（简称GAFA）4家互联网巨头的垄断行为，指出过去10年4家公司累计进行的数百次收并购中不乏以扼杀式并购手段消除潜在竞争对手的案例。2020年12月，脸书被联合起诉，指责其过去采用扼杀式并购行为收购instagram和Whatsapp，脸书或将被迫面临剥离这两个业务的惩罚。扼杀式并购行为已经受到世界主要国家的广泛关注并基本一致地采取严厉处置的措施，这将是今后平台经济领域反垄断的重点。

此外，聚焦数据对市场竞争的影响。随着数据量的增长与数据价值的不断攀升，数据反垄断成为焦点。欧盟高度关注数据驱动型并购、围绕数据收集和处理行为对竞争产生的影响。在Microsoft收购Yahoo、Google收购Doubleclic、Facebook收购Whatsapp、Microsoft收购LinkedIn等案件中，反垄断机构都表达了对数据集中竞争的关切。未来，与数据相关的竞争问题仍将成为欧盟反垄断关注的重点。

（五）重视促进竞争效应

并购不仅可能有反竞争效应，也可能通过消除双重边际化发挥促进竞争效应。所谓双重边际化，是指纵向链条上分离的企业在不考虑客户流失对各自利润的负面影响时，分别设定零售边际价格和批发边际价格，这种价格设置会导致无效率的高价。尤其对于纵向兼并而言，通过结合互补的经济功能和消除合同摩擦，可以消除双重边际化提升市场效率，有利于竞争和消费者。

具体来说，由于消除了双重边际化，纵向关联企业的合并往往会导致被合并企业产生的上游投入成本低于下游企业在没有合并的情况下所支付的成本。这是因为被合并的公司将以成本价获得上游投入，而下游公司通常会支付包括加价在内的价格。生产互补产品的公司的合并可以导致类似于消除双重边缘化的定价效率。在没有合并的情况下，合并各方将为每一种补充产品确定价格，而不考虑其中一种产品价格降低对另一种产品需求的影响。如果两者合并，被合并的公司有动机制定价格，使公司整体利润最大化，这可能导致每个组成部分的价格降低。在核实消除双重边缘化的情况时，各机构通常审查被合并公司在没有合并的情况下从独立供应商处购买的自供投入可能节省的成本，合并公司有责任为其将从消除双重边缘化中受益的主张提供证据，证据往往是下游企业在没有合并的情况下可能为投入支付价格的证据。在纵向合并案件中，反垄断执法机构的判断通常依赖于合并各方对相关合并证明交易是否能够及如何消除双重边际化。

四、进一步完善我国平台企业并购反垄断规制的对策建议

相比于传统行业，互联网平台不同于传统行业的竞争特征，导致现有执法手段面临较大挑战，难以实质性地规范平台企业的并购活动。一旦竞争损害形成，则事后救济成本巨大且无法逆转。亟待建立健全适合互联网平台的事前申报标准和实质审查标准，有效遏制平台无序并购、实质损害竞争等行为。

（一）推动并购规制理念转变

要重新审视、协调我国反垄断法的多元价值目标体系，妥善处理不同价值目标之间的关系，重视创新在其中的重要意义。

一是不仅关注静态结构，也关注动态竞争。互联网行业存在激烈的“动态竞

争”，同时互联网平台也存在寻求垄断地位的原动力，因此平台企业并购审查需要更加审慎，确保符合经济社会发展需要。

二是不仅关注直接损害，也关注间接损害。平台并购是平台企业通过跨界竞争实现市场势力拓展延伸的重要途径。审查时不仅要注重平台企业的产品服务本身所在市场，也需要考虑被并购企业的产业服务所在市场结构和竞争环境，系统全面评价竞争损害。

三是不仅关注竞争损害，也关注促进竞争效应。不用说，纵向并购本身就是着眼于技术创新、产品优化所带来的动态效率的提升。在审查纵向并购时，应该着重考虑因技术革新带来的动态效率的提升。有的并购在短时间内不太可能因使其边际成本降低，从而降低最终产品的价格，所以无法通过静态效率标准显示出并购带来的效率改善。

（二）完善平台并购申报标准

申报标准作为对市场上具有或者可能具有排除和限制竞争效果的经营者集中行为的形式筛查制度，标准需要能反映企业的市场势力。

一是增加交易额标准。交易额作为并购方对被并购方的出价，可以更准确地反映被并购方的市场价值，对于初创期平台企业、中小平台企业具有较好的适应性。引入交易额标准与营业额标准构成互补的申报标准，有利于识别互联网平台可能实质损害竞争的并购行为。

二是引入标准调整机制。我国申报标准长期固定，缺乏动态调整，难以与经济社会发展相匹配。可参照国际惯例，探索建立申报标准调整机制，与GDP等因素关联，实行申报标准阈值的定期调整。

（三）优化并购违法审查标准

一是围绕竞争损害界定相关市场和关联产品。根据国际实践，相关市场是竞争损害发生的范围，而关联产品是竞争损害发生的切入方式。鉴于关联产品纵向于或互补于相关市场，在具体案件中认定关联产品，可以帮助执法机构更好地确定相关市场。而把相关市场内涵确定为竞争损害发生的范围，也可以帮助执法机构更好认定关联产品。

二是加强对扼杀式并购行为的事前监管。降低平台经济领域经营者集中申报门槛，适当提高对违法实施经营者集中行为的罚款以更好地起到威慑作用。严格审查大型平台的收购案，对于大型平台收购中小型初创平台，严格按照经营者集中申报制度执行，综合考量合并后对市场竞争局势的影响。深入调查涉及协议控制的经营者集中，预防扼杀式并购行为的发生。

三是全面分析平台企业并购的竞争损害。根据提高竞争对手成本理论，纵向合并最可能产生的反竞争效应是封锁和提高竞争对手成本单边效应，在评估该类单边效应的产生风险时，应考察合并后实体从事封锁和提高竞争对手成本等封锁性行为的能力和动力。围绕竞争损害理论进行充分论证，能力因素要重点考察合并后实体是否有能力通过关联产品封锁竞争对手或提高竞争对手成本。动力因素要重点分析合并后实体能否从削弱竞争对手的封锁性行为中获利，更为精准地考察合并后从事封锁和提高竞争对手成本等封锁性行为的可能性和影响力。

四是把促进竞争效果纳入损害评估。平台并购并不必然引发竞争问题。在平台经济快速发展的背景下，既要警惕干预不足，也要防止过度干预。《反垄断法》和配套规则没有明确要求中国反垄断执法机构应当评估纵向合并的促进竞争效果，然而促进竞争效果是竞争损害认定环节中必不可少的一环。主要考虑是，纵向并购后合并交易方的上游部门和下游部门具有利益一致性，更有动力利用上游部门的关联产品去提高下游部门竞争对手的成本，也更有动力把上游部门关联产品的价格降低到边际成本价。这两种竞争动力方向相反，在竞争损害的认定过程中要分析合并后的实体到底是促进竞争还是损害竞争。

（四）建立并购事后检验制度

重点是完善案件跟访制度。合并案件跟访是指执法部门对于审结的案件进行后续跟踪回访与分析总结的制度。反垄断执法初期不可避免地具有一定的“试错”性质。在这种背景下，通过案件跟访来尽量减少“试错”的代价便具有积极的意义。可以从案件跟访的途径与原则以及跟访所获信息的处理与利用两方面来把握。一方面，目前我国执法资源有限，案件跟访应尽量通过低成本的途径来进行，并且以不影响企业正常生产经营为原则。另一方面，执法部门可以在内部建立审结案件数据库，并有意识地分产业进行案件跟访与数据库建设，为下一步的制度完善与执法改进提供有益支撑。

参考文献

[1] 陈兵. 大数据的竞争属性及其规制意义 [J]. 法学，2018 (08).

[2] 陈兵. 互联网市场固化趋态的竞争法响应 [J]. 江汉论坛，2020 (03).

[3] 陈弘斐，胡东兰，李勇坚. 平台经济领域的反垄断与平台企业的杀手并购行为 [J]. 东北财经大学学报，2021 (01).

[4] 丁茂中. 论我国经营者集中控制制度的立法完善 [J]. 法商研究，2020 (02).

[5] 黄勇，蒋潇君. 互联网产业中“相关市场”之界定 [J]. 法学，2014 (06).

[6] 李勇坚，夏杰长. 数字经济背景下超级平台双轮垄断的潜在风险与防范策略 [J]. 改革，2020 (08).

[7] 罗珉，李亮宇. 互联网时代的商业模式创新:价值创造视角 [J]. 中国工业经济，2015 (01).

[8] 宁度. 美国《纵向合并指南》的介评与启示：以竞争损害的认定为中心 [J]. 竞争政策研究，2020 (05).

[9] 时建中. 互联网市场垄断已见端倪亟须规制 [N]. 经济参考报，2016-8-17.

[10] 孙晋，钟瑛嫦. 互联网平台型产业相关产品市场界定新解 [J]. 现代法学，2015 (06).

[11] 王磊. 互联网平台竞争监管研究最新进展 [J]. 价格理论与实践，2020 (02).

[12] 王先林. 三起未经申报违法实施经营者集中处罚案的关键点和意义 [J]. 中国价格监管与反垄断，2021 (02).

[13] 谢富胜，吴越，王生升. 平台经济全球化的政治经济学分析 [J]. 中国社会科学，2019 (12).

[14] 徐德力. 互联网领域商业模式颠覆性创新分析 [J]. 商业经济，2013 (03).

[15] 叶明，承上. 互联网行业经营者集中反垄断规制的挑战与解决思路 [J]. 经济法论丛，2019 (02).

[16] 叶明，梁静. 我国互联网领域经营者集中反垄断审查的不足与改进 [J]. 西南政法大学学报，2021 (01).

[17] 于澜. 数据驱动型并购中隐私风险的反垄断规制 [J]. 中国价格监管与反垄断，2020 (05).

[18] 曾雄. 数据垄断相关问题的反垄断法分析思路 [J]. 竞争政策研究，2017 (06).

[19] 朱战威. 互联网平台的动态竞争及其规制新思路 [J]. 安徽大学学报（哲学社会科学版），2016 (04).

[20] Jean-Charles Rochet, Jean Tirole, “*Platform Competition in Two-Sided Markets*”, *Journal of the European Economic Association*, 2003，1 (04)，990 - 1029.

支付平台监管研究

王　磊

内容摘要： 数字时代来临，我国第三方支付市场迎来爆发式增长机遇，总体发展态势良好，形成线上和线下相融合、支付和金融相促进、城市和乡村全覆盖的发展格局。与此同时，我国监管部门对支付平台的监管体系构建取得积极进展，走在全球前列。但是，我们还要看到，我国支付平台监管仍面临诸多问题和挑战，亟待进一步加强监管。建议落实中央关于平台经济发展和监管的最新精神，因症施策，从完善规则、明确目标、反垄断和反洗钱，以及创新监管手段等方面，加快完善我国支付平台治理体系，提升监管效能。

一、引言

改革开放以来，特别是2010年建立支付业务许可制度以来，叠加数字经济发展和金融科技创新，我国支付市场特别是第三方支付市场迎来快速成长的新时代，支付机构的数量和业务规模均呈跨越式发展态势，支付市场由传统的“银企”为主的结构迅速过渡到以“银行支付+非银行支付”的新供给组合和“单位+个人”的新需求组织（范一飞，2018）。传统上，对于银行支付机构，无论是我国还是其他国家，都进行了较为严格的监管，监管制度设计相对完善。相比之下，以第三方支付平台为代表的非银行支付机构作为新生事物，各国普遍持包容审慎的监管态度。这在推动第三方支付平台快速发展的同时，也衍生出了诸多乱象，如挪用用户资金、违规从事相关金融业务、垄断和不正当竞争、商业欺诈、洗钱等问题，严重损害金融安全和消费者权益。

近年来，特别是2020年中央经济工作会议以来，党中央对包括第三方支付平台在内的平台经济发展与监管提出了新的要求。中央经济工作提出，要强化反垄断和防止资本无序扩张，支持平台企业创新发展、增强国际竞争力，同时要依法规范发展，健全数字规则，强调金融创新必须在审慎监管的前提下进行。2021年3月15日，中央财经委员会第九次会议则提出，要从构筑国家竞争新优势的战略高度出发，坚持发展和规范并重，把握平台经济发展规律，建立健全平台经济治理体系，推动平台经济规范健康持续发展，并强调金融活动要全部纳入金融监管。2021年4月14日，中国人民银行召开2021年度支付结算工作电视会议提出，要强化支付领域反垄断和防止资本无序扩张，持续规范支付服务市场秩序。从中央和中国人民银行关于平台经济发展和监管的新部署可以看出，第三方支付平台面临全新的监管态势，进入了严监管的新时期。

当前，我国支付平台发展尚处在起步阶段，支付平台监管也取得显著进展，但还要看到支付平台监管仍存在一些突出问题。如准入监管门槛频遭绕道、数字资本无序扩张、交叉金融风险依然很大、金融消费者合法权益频遭侵犯等，亟待完善监管。在此背景下，本研究首先在系统分析我国支付市场发展总体态势以及支付平台监管进展的基础上，深入研判我国支付平台监管存在的突出问题和主要挑战，从贯彻落实中央有关平台经济发展与监管的精神要求出发，针对性提出完善我国支付平台监管的对策建议。

二、我国支付市场总体发展态势良好

伴随我国数字经济发展，支付作为金融业务交易流转的底层支撑和商业赋能的重要工具，已成为金融企业和科技巨头的必争之地。通过搭建支付平台，金融和科技企业不仅可以解决通道成本和交易成本，规避潜在的合规风险，还可以构建账户体系，形成信息流、资金流、业务流的闭环和数据沉淀，打造完整的金融生态体系。基于支付平台这种突出的战略价值，在国家包容审慎、鼓励创新的监管环境下，近年来，支付行业特别是第三方支付市场成长迅速，成为我国数字经济发展的亮点。

（一）从机构数量来看，第三方支付机构等非银行机构数量增长迅速

自2010年中国人民银行正式颁发实施《非金融机构支付服务管理办法》（中国人民银行令〔2010〕第2号，以下简称《办法》）以来，非银行支付机构（主要是指第三方支付机构）迅猛发展，成为支付市场重要的新生供给主体。2011年5月，财付通、支付宝、快钱等首批27家公司获得中国人民银行颁发的支付牌照[1]（如表1–3–1所示），此后，华为、滴滴、今日头条、拼多多、携程等众多科技巨头也纷纷入局支付领域。与此同时，2013年，中国人民银行首次授予艾登瑞德（中国）、上海索迪斯万通两家外商独资企业从事预付卡发行与受理业务的支付牌照；2019年，PayPal则通过收购国付宝70%的股权取得了互联网支付及移动电话支付牌照，成为境内首个在全国范围内开展第三方支付业务的外资机构；2021年，PayPal通过直接和间接方式，正式实现了对国付宝的100%控股，其也成为中国首家外资全资控股的持牌支付机构。截至2020年底，支付行业形成了银行支付机构和非银行支付机构供给并存、内外资支付机构同台竞技的市场格局。除了传统的4034家银行业金融机构、近200多家财务公司和3家特许清算机构外，市场上还存在271家第三方支付机构。

[1] 第三方支付牌照主要分为网络支付、银行卡收单和预付卡发行与受理（如交通卡、超市预存卡等）三大类。其中，网络支付又细分为互联网支付、移动支付、数字电话支付和固定电视支付。涉及线下消费的支付则需要持有银行卡收单业务牌照，包括自2018年由网络支付调整至银行卡收单业务的实体商户条码支付业务（线下扫码支付）。

表1-3-1 中国人民银行发放首批27家支付牌照企业名录

许可证编号	公司名称	许可证编号	公司名称
Z2000133000019	支付宝（中国）网络技术有限公司	Z2000231000010	银联商务有限公司
Z2000311000013	北京商服通网络科技有限公司	Z2000444000013	深圳市财付通科技有限公司
Z2000531000017	通联支付网络服务股份有限公司	Z2000611000010	开联通网络技术服务有限公司
Z2000711000019	北京通融通信息技术有限公司	Z2000831000014	快钱支付清算信息有限公司
Z2000931000013	上海汇付数据服务有限公司	Z2001031000010	上海盛付通电子商务有限公司
Z2001111000013	钱袋网（北京）信息技术有限公司	Z2001231000018	上海东方电子支付有限公司
Z2001344000012	深圳市快付通金融网络科技服务有限公司	Z2001444000011	广州银联网络支付有限公司
Z2001511000019	北京数字王府井科技有限公司	Z2001611000018	北京银联商务有限公司
Z2001731000013	杉德电子商务服务有限公司	Z2001811000016	裕福网络科技有限公司
Z2001912000014	渤海易生商务服务有限公司	Z2002044000013	深圳银盛电子支付科技有限公司
Z2002131000017	迅付信息科技有限公司	Z2002211000010	网银在线（北京）科技有限公司
Z2002346000018	海南新生信息技术有限公司	Z2002431000014	上海捷银信息技术有限公司
Z2002511000017	北京拉卡拉网络技术有限公司	Z2002631000012	上海付费通信息服务有限公司
Z2002744000016	深圳市壹卡会科技服务有限公司		

资料来源：根据中国人民银行官网信息整理。

（二）从用户规模来看，网络支付用户与手机网络支付用户规模双双呈高速增长态势

中国互联网信息中心（CNNIC）数据显示，截至2020年12月，我国网络支付用户规模达8.85亿，占网民整体的86.4%，与2016年相比，分别增长了4.1亿和21.5个百分点；手机网络支付用户规模达8.53亿，占手机网民的86.5%，与2016年相比，分别增长了3.84亿和19.0个百分点。网络支付已经与B（商家用户）端、C（个人用户）端、G（政府客户）端等众多场景深入融合，实现了线上线下消费无缝衔接，助力数字政府建设、企业数字化转型以及消费数字化发展。如表1–3–2所示。

表1–3–2　中国网络支付及手机网络支付用户规模及使用率

（单位：万人；%）

	网络支付用户数	网络支付使用率	手机网络支付用户数	手机网络支付使用率
2016年	47450	64.9	46920	67.5
2017年	53110	68.8	52703	70
2018年	60040	72.5	58339	71.4
2019年	76798	85	76508	85.3
2020年	85434	86.4	85252	86.5

资料来源：根据CNNIC历年《中国互联网络发展状况统计报告》整理。

（三）从处理业务来看，银行机构与非银行支付机构网络支付业务“量额”均保持快速增长

中国人民银行支付市场运行监测数据显示，我国银行机构处理电子支付业务和非银行支付机构处理网络支付业务数量和金额均呈快速增长态势。2013年至2020年，银行处理电子支付业务数量和金额分别由257.83亿笔和1075.16万亿元增至2352.25亿笔和2711.81万亿元，年均增速分别为37.1%和14.1%。其中，移动支付业务数量和金额增长保持着较高增速，年均增速分别为84.8%和76.8%，分别

达1232.2亿笔和432.16万亿元；网上支付业务数量和金额增长则年均增速分别为84.8%和76.8%，分别达1232.2亿笔和432.16万亿元。同期，非银行支付机构处理网络支付业务数量和金额分别由153.38亿笔和9.22万亿元增至8272.97亿笔和294.56万亿元，年均增速分别为76.8%和64.0%。如表1-3-3所示。

表1-3-3 中国银行与非银行支付机构支付业务处理情况

（单位：亿笔；万亿元）

年份	银行处理电子支付业务[1]		其中：网上支付业务		其中：移动支付业务		非银行支付机构处理网络支付业务[2]	
	笔数	金额	笔数	金额	笔数	金额	笔数	金额
2013年	257.83	1075.16	236.74	1060.78	16.74	9.64	153.38	9.22
2014年	333.33	1404.65	285.74	1376.02	45.24	22.59	374.22	24.72
2015年	1052.34	2506.23	363.71	2018.2	138.37	108.22	821.45	49.48
2016年	1395.61	2494.45	461.78	2084.95	257.1	157.55	1639.02	99.27
2017年	1525.8	2419.2	485.78	2075.09	375.52	202.93	2867.47	143.26
2018年	1751.92	2539.7	570.13	2126.3	605.31	277.39	5306.1	208.07
2019年	2233.88	2607.04	781.85	2134.84	1014.31	347.11	7199.98	249.88
2020年	2352.25	2711.81	879.31	2174.54	1232.2	432.16	8272.97	294.56

资料来源：根据中国人民银行各年度支付体系运行总体情况报告整理。

（四）从第三方支付市场发展来看，C端支付市场呈现高度集中，B端成为支付巨头竞争新领域

我国第三方支付市场发展前期以电商、金融、旅游、教育、物流等C端市场（账户侧）作为主要突破口，C端支付占据了第三方支付市场规模的绝大部分，但目前市场新增用户流量已经趋向饱和，由增量市场逐渐转为存量市场，支付

[1] 电子支付是指客户通过网上银行、电话银行、手机银行、ATM、POS 和其他电子渠道，从结算类账户发起的账务变动类业务笔数和金额，包括网上支付、电话支付、移动支付、ATM 业务、POS 业务和其他电子支付等6种业务类型。

[2] 非银行支付机构处理网络支付业务量包含支付机构发起的涉及银行账户的网络支付业务量，以及支付账户的网络支付业务量，但不包含红包类等娱乐性产品的业务量。

宝、财付通、银联商务等第三支付平台企业则在C端支付上处于领导地位。易观数据显示，截至2020年第二季度，第三方综合支付市场上，支付宝、财付通和银联商务分别以49.16%、33.74%和6.93%的市场份额位居前三位；第三方移动支付市场上，支付宝和财付通分别以55.39%和38.47%的市场份额稳居前两名。如图1–3–1所示。

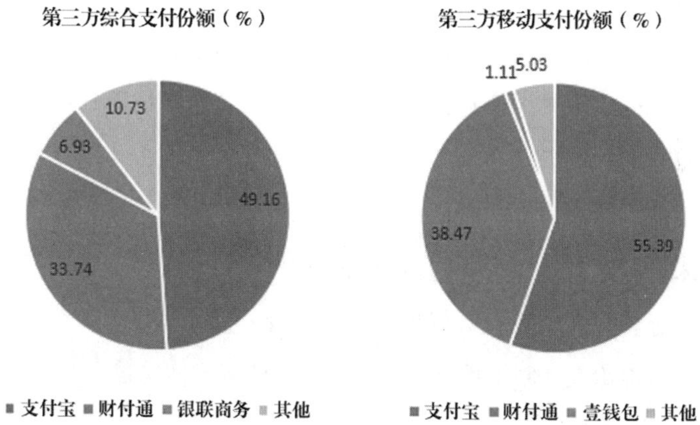

图1–3–1　2020年第二季度第三方综合支付与移动支付市场竞争格局

资料来源：易观智库的相关资料。

与此同时，随着传统产业和企业数字化转型步伐加快，B端（收单侧）市场逐渐成为第三方支付市场新的增长点。支付宝、财付通等C端支付巨头依托自身的流量优势和生态优势将快速的在B端商户数字化升级服务市场打开局面，但是B端第三方支付服务市场场景和需求高度异质复杂，第三方支付机构在B端商户服务市场将迎来更加激烈的市场竞争，很难像C端支付服务市场一样快速进入垄断化阶段，未来很长一段时间其他头部支付机构如平安壹钱包、翼支付、苏宁支付、随行付、快钱、宝付、和包支付、拉卡拉等企业将与支付宝、财付通共同形成“两超多强”的产业支付竞争格局。

三、我国支付平台监管取得积极进展

以支付宝、财付通为代表的第三方支付平台，在推动金融创新、重塑金融市场格局、改善金融服务的同时，深刻改变了中国经济和金融格局，推动社会生产和生活方式发生深刻变革。然而，在经历一段“野蛮生长”时期以后，第三方支付平台经营不规范、边界无序扩张、备付金挪用、资金流向不透明、交易数据不安全、客户权益保护弱以及垄断等不合规问题和风险情况也逐渐暴露，对金融安全和社会稳定造成严峻挑战。因此，为切实保障第三方支付平台健康规范可持续发展，近年来，国家开始持续加强对第三方支付平台监管，在重点行业准入和业务管理、备付金管理、客户权益保护、竞争监管、监管执法等多个方面，推进第三方支付平台监管建章立制工作，完善监管政策体系，持续提升监管效能。

（一）持续加强市场进出监管，确保市场进出有序

推动市场有序准入和退出，让市场规律正常发挥作用，是支付市场监管的重要手段，也是有效控制支付市场风险的关键举措，因此，中国人民银行持续加强支付市场准入和退出监管制度建设，及时清理不合格的支付机构。

准入监管和业务管理方面。2010年6月，中国人民银行制定并公布了《非金融支付服务管理办法》（中国人民银行令〔2010〕第2号）（以下简称《支付办法》），明确对第三方支付机构实施牌照管理、持照经营，并规定了支付机构从事业务类型和范围、相应的资质条件以及相应的审批流程、擅自提供支付服务的惩罚及相关监督管理要求等内容。2010年12月，中国人民银行公布《非金融机构支付服务管理办法实施细则》（中国人民银行公告〔2010〕17号）（2020年修订），细化了《支付办法》中关于支付机构从事支付业务的最基本规则、申请人资质条件等，使《支付办法》相关要求更具有操作性和执行性。2015年12月，中

国人民银行颁发《非银行支付机构网络支付业务管理办法》（中国人民银行公告〔2015〕第43号），进一步明确第三方支付机构定位和性质、业务管理以及风险防控和客户权益保护等方面的要求，并提出对支付平台实施动态分类管理。

退出监管方面。中国人民银行令〔2010〕第2号规定，《支付业务许可证》自颁发之日起，有效期5年，期满向所在地中国人民银行分支机构申请续展，准入续展的，每次续展的有效期为5年。并且第2号文还规定了注销《支付业务许可证》，强制支付机构退出，停止其从事支付业务的相关要求。2021年1月，中国人民银行发布的《非银行支付机构条例（征求意见稿）》则规定用综合评价和分类评级取代了5年续展的制度。截至2021年4月，由于存续期未实质开展过或长期连续停止开展支付业务、备用金挪用、存在较大风险隐患等机构，不符合续展条件不予续展、行业兼并重组等原因，中国人民银行已相继注销了39张支付牌照，其中主营预付卡业务的机构占据了超过半壁江山。

（二）完善客户资金监管制度，保障客户资金安全

支付平台在开展支付业务时沉淀了大量的客户资金，为保障客户资金安全，中国人民银行等部门持续完善备付金监管制度。

2013年6月，中国人民银行制定并实施了《支付机构客户备付金存管办法（中国人民银行公告〔2013〕第6号）》，明确了客户备付金的定义和性质，建立了备付金银行分类和账户分层管理、资金使用与划转、备付金信息核对、备付金监测指标动态调整、备付金合规报告等监管制度。

2017年1月，根据《国务院办公厅关于印发〈互联网金融风险专项整治工作实施方案〉的通知》（国办发〔2016〕21号）提出的“非银行支付机构不得挪用、占用客户备付金，客户备付金账户应开立在人民银行或符合要求的商业银行。人民银行或商业银行不向非银行支付机构备付金账户计付利息”相关要求，中国人民银行办公厅出台了《关于实施支付机构客户备付金集中存管有关事项的通知》（银办发〔2017〕10号），决定对支付机构客户备付金实施集中存管，要求支付机构

将客户备付金按照一定比例交存至指定机构专用存款账户，暂不计付利息。

2017年8月，中国人民银行印发《关于将非银行支付机构网络支付业务由直连模式迁移至网联平台处理的通知》，要求从2018年6月30日起，支付机构受理的涉及银行账户的网络支付业务全部通过网联平台处理。

2017年末，中国人民银行下发《关于调整支付机构客户备付金集中交存比例的通知》（银办发〔2017〕248号），决定上调备付金交存比例30个百分点，并规定自2018年2月起按每月10%逐月提高，直至当年4月网络支付业务的备付金交存比例上调至50%。

2018年6月，中国人民银行办公厅印发了《关于支付机构客户备付金全部集中交存有关事宜的通知》（银办发〔2018〕114号），规定自2018年7月9日起，按月逐步提高支付机构客户备付金集中交存比例，到2019年1月14日实现100%集中交存，支付机构应于2019年1月14日前注销在商业银行的其他备付金账户，并且规定备付资金划转应通过中国银联或网联办理。

2021年1月，中国人民银行制定并颁发《非银行支付机构客户备付金存管办法》（中国人民银行令〔2021〕第1号），明确规定备付金全额集中交存至人民银行或符合规定的商业银行，客户备付金的划转以及支付机构之间开展合规合作产生的备付金划转都应当通过符合规定的清算机构办理，并且还增加了备付金违规行为处罚条款。

（三）严格用户信息保护管理，加大信息和洗钱监管

按照我国支付机构管理的相关规定以及支付机构在从事支付业务时会收集、存储海量的客户数据和资料，为此，中国人民银行大力推进信息保护制度建设，要求支付机构严格用户信息保护，加大数据灾难恢复能力和应急处理能力建设，确保用户数据信息安全。例如，《非金融机构支付服务管理办法》规定，支付机构应当按规定核对客户的有效身份证件或其他有效身份证明文件，并登记客户身份基本信息，并按规定妥善保管客户身份基本信息、支付业务信息、会计档案等

资料以及客户的商业机密。又如，《非银行支付机构网络支付业务管理办法》则规定，支付机构应当依照中国人民银行有关客户信息保护的规定，制定有效的客户信息保护措施和风险控制机制，履行客户信息保护责任。支付机构应当以“最小化”原则采集、使用、存储和传输客户信息，并告知客户相关信息的使用目的和范围。支付机构不得向其他机构或个人提供客户信息，法律法规另有规定，以及经客户本人逐项确认并授权的除外。2020年，因为违反客户身份识别和信息管理以及反洗钱相关规定，中国人民银行对支付机构进行行政处罚，处罚总金额高达2.63亿元，为2019年的8倍；处罚金额占各类金融机构反洗钱行政处罚总额的42%，仅略低于银行类金融机构（处罚总金额为3.30亿元，占比52%）。

2020年底以来，中国人民银行进一步加大了客户信息监管制度的建设步伐。当年12月31日，中国人民银行发布了《金融机构反洗钱和反恐怖融资监督管理办法（修订草案征求意见稿）》（简称《修订草案》），此次《修订草案》进一步强化了金融机构反洗钱内部控制和风险管理工作要求。2021年1月，中国人民银行会同有关部门研究起草了《非银行支付机构条例（征求意见稿）》，进一步强调支付机构应严格遵守信息收集、使用与处理以及信息本地化等相关要求，确保客户信息管理合规、风险可控，防止用户信息被不当使用，从而产生各类数据风险。

（四）推进竞争监管规则建设，维护市场竞争秩序

为进一步推进支付市场垄断和不正当行为监管，规范支付服务市场公平竞争秩序和消费者权益，中国人民银行加快推进竞争监管规则建设。2017年12月，中国人民银行下发《关于规范支付创新业务的通知》（银发〔2017〕281号），规定严禁支付机构滥用机构市场地位，或采用低价倾销、交叉补贴等手段破坏市场秩序，严禁收单机构采用诱导性的宣传词误导消费者。

根据《非银行支付机构条例（征求意见稿）》（简称《条例》），中国人民银行提出了采取市场支配地位预警措施和市场支配地位情形认定的标准（如表1-3-4所示）；《条例》还规定非银行支付机构实施垄断行为的，由国务院反垄

断执法机构会同中国人民银行依据有关法律法规进行处罚，中国人民银行可以向国务院反垄断执法机构建议采取停止滥用市场支配地位行为、停止实施集中、按照支付业务类型拆分非银行支付机构等措施。

表1–3–4　非银行支付机构反垄断监管框架

	非银行支付机构数量	市场份额阈值	具体监管举措	监管机构
市场支配地位预警举措	一家	达到三分之一	约谈等预警举措	人民银行商国务院反垄断执法机构进行
	两家	合计达二分之一		
	三家	合计达五分之三		
市场支配地位情形认定	一家	达到二分之一	审查非银行支付机构是否具有市场支配地位	人民银行商请国务院反垄断执法机构进行
	两家	合计达三分之二		
	三家	合计达四分之三		
		若两家非银行支付机构市场份额合计达二分之一或三家达五分之三	其中涉及的非银行支付机构市场份额不足十分之一	人民银行不应当商请国务院反垄断执法机构审查该非银行支付机构是否具有市场支配地位

资料来源：《非银行支付机构条例（征求意见稿）》。

（五）完善支付监管组织架构，加大监管执法力度

优化完善监管组织机构是推进支付机构监管的前提。近年来，随着支付机构业务快速扩张，中国人民银行持续优化完善支付机构监管组织架构，加大监管执法力度。

监管架构优化方面。《非金融支付服务管理办法》（中国人民银行令〔2010〕第2号）确立了中国人民银行对支付机构及其开展业务的法定监管地位。此后，2015年中国人民银行等部门发布《关于促进户外金融健康发展的指导意见》以及2016年中国人民银行下发《关于中国支付清算协会建设非银行支付机构网络支付清算平台的批复》（银函〔2016〕391号），继续优化支付机构监管基本框架，

基本建立了"人民银行监管、商业银行协管、行业自律规范、社会舆论监督"的监管组织架构。此外，中国人民银行还深化同中央网信办、工业和信息化部、国家市场监管总局、国家发展改革委等部门沟通协作，持续推进支付市场价格秩序、垄断与不正当竞争行为、信息安全等方面的协同监管。

行业监管执法方面。2015年以来，针对支付机构违反收单业务、支付结算管理规定、反洗钱、备付金管理规定、预付卡、清算管理等规定，中国人民银行持续加大行政处罚力度。2020年，中国人民银行针对49家第三方支付机构开出72张罚单（按央行处罚字号），合计罚没总金额40243.15万元（含对责任人罚金），平均558.93万元/张，罚没总金额突破4亿元，创历史新高，是2019年的2.4倍。罚单中，金额最低为2万元，最高为11662.79万元。此外，除了对支付机构进行处罚外，中国人民银行还加大了对相关责任人的行政处罚力度，行政机构"双罚"特点较为明显。2020年对支付机构的72张罚单中，有34张涉及对相关责任人处罚，比例达47.2%，罚款共计607.27万元，两项数据为历年最高。如图1-3-2、图1-3-3所示。

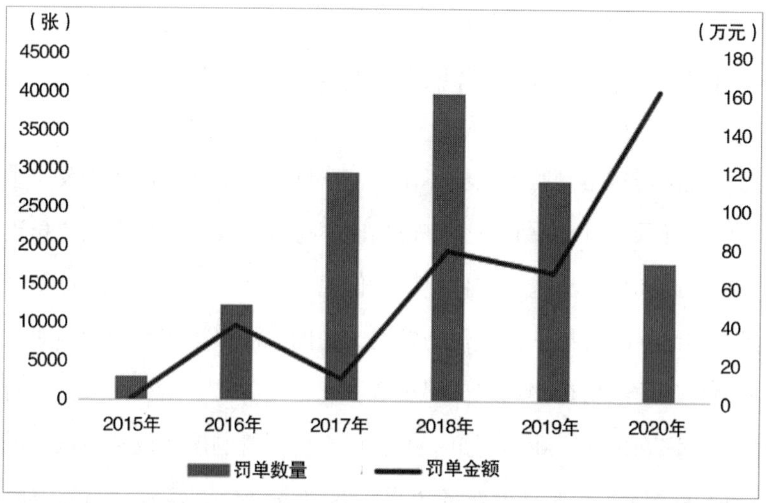

图1-3-2 2015—2020年中国人民银行对支付机构处罚罚单数量及金额

资料来源：根据中国人民银行公开信息整理。

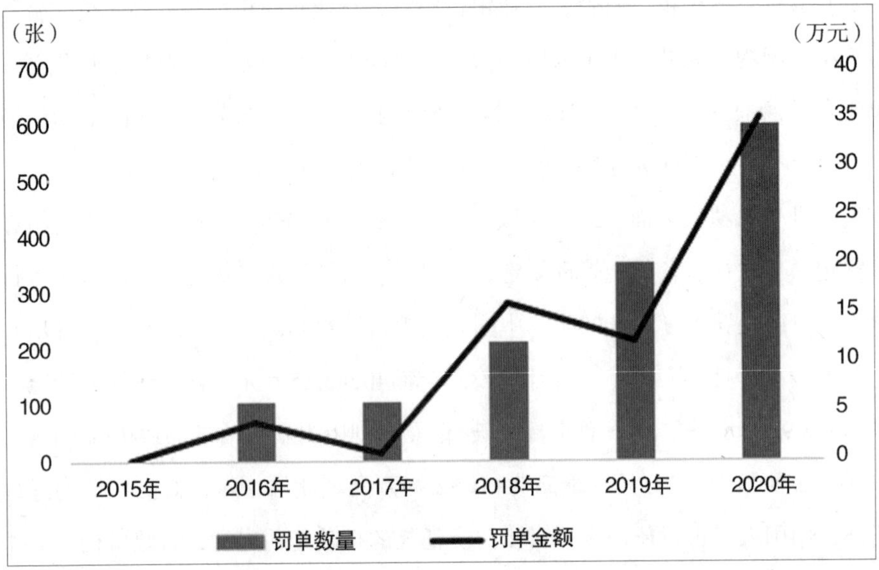

图1-3-3　2015—2020年中国人民银行对支付机构负责人处罚罚单数量及金额

资料来源：根据中国人民银行公开信息整理。

四、我国支付平台监管仍面临诸多问题和挑战

得益于我国传统金融服务供给不足、互联网和智能终端加快普及、丰富的消费和产业应用场景，以及政府包容审慎的监管态度，我国支付市场成长迅速，引领全球支付发展潮流，涌现了支付宝、财付通、银联商务等一批全球知名的第三方支付巨头。而伴随着第三方支付的发展，中国人民银行在持续加强对支付平台的规范和监管，陆续出台了众多部门规章制度，完善监管政策体系。相对美国、欧盟等发达国家和地区，我国在第三方支付平台监管制度建设和执法方面，也都走在全球前面。例如，在支付业务边界、客户备付金等容易引起较大风险的方面，我国监管更为严格。如表1-3-5所示。

表1-3-5 中国与美国、欧盟第三方支付平台监管框架比较

项目		中国	美国	欧盟
相同点	准入管理	实行牌照管理，设立准入门槛，需获得行政许可才能从事支付业务		
	资金管理	要求将客户备用金与平台自有资金隔离管理		
	客户识别	建立客户识别、可疑交易报告、记录保存和监督管理等制度		
	反洗钱管理	严格的反洗钱监管和处罚		
	用户权益保护	强化信息披露、客户、消费者隐私保护		
	监管流程	监管部门推进全流程动态监管		
不同点	机构性质	非金融机构	非金融机构	金融机构
	监管模式	机构监管	功能监管	机构监管
	资金要求	注册资本	资本净值、特别保证金	实收资本、持续自由资本金
	许可证适用范围	全国/省域通用	一州一证	一证通用
	业务类型	支付中介	支付中介、代收代付、资金归集等	支付中介、电子货币发行等
	备付金管理	禁止挪用、计提风险准备、集中存管	禁止挪用	使用数额不能超过自有资金的20倍
	消费者权益保护	依据《非金融机构支付服务管理办法》等规章来对消费者进行保护	依据《电子资金转移法》和《真实信贷法》来强化消费者保护	依据欧盟《支付服务指令》，设计过失举证责任分配制度

资料来源：刘澈等（2018）；以及笔者根据中国人民银行公开信息整理。

然而，我们还要看到，我国支付平台监管仍面临如下问题和挑战。

（一）监管规则体系不完善

近10年来，中国人民银行作为第三方支付市场主要监管者，根据支付业务发展持续推进监管规则建设，但是现行监管规则体系仍相对不完善。具体表现在：一是以部门规章和规范性文件为主，监管规则的法律层级相对较低。自2010年制定实施《非金融支付服务管理办法》（中国人民银行令〔2010〕第2号）以来，中国人民银行出台了十余部部门规章和政策文件，这些文件在推进第三方支付平

台市场、资金和风险监管方面，法律效力明显偏低，威慑力不够，导致第三方支付机构违法违规行为呈高发频发态势。2021年初中国人民银行发布《非银行支付机构条例（征求意见稿）》已经完成意见征集，但还未正式发布。

二是相关文件关于第三方支付机构性质的法律定性存在冲突及监管协调不足，造成支付机构无序扩张。按照中国人民银行令〔2010〕第2号将第三方支付机构定性为非金融机构，中国人民银行公告〔2015〕第43号则将其界定为非银行机构，后者外延包括金融机构和非金融机构，两者存在矛盾。同时，在实践过程中，许多第三方支付机构以金融科技创新之名，突破支付业务的边界，变相从事网络借贷、保险、理财、证券等众多金融业务，形成了混业经营的格局，也与第三方支付机构性质定位相矛盾。这在目前分业经营、分业监管的监管模式下，容易出现监管套利问题。

三是支付平台客户特别是消费者权益保护制度不完善，难以有效保护消费者。支付市场交易流程，相对第三方支付平台，客户和消费者通常处于弱势地位，前者可以利用其掌握大量信息，利用大数据画像、算法等技术手段，来侵犯后者的权益。而依据现有的支付管理相关规定，客户和消费者权益受到侵犯后，制度性的救济手段相对较少，惩处力度相对偏弱，难以有效保护各类用户合法权益。

（二）监管目标认识不统一

第三方支付对促进普惠金融发展、提升金融服务可获得性、畅通国民经济循环发挥了重要作用。因此，为了发展普惠金融，同时由于我国金融监管框架按行业划分，侧重于金融机构监管，以至于在第三方支付平台发展初期，一段时间无法确定监管主体，实际上处于不受监管的状态。例如，2010年以前，支付宝、财付通等第三方支付平台实际上都是无照经营状态。2010年以来较长一段时间，国家对第三方支付平台发展持包容审慎监管态度，从而为第三方支付平台商业模式创新和试验金融产品提供了良好条件。

然而，当前对于第三方支付平台监管，目标到底是鼓励业务创新，加快支付市场发展，还是严守不发生系统性金融风险的红线和底线，更加侧重对支付平台潜藏的各类资金金融风险、数据安全隐患以及垄断等问题的监管，社会各界认识并不统一。中央强调要发展与监管并重。然而，如何避免在创新发展和有效监管之间找到合适的平衡点，避免出现类似P2P（网络借贷平台）野蛮生长最终团灭的悲剧，对监管部门而言是较大的挑战。

（三）反垄断和反洗钱监管难

平台经济强大的网络效应、大数据、云计算、AI等数字技术和资本等多种力量叠加，第三方支付市场极易出现“赢者通吃”的局面，部分头部第三方支付平台企业抢占了绝大部分市场份额，建立起垄断和寡头垄断地位。例如，以交易规模测度，支付宝、财付通在第三方综合支付和移动支付市场多年一直处于领导地位，尽管市场上还有200多家第三方支付机构，但它们都是市场边缘者，只占有较少份额。这些平台可能利用其优势地位来排除、限制竞争，最终损害市场竞争过程和消费者福利。近年来，中国人民银行一直在强调要推进支付行业反垄断，在发布的《非银行支付机构条例（征求意见稿）》中制定了相关的反垄断专条，然而，这些规定可能与我国现行的《反垄断法》和《平台经济领域反垄断指南》存在冲突。同时，第三方支付平台经济独特的多边市场特性、网络外部性以及价格结构非中性，造成实际推进支付反垄断也面临市场界定、支配地位判定、垄断行为识别等较多困难。

此外，第三方支付平台以互联网和移动互联网为基础，支付交易不受时间、空间限制，涉及金融机构、网络运营商、电子商务卖家和买家等众多市场主体，交易片段化，资金规避监管更为容易，对不法分子洗钱行为和资金转移活动难以有效掌握和识别。尽管现有支付机构管理办法明确要求第三方支付机构遵守反洗钱义务，但仍有部分支付平台通过大量的匿名和虚拟账户来达到洗钱目的，恐怖主义组织也可能选择第三方支付平台来进行融资洗钱，监管部门很难有效识别洗钱行为，反洗钱监管较为困难。

（四）监管方法工具不丰富

依托互联网、移动互联网、大数据、云计算、AI等数字技术发展起来的第三方支付行业，具有发展速度迅猛、业务创新繁多、跨行业跨地区经营等鲜明特点。然而，当前监管机构对第三方支付平台的监管还未建立全流程、线上与线下无缝衔接、机构监管与功能监管并重的监管方法，体系还不完善，大数据、AI等监管科技手段应用还相对较少，难以有效适应第三方支付机构海量的支付业务监管，对支付衍生业务监管的穿透水平还亟待提高，监管效能相对较低。

五、完善我国支付平台监管的对策建议

为了实现鼓励业务创新、有效防控风险和保护消费者权益三者之间的均衡，推进第三方支付监管效能，应贯彻中央财经委员会第九次会议精神，坚持正确政治方向，从构筑国家竞争新优势的战略高度出发，坚持发展和规范并重，把握第三方支付平台经济发展规律，健全第三方支付平台法律法规，优化监管框架，实现事前事中事后全链条监管，提升监管效能，促进第三方支付平台规范健康持续发展。具体应对建议如下。

（一）加快完善监管规则体系

首先，要完善监管基础性制度。监管部门应与时俱进，坚持“废、立、改、释”并举的工作思路，及时清理现有支付平台监管规则制度，加快制定更多法律层级和法律效力更高的监管规则，尽快出台《非银行支付机构条例》，进一步明细和完善支付机构资质管理、客户备付金管理、消费者权益保护、违规开展业务的处罚和市场退出机制等相关制度规则，做到监管有法可依，更加高效。

其次，应明确支付机构的性质。及时梳理现有规章制度中对第三方支付机构的性质界定存在冲突的条款，统一认识，尊重实际情况，综合考虑发展和监管的

要求。建议将第三方支付机构定性为非银行类金融机构，确保支付及支付衍生的相关金融交易应全部纳入金融监管，建立起支付机构统一的监管规则，实现金融风险监管全覆盖，防止监管空白和监管套利。

最后，要完善用户权益保护制度。一方面，要加强反垄断和反不正当竞争，严厉打击第三方支付平台侵犯客户和消费者权益的滥用行为。另一面，应完善用户信息、交易数据安全、客户备付金等方面的监管制度，制定更加详细的用户权益保护条款，加大对违法违规行为的惩处力度。

（二）明确监管的理念和目标

首先，要创新监管理念。推进第三方支付平台监管，应改变传统监管思维，坚持依法依规、包容适度、分类监管、协同治理的理念，处理好发展与安全、自律监管与政府监管、支付监管与衍生业务监管、分类监管与一致监管的关系，在业务创新与金融稳定之间取得平衡，提升监管效能，确保支付行业规范有序发展。

其次，要明晰监管目标。结合我国支付市场发展阶段以及行业发展面临的突出矛盾，秉持开放、包容的态度，坚持法定职责必须为、法无授权不可为的原则，因势利导地推进我国第三方支付平台监管目标调整和优化，探索构建重点突出、分类监管、创新友好型的监管治理体系，通过科学规范的监管促进行业健康可持续发展，为第三方支付平台创新发展留够足够的空间。

（三）加大反垄断和反洗钱监管协同

首先，完善支付行业反垄断和反洗钱监管规则。在反垄断规则建设方面，应加强与国务院反垄断委员会、国务院反垄断执法机构合作，积极推动新版《反垄断法》出台，并以其与《反不正当竞争法》《价格法》为依据，借鉴《平台经济领域反垄断指南》，进一步细化支付行业反垄断规则，加强规则协调，完善执法细则，提升监管针对性和权威性。在反洗钱监管规则建设方面，应加强与银保监会、网信办、工业和信息化部等部门协同，重点推进第三方平台上的跨境异常资金和异常交易行为监管规则和实施细则制定完善，推动第三方支付平台交易和资金全流程无缝隙监管，持续净化支付行业发展环境。

其次，加强与相关监管部门监管协同。针对第三方支付平台资金、交易和业务容易产生交叉和灰色地带的问题，应在国务院金融稳定发展委员会等高层机构协调下，充分发挥人民银行、银保监会、网信办、市场监管总局、发展改革委、公安部等部门作用，加强协同监管，形成监管合力，共同维护市场秩序，推动支付行业快速健康发展。此外，还应探索加强离岸监管合作，加大对第三方支付平台跨境支付业务进行监管力度。

最后，强化行业监督和平台自律。一是强化行业监督。积极发挥支付清算协会、中国银联、网联平台以及互联网金融协会等行业组织的作用，积极制定和完善行业内部的行为规范或规章，督促第三方支付平台严守国家法律法规和行业规范，实现行业内部的自我规范和自我约束。二是强化平台自律。第三方平台企业应依法完善平台治理规则，落实主体责任，加强合规管理和信息披露，遵守国家法律法规和商业基本伦理，自觉维护好市场秩序，做好用户权益维护工作，做到守底线、知敬畏，良性发展。

（四）创新和运用多种监管手段

首先，丰富监管科技工具箱。推动中国银联和网络支付清算平台智能化升级，积极运用AI、大数据分析、区块链等数字技术手段、监管科技（Regtech）工具以及技术标准规范，大力推进“互联网+监管”“大数据+监管”“AI+监管”等智慧监管新方法，提升第三方支付平台监管科技化、智慧化水平。同时，推进线上监管（非现场监管）与线下监管（现场监管）无缝衔接，实现第三方支付平台市场监管网络化、智能化、嵌入化、敏捷化，全面增强监管科学性、时效性和穿透性，及时防范资金、数据、垄断、洗钱等各类风险，维护好金融安全。

其次，引入监管影响评估方法。监管是有成本的，推进第三方支付平台监管时，调动各种执法力量投入，需付出较高成本，同时一旦监管失误可能产生诸多成本，比如对合法经营的第三方支付平台企业会产生“寒蝉效应”，影响企业投资和创新。因此，可探索引进监管影响评估或监管沙盒方法，来推进对第三方支付平台监管。操作时，应结合企业市场份额、影响力等因素，设计监管标准，定期对重点第三方支付平台和非重点第三方支付平台实行分级分类评估，提升监管的针对性和精准度。

再次，建立机制化支付平台监管方式。推行“双随机、一公开”联合检查和监管在第三方支付平台市场全覆盖，加强数据、并购、竞争、算法等重点领域专项监管，加快建立信用监管、标准监管、风险监管等新机制，推动专项监管、常规监管以及日常监管方式的机制化和规范化。

最后，加强市场调查研究。市场调查研究是推进第三方支付平台监管的重要手段，是一种典型的事前手段。一方面，它可以让监管机构准确及时地把握第三方支付平台市场的发展动态，深化对支付平台违法违规行为的甄别，提供相关的决策支撑证据，便于及时治理支付平台的各种违规违法行为；另一方面，市场调查研究还类似于一种“监管告知”，会对第三方支付平台的潜在有害行为形成“威慑”，将其消灭在萌芽状态。

参考文献

［1］范一飞. 正本清源 凝心聚力 推动支付产业高质量发展［J］. 中国支付清算，2018（04）.

［2］王磊等. 构建新型互联网平台监管体系的着力点［N］. 经济日报（理论版），2021-1-15.

［3］王磊. 加快推进我国互联网平台竞争监管现代化［J］. 宏观经济管理，2020（09）.

［4］王磊等. 新时期加强互联网平台监管的政策建议［J］. 价格理论与实践，2021（02）.

［5］刘澈等. 第三方支付监管的国际经验比较及政策建议［J］. 西南金融，2018（03）.

第二部分 市场体系

高标准市场体系建设研究

周　适

内容摘要： 建设高标准市场体系是构建高水平社会主义市场经济体制的重要内容。当前我国建设高标准市场体系面临一些亟待解决的问题：市场体系基础制度尚不完善，产权侵害、限制竞争等问题凸显。要素市场制度性障碍较多，渠道有限、制度缺失等短板突出。市场基础设施有待畅通升级，规模经济、体量优势未能发挥。市场开放度不足，服务业供需矛盾突出。监管体系亟需根据市场发展新趋势进行调整。建议从新型产权界定、知识产权保护、公平竞争维护切入，打造具备全球引领作用的市场基础制度。以经营性土地、数据要素、资本市场为重点，推动要素资源市场化高效配置和健康发展。以市场大动脉、交易平台建设为抓手，建设高标准市场基础设施。以社会服务业、金融服务业为主体，实施高水平市场开放。健全新业态包容审慎监管制度。力争到2035年，全面建成高标准市场体系。

关 键 词： 高标准市场体系　要素市场　市场基础制度　市场基础设施　市场监管

党的十九届四中全会《中共中央关于坚持和完善中国特色社会主义制度 推进国家治理体系和治理能力现代化若干重大问题的决定》指出，坚持和完善社会主义基本经济制度，加快完善社会主义市场经济体制，必须建设高标准市场体系。国家“十四五”规划纲要提出，建设高标准市场体系是“构建高水平社会主义市场经济体制”的重要内容。

一、建设高标准市场体系的重要意义

（一）建设高标准市场体系是构建社会主义市场经济体制的重要内容

改革开放已40多年，进一步深化改革需要新的目标和方向，即建设高标准市场体系（刘世锦，2020）。我国经济已由高速增长阶段转向高质量发展阶段，与新形势新要求相比，我国市场体系还不健全、市场发育还不充分。必须进一步深化市场化改革，建设高标准市场体系，筑牢社会主义市场经济有效运行的体制基础。

（二）建设高标准市场体系是构建新发展格局的重要支撑

建设高标准市场体系能够使生产、分配、流通、消费各环节顺畅衔接，生产要素优化配置，产业链和供应链高效对接，国民经济形成良性循环，对构建以国内大循环为主体、国内国际双循环相互促进的新发展格局形成有力支撑。

（三）建设高标准市场体系是实现高质量发展和高水平开放的重要基石

建设高标准市场体系能够提高资源配置效率，进而提高经济增长的全要素生产率，实现高质量发展。高标准市场体系下国内制度规则加快与国际接轨，国内市场和国际市场更好联通，为实现高水平对外开放、发展更高层次开放型经济奠定基础。

二、高标准市场体系的内涵

高标准市场体系的概念是从市场→市场体系→现代市场体系的基础上演化而来。既保留了上述概念的核心构成要素，又具有适应经济社会发展趋势和发展阶段的新特征。

（一）高标准市场体系相关概念

市场体系是由市场主体、市场客体、基础设施、运行机制、基础制度、市场监管等组成，包含商品市场、要素市场等多个子市场，相互关联和互动的有机整体（刘泉红，2020）。本研究认为，高标准市场体系是市场主体具备全球竞争力、交易平台具有国际定价影响力、交通物流基础设施高效互联、市场运行机制畅通有效、基础制度具备全球制度优势、监管体系先进完善的市场体系。

（二）高标准市场体系与现代市场体系的关系

高标准市场体系建立在现代市场体系的基础之上。2002—2018年是建设现代市场体系阶段，2019年至今进入建设高标准市场体系阶段。从发展水平上看，现代市场体系相当于市场体系的"动车""2.0版本"，高标准市场体系相当于市场体系的"高铁""3.0版本"。从发展路径上看，现代市场体系建设是对标发达经济体标准，高标准市场体系建设则结合了国际先进制度和我国制度优势。

三、建设高标准市场体系亟待解决的问题

改革开放40余年，我国现已基本建成现代市场体系。但与高标准市场体系的要求相比，还有很多体制机制性问题亟待解决。

（一）市场体系基础制度尚不完善，产权侵害、限制竞争等问题凸显

（1）民营企业产权侵害和农村集体财产流失问题易发。我国现有法律对民营企业财产保护不力，侵害私有产权、违法查封扣押冻结民营企业财产、员工侵吞企业财产等现象仍有发生。农村集体资产资源监管体系和政策法规不健全，存在农村集体财产变相流失、内部少数人和外部资本侵贪等问题。

（2）数据要素和知识产权保护滞后于发展需要。数据要素产权等新型产权缺乏清晰界定和法律保护，制约数据要素交易和数字经济发展。当前我国已经由模仿创新转向自主创新阶段，知识产权保护滞后导致的创新激励不足问题愈加凸显。国内侵犯知识产权行为易发多发。调研发现，不少国内科技中小企业只要做出好的软件，国内大企业就能第一时间复制，采用“模仿-大规模投资”、高薪挖人等方式挤压中小企业。

（3）公平竞争面临行政性垄断、所有制歧视等老问题和平台垄断等新挑战。公平竞争审查的刚性和权威性不足，程序性大于实体性，审查流于形式，对公平竞争审查例外规定的使用泛化异化。行政性垄断造成的市场竞争限制和进入壁垒依旧难以破除，现实中仍存在排除和限制竞争的规定和做法。随着互联网平台经济的兴起，大型互联网平台企业“二选一”、算法歧视、价格歧视、轴辐合谋等垄断和滥用市场优势地位的行为不断出现，破坏市场公平竞争秩序，阻碍行业创新。

（二）要素市场制度性障碍较多，要素配置效率亟待提升

（1）土地要素流转渠道有限、配置效率偏低。我国土地用途管制缺乏弹性，工业、商业、住宅等不同类型建设用地之间的转换渠道十分有限，不能适应当前经济社会快速发展和产业结构转换升级的需要。土地所有权仅存在由农村集体建设用地向国有建设用地单向的转换通道。土地使用结构不合理，城市生活生态用地特别是住房用地的供应比重偏低，导致土地成本高、房价居高不下。产业用地供给严重不足，许多地方产业发展面临无地可用的局面。城乡土地二元分割特征依然突出，国有土地和农村集体土地同地不同权情况比较明显。

（2）数据要素市场有待培育壮大，制度空白亟需填补。数据要素市场发展正处于起步阶段，一些关键性制度存在缺失。数据交易规则和标准有待建立完善。个人数据信息保护不力，数据安全问题亟待解决。部门、地区、政企、企业之间数据壁垒林立，数据开放共享渠道不畅通。

（3）资本市场发展不规范问题突出。金融市场法律法规体系和自律机制亟

待完善。大股东控制破坏资本市场、侵害小股东权益现象广泛存在，投资者权益保护严重不足，退市制度、上市公司现金分红制度、信息披露制度等应进一步严格和强化。民营企业长期不能与国有企业公平地获得信贷资源。资本市场双向开放程度仍有待提高，国内企业和居民难以使用国外低利率资金，房贷、经营贷利率高企，金融改革需不断深化。

（三）市场基础设施需进一步畅通升级，平台规模经济、体量优势未能发挥

（1）市场体系“大动脉”需互联互通、优化升级。我国铁路、公路、国际航运能力和效率仍待提升，多式联运衔接中转的“最后一公里”仍需打通。大宗商品交割仓库海外布局需大幅拓展和优化。资产登记托管系统、清算结算系统、支付系统、基础征信系统等金融市场基础设施国内外互联互通和系统升级仍需推进。

（2）市场交易平台的规模经济性未能充分发挥。部分市场平台存在市场分割、重复建设、无序竞争等问题。交易平台“一省一市场”“一市一市场”现象突出。许多地方规定地方国有资产和政府公共资源必须在当地产权交易机构挂牌交易。大宗商品现货交易平台重复建设，部分地方政府对外地大宗商品的流入流出设置障碍，使得现货市场空间局限于狭小的地方市场，规模经济效应不能有效发挥。

（四）市场开放度不足，服务业供需矛盾突出

（1）社会服务业供给严重短缺，企业进入门槛高。教育、托幼、养老、医疗、家政等社会服务业领域供给严重不足，服务质量亟需提升，供需矛盾日益突出。民营企业和外资机构进入我国社会服务业市场仍面临一定的隐形门槛，审批事项和程序较为繁琐，准入条件和准入限制应进一步放宽。

（2）金融服务业竞争不足，服务水平偏低。我国企业和实体经济常年面对融资成本高、融资渠道有限、金融服务专业化水平不高等问题。金融市场竞争不

充分，对国有大型金融机构的显性和隐性保护现象严重，金融服务缺乏效率。金融服务业整体开放度不足，银行和证券领域开放步伐缓慢。

（五）对新业态包容审慎的监管制度亟需健全

随着数字经济和平台经济的迅猛发展，互联网平台垄断、限制竞争、歧视定价、资本无序扩张、数据隐私安全、侵害消费者权益等问题不断涌现。新业态新模式下监管目标更加多元化，监管面临的问题更加错综复杂，传统的价格监管方法出现失灵。亟需设计精准有效的新型监管手段和方法，建立健全与平台经济数字经济发展相适应、能够平衡监管与发展、包容审慎的互联网平台监管体系。

四、建设高标准市场体系的战略目标

（一）“十四五”目标

到2025年，基本建成统一开放、竞争有序、制度完备、治理完善的高标准市场体系。为推动经济高质量发展、加快构建新发展格局、推进国家治理体系和治理能力现代化打下坚实基础（肖亚庆，2020）。

（二）中远期目标

到2035年，全面建成高标准市场体系，在全球范围内具有效率优势、竞争优势、制度优势和引领作用。实现企业和产业链体系具备全球竞争力，市场交易平台具备国际定价影响力，基础设施“大动脉”高效互联，市场运行机制畅通高效、交易成本低，市场基础制度具备全球制度优势和竞争优势，市场监管体系方法先进、执行有力。

五、建设高标准市场体系的任务和举措

未来一段时期，要深入贯彻党中央、国务院决策部署，构建更加成熟、更加定型的高水平社会主义市场经济体制，深入推进高标准市场体系建设，不断深化市场体制机制改革，充分疏导阻碍高标准市场体系建立的深层次体制机制问题。

（一）打造具备全球引领作用的市场基础制度

（1）建立数据等新型产权界定与保护制度。建立自然人和企业私有数据产权、多边交易中产生的共有数据产权、公共数据等公有数据产权分类确权制度。确立互联网平台数据产权双方共享机制，明确用户和平台双方的权利界限。加快制定出台《数据产权法》。

（2）健全知识产权有效保护制度。不断提高知识产权侵权惩罚性赔偿力度，建立知识产权侵权快速处置机制。对重大疫情用药、重大疾病用药制定兼顾公益性的专利保护规则，优化专利、商标等申请和审查程序，大幅提高审查效率。

（3）完善公平竞争审查制度。强化公平竞争审查制度刚性约束。建立公平竞争审查投诉、公示、抽查制度。分行业、分领域细化纳入审查范围的政策措施类别，完善竞争审查标准。出台公平竞争审查例外规定适用指南，建立例外规定动态调整和重大事项实时调整机制。推动建立独立审查机制。加强平台经济、共享经济等新业态领域的反垄断和反不正当竞争规制。

（二）推进要素资源市场化高效配置和健康发展

（1）推动经营性土地要素市场化配置。完善建设用地市场体系，在符合国土空间规划和用途管制要求的前提下，推动不同产业用地类型合理转换，增加混合产业用地供给。实施农村集体经营性建设用地入市制度。加快推进城乡统一的建设用地市场建设，形成与市场价格挂钩的动态调整机制，在全国范围内开展建设用地指标跨区域交易。

（2）大力培育数据要素市场。健全数据产权保护制度，加快制定出台《数据安全法》《个人信息保护法》等数据安全保护法律，完善数据分级分类管理制度，完善个人信息授权制度，在数据采集方面切实保护用户权利。加强地区间、部门间数据共享交换，研究制定交易流通、跨境传输等基础制度和标准规范，积极参与数字领域国际规则和标准制定，推动数据资源开发利用。

（3）促进资本市场健康发展。稳步推进、持续深化以信息披露为核心的股票发行注册制改革。完善投资者保护制度，鼓励和规范上市公司现金分红。坚持对违法违规行为零容忍。严格实施退市制度，对触及退市标准的坚决予以退市。降低实体经济融资成本。健全市场化利率形成和传导机制，积极发展普惠金融。

（三）推进高标准市场基础设施建设

（1）推进物联网等市场大动脉建设。推动市场基础设施互联互通，持续完善综合立体交通物流网络。加强新一代信息技术在交通物流领域的应用，提升运输效率。推动物联网、工业互联网等通信网络基础设施，人工智能、云计算、区块链等新技术基础设施，数据中心、智能计算中心等算力基础设施建设。推动物联网产业基地建设、物联网技术应用、智能物流发展。

（2）建设高标准市场交易平台。支持平台企业创新发展，推动互联网医疗、在线教育、在线办公、网上办事等新型服务平台发展，建设“智慧商店”“智慧商圈”。支持上海期货交易所、大连商品交易所、郑州商品交易所打造具有全球影响力的大宗商品期货交易平台，建立能够客观反映亚太地区乃至全球市场供求关系的基准价市场，实现由国内定价中心→亚太区域性定价中心→全球定价中心的战略转变。

（四）推进高水平市场开放

（1）加快扩大社会服务业市场开放。以医疗、教育、托幼、养老、环保、市政等领域为重点，减少对内外资市场准入限制，取消对其在证照办理、设备购置等方面的不合理限制。将审批权限下放至市级，简化、优化、规范审批流程，逐步取消养老、托幼等机构设立许可。在服务业扩大开放综合试点基础上逐步将服务业开放推广至全国，大幅提升服务业供给水平。

（2）有序扩大金融服务业市场开放。支持社会资本依法进入银行、证券、资产管理、债券市场等金融服务业。允许在境内设立外资控股的合资银行、证券公司及外商独资或合资的资产管理公司。统筹规划银行间与交易所债券市场对外开放。

（3）不断完善市场准入制度。健全市场准入负面清单动态调整机制，不断缩减内外商投资准入负面清单。破除各种市场准入隐性壁垒，打造市场化、法治化、国际化市场环境。在海南自由贸易港、深圳建设中国特色社会主义先行示范区、横琴粤澳深度合作区放宽市场准入基础上，将放宽市场准入扩大至全国。

（五）不断完善市场监管体系

（1）健全新业态包容审慎监管制度。探索轻微违法违规行为容错机制，对新业态企业建立“免罚清单”机制，实行“首次不罚”或“首次轻罚”。遵照鼓励创新、平等保护各方利益的原则，推动完善平台企业垄断认定、数据收集使用管理、消费者权益保护等方面的法律规范。加强资本市场监管，增强监管的全面性和有效性，提高监管透明度和法治化水平。

（2）完善监管方式和监管工具。推进“互联网+监管”和“大数据+监管”等新型智慧监管方式，实现重要监管业务在线办理、及时处置，实现政府部门间涉企信息互通共享。健全行业监管部门与综合监管部门协调配合机制。完善高效公正监管制度，规范监管机构自由裁量权，杜绝选择性执法、多头执法或监管标准不一等问题。

参考文献

［1］刘世锦. 构建高标准要素市场体系 发挥配置资源决定性作用［N］. 经济日报，2020-04-11（04）.

［2］刘世锦.关于发展现代市场体系的两个问题［J］. 国家行政学院学报，2014（04）:26-27.

［3］刘泉红.“十四五”时期我国现代市场体系建设思路和关键举措［J］. 经济纵横，2020（05）:66-75.

［4］任保平.新时代建设高标准市场体系的要求与路径［J］. 长安大学学报（社会科学版），2020，22（03）:2-5.

［5］任兴洲.中国市场体系30年:历程、经验与发展［J］. 中国发展观察，2008（12）:11-14.

［6］肖亚庆. 建设高标准市场体系［N］. 经济日报，2020-12-22（11）.

［7］中共中央办公厅，国务院办公厅. 建设高标准市场体系行动方案［Z］. 2021-3-31.

［8］周适.“基于规则的管制”与“基于合同的管制”［J］.中国物价，2014（11）:33-36.

第三部分 市场机制

货币供应量与物价的变动关系研究

徐　鹏

内容摘要： 本文从货币创造的结构性视角，利用央行货币统计数据，研究货币创造及流动对物价、房价、金融资产价格变动的影响。研究表明，结构视角更能看清货币供应量与物价的变动关系。货币对居民消费价格影响，长期看总量短期看住户存款增量。当前研究PPI变动要格外注意国内国际货币供应量变动情况。房地产是一个巨大的货币“创造器”。非银金融机构存款是事后观察股市波动的一个重要指标。重点建议将资产价格纳入货币政策重点关注目标，密切关注国际大宗商品价格走势。

当今世界正经历百年未有之大疫情。为应对此次新冠肺炎疫情冲击，主要经济体实施大规模宽松货币政策。按照传统货币数量论的观点，货币供应量的大幅增加将导致物价总水平的明显上升。从主要经济体的经济指标来看，货币供应量的增加推动股市、楼市、商品期货市场大幅上涨，物价总水平涨幅则要稍逊不少。这种结构性的价格波动现象不仅存在于传统物价指标与资产价格之间，在CPI（居民消费价格指数）和PPI（生产者价格指数）内部也常能观察到，即CPI和PPI运行主要是受食品、资源类商品价格波动的影响，而其他商品和服务的价格波动则相对稳定。疫情期间，上述价格运行的结构性特征引起了社会各界的高度关注。追溯已有研究资料，在2008年国际金融危机爆发后不久，就有学者针对这种价格运行的双结构性特征成因进行了理论探讨与实证分析。不同于以往研究，本文侧重于从货币创造的结构性视角，从货币当局和商业银行体系的资产负债表和信贷收支表的角度，来研究不同部门货币创造及流动对物价、房价以及金融资产价格的影响。

一、文献综述

经典文献资料习惯于用通货膨胀描述物价上涨，用通货紧缩描述物价下降，并往往建议采取紧缩性或扩张性货币政策来对抗通胀或避免通缩。这种表述实际上并不准确。从通货膨胀的定义出发，它反映的是货币发行过多而导致的物价普遍持续上涨的现象。关于这一定义，有三个要点值得关注。一是货币发行过多。其内在含义是，如果物价上涨并非由货币发行过多所致，那么这种物价上涨就不属于通货膨胀范畴。二是物价普遍上涨。换句话说，如果物价上涨并非是普遍的，而是由一种或几种商品涨价所致，那么这种物价上涨也不属于通货膨胀范畴。三是物价持续上涨。从内在逻辑看，如果物价上涨不是一个持续过程，而仅表现为一个相对短暂的期限，那么这种物价上涨也不归于通货膨胀范畴。

现实中，影响物价变动的因素有多种，如商品供求的不匹配、资源类产品价格的改革、季节性因素的扰动、税收政策的调整等。这些因素与货币发行或货币政策基本无关，物价变动并非都是由货币因素引起，所以用通货膨胀或通货紧缩来描述物价的上涨或下跌是不准确的。为保持原有文献的味道，本部分我们保留了通货膨胀、结构性通货膨胀等术语。

（一）传统的货币数量论

传统货币数量论认为，货币供应量增加终将导致物价全面上涨。长期以来，这一经济学原理让人深信不疑。该理论的核心是欧文·费雪提出的货币交易方程式$MV=PT$。这一方程式表明，货币供应量M和货币流通速度V相乘等于全部货币交易值PT，其中P表示物价，T表示交易的实物量。如果假定货币流通速度和实物交易量保持稳定或可预测，那么增发货币M就能推升物价P。

货币交易方程式是恒等式，从形式逻辑来看毫无挑剔，但在实际运用中却存在较大问题。首先，它并没指出货币供应量M是按照哪种口径计算。现实中的M_0、M_1和M_2计算口径差别甚大（王国刚，2009）。其次，它没指明物价P在现实中用什么指标来衡量。不同时段用CPI、PPI、GDP（国内生产总值）平减指数来表征价格总水平的走势可能存在较大差异。再次，该理论研究的是货币与实体经济的关系，在费雪所处的20世纪初经济环境下，无疑是符合实际的，然而随着虚拟资本的快速发展，更多的货币流向了虚拟经济，货币与实体经济之间的关系有所弱化（徐鹏，2020）。又次，这一方程式描述的是封闭情形下货币流通与经济循环的关系，并未考虑开放条件下货币作为交易媒介的情况，而这对分析外向型经济体的货币供给问题十分重要（李斌，2010）。最后，该理论隐含假定货币在经济社会中是均匀分布的，而实际并非如此。

（二）修正的货币数量论

为让传统货币数量论焕发生机，一些学者尝试对货币交易方程式进行修正，代表性人物有刘骏民教授。他认为，在虚拟资本迅速发展的背景下，货币交易方程式PT一端应加上各类证券交易所需的货币数量，也就是$MV=PT+SQ$，其中S表示证券的一般价格水平，Q表示证券的数量。由于证券交易的货币流通速度快于商品交易，所以他进一步修正了货币交易方程式，认为$M=PT/V+SQ/Vs$，其中Vs表示证券交易的货币流通速度。刘骏民教授对货币交易方程式的重要贡献在于，他将现实经济划分为实体经济和虚拟经济，并从此视角研究货币流动对经济运行的影响，提出金融资产囤积导致我国货币供应量与物价之间发生偏离的观点。

在研究货币供应量与物价变动关系时，刘骏民教授和他的学生认为货币供应量是外生变量，完全由中央银行进行掌控。然而，在现实的信用货币世界中，货币供应量兼有外生和内生属性，它是由货币当局、商业银行体系、企业、住户、政府等共同创造的。也就是说，央行主要负责基础货币投放，商业银行对企业、住户、政府进行信贷和债权投资而派生出信用货币。如果考虑货币供给的内生属性，有必要研究货币是怎样创造以及流动的。进一步地说，即需要从结构性视角分析货币创造和流动对物价的影响，而不单是从总量视角分析货币供应量与物价变动的关系。

（三）结构性通货膨胀

结构性通货膨胀的概念最早可以追溯到保罗·特里斯坦（1962）和威廉·鲍莫尔（1967）的著述。他们认为，部门之间发展的不平衡和不充分是引发结构性通货膨胀的根本原因，具体表现为不同部门之间物价涨跌幅存在明显差异。近些年，我国食品、资源类产品、房地产等价格出现大幅波动，引起社会各界对结构性通货膨胀的高度关注。代表性文献主要有吴军和田娟（2008）、纪敏和王月（2010）、张晓慧等（2010）、李斌（2010）、伍戈和曹红钢（2014）、张成思和田涵晖（2020）等。

从以上文献看，绝大部分学者均认同我国存在结构性通货膨胀，并从不同角度对其成因进行解释，并给予治理建议。如纪敏和王月（2010）认为，价格的结构性波动特征需要从结构和总量两个视角加以认识。结构视角层面来看，价格的结构性波动与商品、服务、资产的供求弹性和生产效率有关，也与对流动性和通胀预期变化的敏感性有关。总量视角层面来看，价格的结构性波动离不开总需求（货币）条件变化这一共同条件。在治理我国结构性价格波动时，既要有结构性政策，也要有总量政策，并多着眼于推进改革。

既有研究结构性通货膨胀的文献主要存在两方面不足。一是部分文献侧重于定性逻辑推理，缺乏必要的实证分析，尤其是货币流动方向和规模的判定。二是另一部分文献侧重于计量检验，尤其是关注货币供应量指标与物价指标的回归系数，以期证明某种因素导致或加剧了我国的结构性通货膨胀，但缺乏从货币创造和流动的结构视角去分析一般商品、不动产、金融资产的价格波动。

（四）信用货币的创造及流动

目前，中国人民银行每月中旬会对外公布多张货币统计报表。在这些报表中，资产负债表和信贷收支表格外引人注目，主要是从中人们可以大致观测出货币资金在央行、商业银行体系以及实体经济间的流动情况。在2008年国际金融危机之后，国内兴起利用央行货币统计报表来研究宏观经济问题的趋势。在货币创造方面，代表性文献主要有李治国和张晓蓉（2009）、伍戈（2010）、伍戈和李斌（2012）等。在货币政策操作机理方面，代表性文献和专著主要有王国刚（2010，2012）、盛松成和翟春（2015）等。在货币统计报表编制说明及应用方面，代表性文献主要有屈庆（2011）、王剑（2016）、刘生福和韩雍（2019）等。

以上研究为深入理解央行基础货币投放以及商业银行体系广义货币派生提供了宝贵资料。但遗憾的是，它们难以捕捉到货币资金在住户、非金融企业、政府、国外部门之间的流动。为更好地捕捉货币在实体经济部门的流动，目前来看有两种不完美的补救措施。第一种措施是利用各年《中国统计年鉴》中的资金流量表，包括金融交易和非金融交易两张表，来估算实体经济部门之间的资金流动。它的不足主要有两点。一是在用低频的年度数据估算高频的月度和季度数据时，可能会产生较大偏差；二是年鉴中的资金流量表数据一般有两年的滞后期，在经济运行遭遇较大外部冲击时，过往资金流量数据可能不具有参考价值。第二种补救措施是利用相关单位公布的固定资产投资总额、社会消费品零售总额、进出口总额、居民收入和支出数据等来估算货币资金在实体经济领域的流动。

（五）小结

货币供应量与物价的变动关系研究是一个经久不衰的话题。关于此，已有文献进行过深入研究。近些年，全球物价运行的结构性特征明显，主要体现在两个方面：一是物价总水平低位运行与资产价格持续上行；二是物价总水平主要受到内部食品、初级原材料价格波动的影响，其他商品和服务价格影响较小。梳理现有文献发现，大部分学者在研究货币供应量与物价变动关系时，习惯于将货币供应量视为外生变量，从总量视角去分析货币供给对价格的影响。即便将货币供应量视为内生变量，也鲜有从货币创造的结构视角去分析货币对物价的影响。考虑货币创造兼有内外生属性，同时央行发布的货币统计报表、统计年鉴中的资金流量表以及相关职能部门公布的经济运行数据能够捕捉货币资金在银行系统（包括央行和商业银行体系）以及实体经济之间的流动，我们可以根据信用货币的创造机制以及货币资金的流动信息（包括方向和规模），从货币创造的结构视角来定量研究当前物价运行的结构性特征。

二、信用货币创造机制及流动路径分析

现代信用货币创造是在二级银行体系下进行的，即中央银行向商业银行体系投放基础货币，商业银行以基础货币为锚，通过给企业、住户部门提供融资，实现广义货币的派生。本部分主要在二级银行体系基础上，结合股票、债券、房地产、外汇市场运行，从宏观会计视角分析货币的创造及流动。

（一）基础货币投放

在我国，央行基础货币投放的主要渠道有再贷款和外汇占款。在2002年之前，基础货币的主要投放渠道是再贷款。2002—2014年，外汇占款取代再贷款，成为央行投放基础货币的主要渠道。主要是，在此期间我国出口和外商直接投资规模快速扩张，在特定的结售汇制度以及人民币升值预期影响下，外汇占款投放出大量基础货币，高峰时外汇占款占到基础货币投放的九成以上。2015年以来，随着外汇占款的下降，央行主要通过“广义再贷款”投放基础货币，包括再贷款、再贴现、逆回购、MLF（中期借贷便利）、SLF（常备借贷便利）、PSL（抵押补充贷款）、TMLF（定向中期借贷便利）等。尽管这些货币政策工具的期限、质押物等不同，但本质上都是央行给商业银行的贷款。

表3-1-1给出了2013年以来我国创设的货币政策工具。

在会计记账方面，央行在银行间市场（汇市）购进外汇，央行资产负债表中的资产端的外汇占款和负债端的储备货币同时增加。相应地，商业银行资产负债表中的资产端准备金存款增加、国外资产减少。央行在银行间市场（债市）进行公开市场操作，如逆回购投放基础货币，央行资产负债表中的资产端对其他存款性公司的债权和负债端的储备货币同时增加。相应地，商业银行资产负债表中的资产端的准备金存款和负债端的对中央银行负债也同时增加。

表3-1-1　2013年以来中国人民银行创设的货币政策工具

工具名称	短期流动性调节工具（SLO）	常备借贷便利（SLF）	抵押补充贷款（PSL）	中期借贷便利（MLF）	临时流动性便利（TLF）	定向中期借贷便利（TMLF）
创设时间	2013年1月	2013年1月	2014年4月	2014年9月	2017年1月	2018年12月
操作对象	公开市场业务重要一级交易商	政策性银行和全国性商业银行	政策性银行	符合宏观宏观审慎管理要求的商业银行、政策性银行	现金投放中占比高的大型商业银行	大型商业银行、股份制商业银行和大型城市商业银行
参与方式	招标	招标	申请	招标	申请	申请
期限	以7天期以内短期回购为主，遇节假日可适当延长操作期限	1～3个月	3～5年	3个月、6个月、1年	28天和30天	1年期，可续做2次，实际使用期限可达3年
抵押品要求	国债、政策性金融债、政府支持机构债券、商业银行债券等优质债券	高信用评级的债券类资产及优质信贷资产	高等级债券资产和优质信贷资产	国债、政策性金融债、高等级信用债等优质债券和优质信贷资产	无抵押品要求	国债、政策性金融债、高等级信用债等优质债券和优质信贷资产
利率	中标利率	中标利率	央行决定	中标利率	央行决定	央行决定，通常低于MLF利率

资料来源：中国人民银行的相关数据资料，由作者整理。

（二）广义货币派生

广义货币是指央行和商业银行对住户部门、非金融企业部门、非存款类金融机构

（简称非银金融机构，下同）的负债。央行对上述部门的负债主要体现在流通中的货币和第三方支付机构客户备付金上。流通中的货币是指货币供应量M_0，客户备付金是指居民在支付宝、微信等第三方支付平台上的账户余额。商业银行对上述部门的负债主要体现在存款上。广义货币的创造主要来自央行和商业银行资产负债表的扩张。

信贷是最重要的广义货币投放渠道。信贷市场上，非金融企业部门是最大的资金需求者。为满足日常经营、扩大再生产等需求，商业银行向非金融企业部门提供贷款，实现资产扩张，创造存款货币。信贷市场上，住户部门的资金需求量也较大。除满足日常经营、消费需求外，主要是通过住房按揭贷款。以上两种货币创造情形，商业银行资产负债表的资产端都表现为准备金存款的下降，即超额存款准备金转变为法定存款准备金。第二种货币创造情形在负债端会有所差异，如果住户部门按揭贷款购买的是新建商品住宅，商业银行的企业部门存款会增加，与第一种情形相同；但住户部门按揭贷款购买的是二手房，则商业银行的住户部门存款会增加，企业存款不变。这种住户部门加杠杆购买新房和二手房的差异也会在GDP核算中体现。住户部门加杠杆购买新房创造的货币是能产生GDP的。若不考虑中介服务费，住户部门加杠杆购买二手房是不产生GDP的。此外，为救助资产管理公司、券商、基金等非银金融机构，央行一般会对其进行再贷款，但平时很少发生，救市资金也相对有限。

证券投资是广义货币投放的另外一个重要渠道。债券投资是商业银行证券投资的重要组成部分。在银行间债券市场和证券交易所市场上，商业银行购买非银金融机构和非金融企业部门（包括地方政府融资平台）债券，类似于向它们投放信贷，实现广义货币派生。商业银行的资产负债表表现为，资产端对其他金融机构的债权和对非金融机构的债权增加，负债端对其他金融机构的存款和对非金融机构的存款也增加。商业银行自营资金购买资产管理产品也会带来广义货币的创造，创造过程与前述情形类似。

财政收支活动对广义货币投放的影响不容忽视。尽管政府存款不被纳入广义货币统计口径，但其收支活动会对基础货币吞吐和广义货币创造产生影响。财政收入主要向居民（包括住户、非金融企业、非银金融机构）和商业银行获取，获取方式主要有税收和发债。如果是通过税收和发债向居民获取财政收入，则将导致广义货币和基础货币同时下降。在资产负债表上表现为，央行财政存款增加和其他存款性公司存款下降，商业银行准备金存款和居民存款双降。如果是向商业银行获取财政收入，比如在债券市场发行国债和地方政府债券，则将导致基础货币下降，但广义货币保持不变。与前述情形相比，央行的资产负债表变动保持一致，但差别在商业银行，此时商业银行的准备金存款下降、对政府债权上升。财政支出可视为财政收入的"逆过程"，政府向公务员发放工资或向企业采购商品服务，政府支出的增加将带来基础货币和广义货币的同时扩张。

外汇占款对广义货币投放的影响日益下降。外汇占款既投放了基础货币，也投放了广义货币。外汇占款的产生环节主要有两个：一是企业和住户部门将赚取的外汇卖给商业银行，换取人民币存在商业银行，形成广义货币；二是商业银行将外汇资产卖给央行，形成基础货币。2015年以来，随着外汇流入的减少，外汇占款投放基础货币和广义货币的能力大幅下降，但存量仍占到我国基础货币的三分之二。

影响广义货币投放的其他因素。商业银行向住户、非金融企业和非银金融机构购买不动产、黄金、股份都会派生广义货币。商业银行也有回收广义货币的渠道，如发行股票和债券，住户、非金融企业、非银金融机构一旦购买，则这些部门在商业银行的存款将减少，商业银行的准备金存款将增加。实际中，相比信贷、证券投资、财政收支活动、外汇占款，上述因素对广义货币投放的影响较小。

上述内容参见图3–1–1所示。

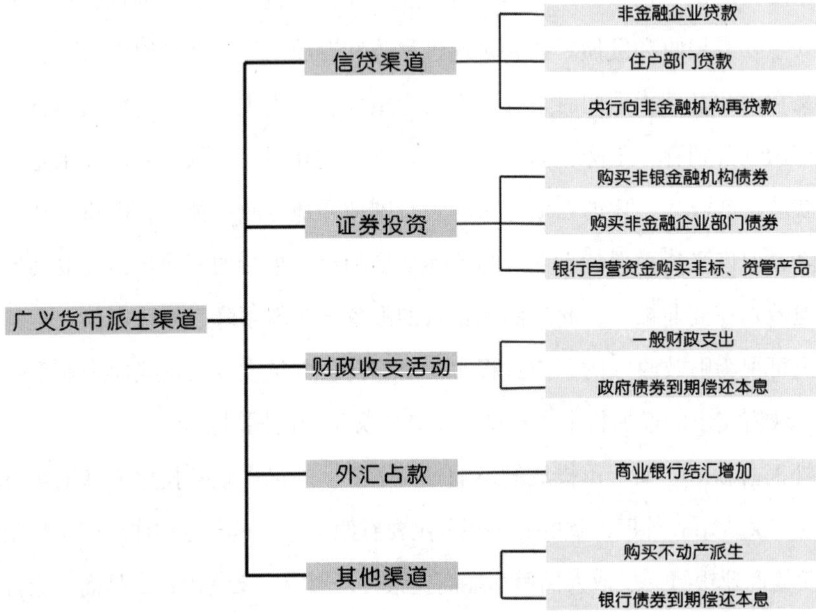

图3-1-1 广义货币的派生渠道

资料来源：由作者绘制。

（三）货币资金流动分析

本部分主要讨论分析货币资金在商业银行、非金融企业部门、住户部门、非银金融机构、政府之间的流动。

非金融企业部门资金来源主要有：一是向住户部门、政府、非银金融机构提供商品和服务，形成单位存款，根据资金流量表以及土地出让金估算，近三年年均约65万亿元。二是向商业银行贷款，进行投资和日常运营，目前企业部门贷款存量达到113万亿元，近三年年均增量在9万亿元。三是在资本市场发行债券和股票，目前非金融企业债券和股票融资存量达到28.2万亿元和8.5万亿元，近三年年均增量在3.5万亿元和0.5万亿元。四是出口商品和服务赚取外汇，并向商业银行结汇换成人民币。疫情期间，我国外汇收入增长较快。资金支出主要有：一是向住户部门支付工资和购买商品，导致单位存款减少。二是向政府上缴税费，如2020年企业所得税约4万亿元。三是向商业银行、住户部门、非银金融机构分红、还本、付息等，当前这部分统计数据难以获得。

住户部门资金来源主要有：一是从非金融企业部门、金融机构、政府部门获得的劳动者报酬，根据资金流量表估算当前约40万亿元。二是从商业银行获得消费贷和经营贷，主要为住房按揭贷款，目前住户部门贷款存量接近65万亿元，近三年年均增量在7.2万亿元，其中住房按揭贷款增量约6万亿元。三是出口商品获得外汇收入，购买保险、理财、存款等产品获得利息收入，当前这部分统计数据较难获得。资金支出主要有：一是在一级市场购买企业债券、企业股票、政府债券等证券，这里包括理财产品，住户先买理财产品，理财产品再去购买上述证券。二是向政府上缴税收，如2020年个人所得税约1万亿元。

政府财政支出大于财政收入：近些年，我国财政收入小于财政支出。为弥补财政赤字，中央政府和地方政府在债券市场发行债券，当前政府债券存量约47万亿元，近三年年均增量为6万亿元。根据以上政府收支活动对广义货币投放的分析，当前政府发行债券的80%由商业银行（包括政策性银行和信用社）持有，可认为商业银行将基础货币让渡给政府，当政府将这些基础货币支付给非金融企业部门、住户部门、非金融机构时，会带来上述部门存款的增加，实际上政府发债可近似认为是在创造广义货币。在存款性公司概览（央行和商业银行资产负债表的合并简表）中，可通过观察对政府债权（净）项目，来分析政府的财政收支活动。

非银金融机构存款变动：非银金融机构存款指券商、基金、信托等金融机构在银行的存款，主要包括证券公司客户保证金、非银金融机构金融产品银行存款、非银金融机构自有资金银行存款等。住户部门、非金融企业部门将存款用于证券二级市场投资，形成保证金存款；或购买金融产品，增加非银金融机构存款，也就是“住户、企业存款搬家”。非银金融机构利用自有资金进行证券市场投资，或向央行和商业银行进行贷款，或是商业银行用自营资金购买非银金融机构的金融产品，也会带来非银金融机构存款变动。历史经验表明，非银金融机构存款变动与股票市场走势紧密相关。对此，在本研究报告的第三部分我们会着重分析。

上述内容参见图3-1-2所示。

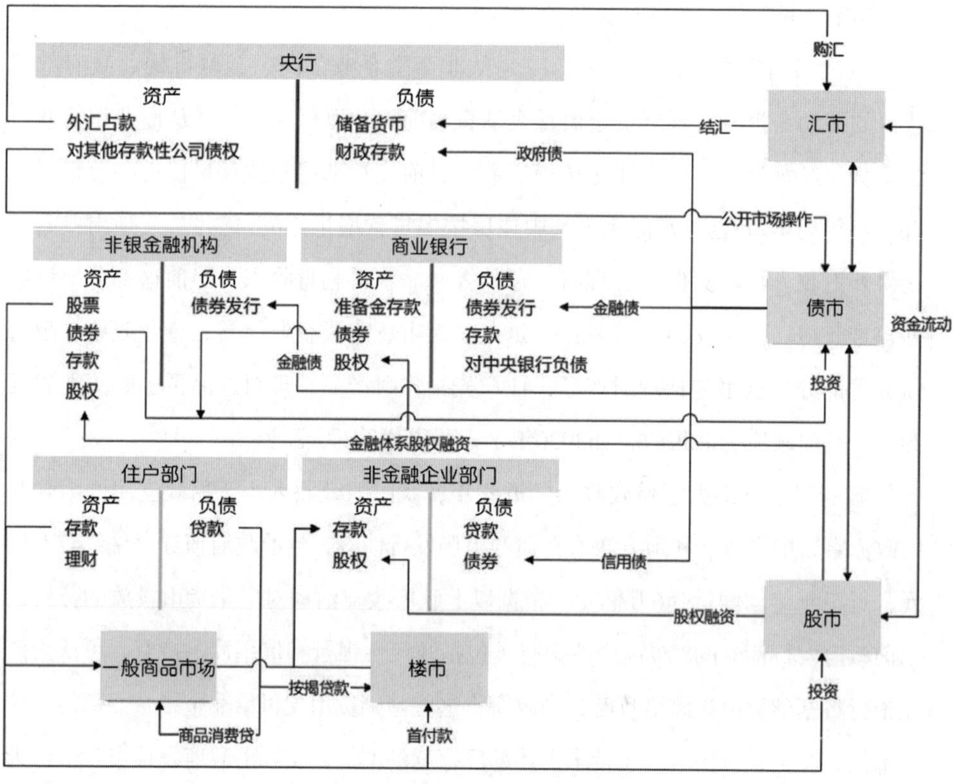

图3-1-2 信用货币创造机制与流动路径

资料来源：作者绘制。

三、货币与物价、房价、金融资产价格变动的实证分析

本部分主要从货币创造的结构视角，实证分析不同部门广义货币创造和流动对居民消费价格、工业品生产价格、房价、金融资产价格的影响。

（一）货币对居民消费价格的影响

货币解释居民消费价格长期上涨依然是成立的。当前，物价形势分析侧重于从供求的基本面（实物角度）来研究居民消费价格的变动。这种分析方法贴近实际，因为短期来看，居民消费价格更容易受到食品、能源供给的扰动。但从中长期来看，在商品供求基本保持平衡的条件下，货币是推动物价上涨的一个重要因素。货币不仅从利率端影响着社会融资成本，也从数量端影响着社会整体利润。2011年以来，我国广义货币供应量M_2增长了2倍，尽管CPI（居民消费价格指数）涨幅偏低但也上涨了25.5%。由于广义货币创造存在结构性，且创造出的部分货币锁定在房地产市场以及流向资本市场，我们计算了M_2中剔除房地产贷款和非银金融机构存款之后的货币供应量，发现2011年以来有1.4倍的增长。可认为10年来CPI的25.5%涨幅主要是由这1.4倍的货币增量推动的，而并非完全为2倍的货币增量所致。

综上，货币供应量的增长中长期确实能推动居民消费价格上涨，但短期难以从统计指标中察觉出。正如薛暮桥先生在其回忆录中所言“稳定物价的根本方法，是管住货币总量”。

上述内容如图3-1-3所示。

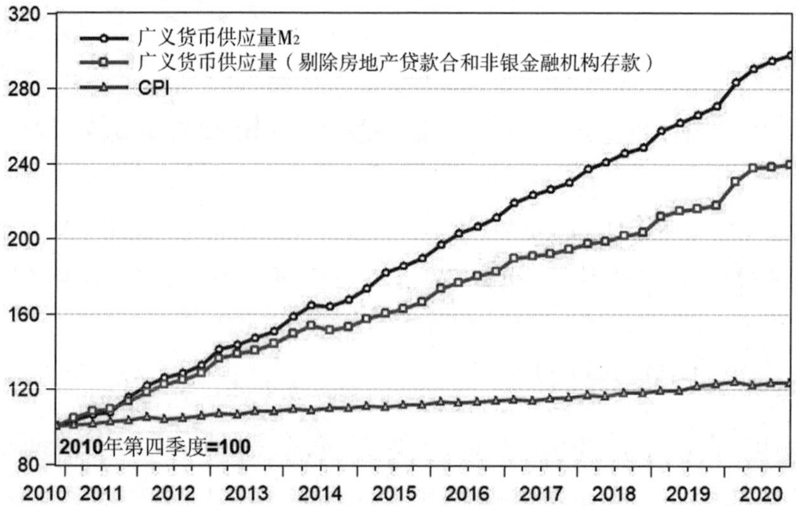

图3-1-3 货币供应量与居民消费价格

资料来源：依据中国人民银行、国家统计局的相关资料，由作者整理绘制。

新冠肺炎疫情暴发初期，住户存款增加压制了居民消费价格。新冠肺炎疫情暴发初期，由于疫情防控形势严峻，住户部门消费投资大幅萎缩，住户存款大幅增加。表3-1-2给出了近些年一季度M_2增量的来源及流向。表3-1-2的下半部分表示新增M_2的来源。在2020年一季度8.8万亿元的M_2增量中，对非金融企业的广义信贷是派生主体，其中贷款派生6.3万亿元，购买债券投放1.2万亿元，加上对住户部门贷款派生的1.2万亿元，一共8.7万亿元，大体等于同期M_2的增量。这些派生出来的货币，会在社会上流通。比如银行给企业贷款，企业拿贷款给员工发工资，员工存款账户余额增加。因此，M_2季末余额分布与派生来源可能存在较大差别。表3-1-2的上半部分给出新增M_2的分布。在2020年一季度新增M_2构成中，住户存款增加最多，达到6.5万亿元，非金融企业存款（活期加定期）增加2万亿元，两者合计8.5万亿元，基本与同期M_2增量一致。非金融机构在央行存款（主要是第三方支付平台备付金）、非银金融机构存款的变动较小，流通中货币的季节性增加。

上述内容如图3-1-4所示。

表3-1-2 广义货币供应量M_2增量分布及来源

货币供应量增量	2015Q1	2016Q1	2017Q1	2018Q1	2019Q1	2020Q1	2021Q1
流通中货币	1690.3	1434.6	301.2	2047.0	1733.2	5832.7	2229.1
单位活期存款	-12536.2	9193.2	1911.7	-22297.1	-5843.5	-6791.6	-11696.9
单位定期存款	11133.6	12382.7	9193.8	12409.7	18836.6	26788.9	17469.4
住户存款	35815.5	34782.2	39774.2	43222.2	60917.6	65117.4	67072.3
非金融机构在央行存款	0.0	0.0	0.0	2162.6	-3547.6	-917.2	1677.2
非银金融机构存款	10854.7	-3872.9	-1638.0	13393.6	-10411.9	-2330.7	13551.3
合计	46958.0	53919.9	49542.9	50938.0	61684.2	87699.6	90302.3
外汇占款	-2520.5	-10171.7	-3215.8	163.7	-20.0	-238.2	326.8
对非金融企业贷款	27732.2	30844.1	26013.4	29245.9	43910.0	62595.7	54500.8
对住户贷款	8773.5	12365.1	18307.6	17421.7	17946.7	12258.6	25456.1
购买非金融企业债券（含股权）	4282.7	-5136.0	-7705.8	3447.2	1718.2	12017.1	-1130.7
对非银金融机构债券	17642.7	47440.1	12546.8	1337.3	955.2	13833.8	5143.9
对政府债权（净）	1128.6	7000.3	3917.1	10088.8	9223.1	15133.3	7478.0
实收资本	1300.8	993.5	632.5	79.6	608.7	1635.4	260.1
其他	-11382.0	-29415.2	-952.9	-10846.2	-12657.6	-29536.1	-1732.8
合计	46958.0	53919.9	49542.9	50938.0	61684.2	87699.6	90302.3

资料来源：依据中国人民银行的资料，由作者整理。M_2中不包括货币市场基金。

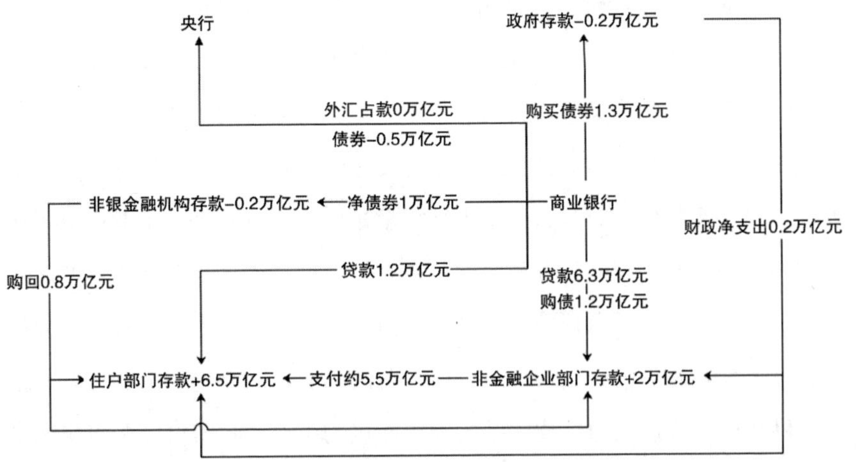

图3-1-4 2020年一季度广义货币创造及流动情况

资料来源：依据中国人民银行的资料，由作者绘制。四舍五入可能存在偏差，流通中货币算作漏损项不计入存款项目。

住户存款大增既是隐忧也是潜力。表3–1–2上下两半部分表明，2020年一季度，商业银行通过广义信贷投放给非金融企业7.5万亿元，但非金融企业只留存了2万亿元，其余5.5万亿元支付给住户部门。住户部门存款增加6.5万亿元，其中1.2万亿元为商业银行的贷款，剩余5.3万亿元从非金融企业中获得，这与非金融企业5.5万亿元的净支出基本吻合。结合居民消费投资数据，以及过往同期货币增量数据，我们可以判断：2020年一季度为了疫情防控，推进企业复工复产，国家加大了对企业的金融支持力度，商业银行对非金融企业的贷款创历史新高。企业获取资金后，除用于正常生产和偿还贷款外，主要是给居民发放工资，保障居民正常生活。疫情期间，由于人员流动受到限制，新建住宅销售额、社会消费品零售总额同比增速大幅下降，住户部门的存款未能快速回流至非金融企业部门，导致住户部门的存款大幅增加。随着疫情防控总体向好，生产、流通、消费等环节堵点的疏通，住户部门的消费恢复，消费价格逐步回暖，非金融企业的存款回升。

（二）货币对工业品生产价格的影响

货币对工业品生产价格的作用机制为：我国是世界制造业中心，内外部需求对工业品生产价格均会产生较大影响。当外部需求旺盛时，通过出口创汇，外汇占款成为基础货币和广义货币的重要投放渠道，国内住户、非金融企业、政府部门可以在不增加或小幅增加杠杆的基础上促进经济快速增长，推动工业品生产价格上涨。当外部需求萎缩时，如果内部需求短期内难以弥补，工业产能可能会出现结构性过剩局面，带动工业品生产价格持续走低。内部化解结构性产能过剩主要有三种方法：一是政府帮助市场加速出清；二是内部部门加杠杆，比如扩大信贷，通过扩大有效需求，尽快缓解产能过剩的局面；三是以上两种方法的结合。一旦从供需两侧来启动内部化解结构性产能过剩工作，货币供应量将快速增长，有效需求回暖，推动工业品生产价格回升。

2016年的工业品生产价格复苏离不开国内部门加杠杆。2008年国际金融危机之后，美欧日等主要经济体结束加杠杆进程，进入稳杠杆和调杠杆阶段。2011

年至新冠肺炎疫情暴发前，美国、日本、英国的宏观杠杆水平稳定在245%、350%、248%上下，德国的宏观杠杆水平从190%下降至173%。外需不旺，内需来补。在2009年至2010年扩大内需战略支撑下，我国工业产能进一步扩张，然而由于后续有效需求不足，我国部分行业出现产能过剩，导致PPI持续下行。在2015年末的中央经济工作会议上，党中央推出供给侧结构性改革方案。在过剩行业去产能、政府加杠杆补短板、房地产去库存和“棚改”货币化等因素带动下，政府、住户和非金融企业部门加大加杠杆力度。加杠杆过程中创造出大量货币，快速提振了有效需求，推动了PPI筑底回升。

此轮PPI快速上行源自主要经济体共同大幅加杠杆。新冠肺炎疫情暴发后，为恢复实体经济以及稳定金融市场，主要经济体开启大规模宽松货币政策和财政政策。美国、日本、德国的宏观杠杆率分别从2019年第四季度的249.7%、363.8%、172.9%大幅跃升至2020年第三季度的280.4%、401.8%、191.7%。伴随着宏观杠杆率的快速上升，主要经济体的广义货币供应量大幅增长，商业银行信贷有明显好转。此外，美国财政举债大量补贴给住户部门，其国民购买力实际上并未大幅下降，部分人反而可能上升。主要经济体有效需求的快速修复，直接带动国际原油、铜铝有色金属等工业原材料价格以及全球房价持续上涨。受上述输入性通胀以及国内需求改善影响，我国工业生产领域景气持续上行，推动PPI快速上升。

上述内容参见图3-1-5、图3-1-6所示。

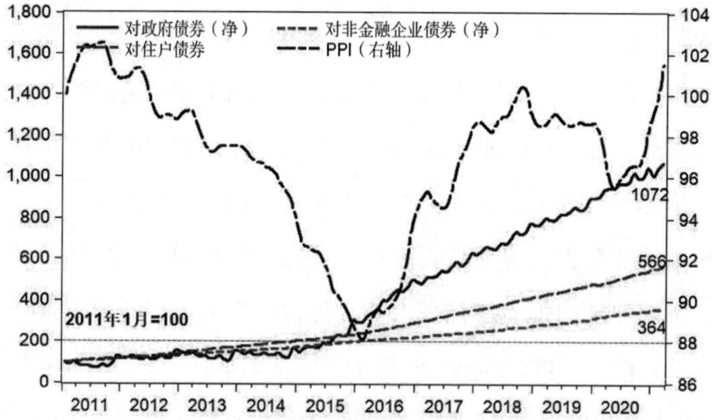

图3-1-5 商业银行广义信贷与PPI走势图

资料来源：依据中国人民银行、国家统计局相关资料，由作者整理。

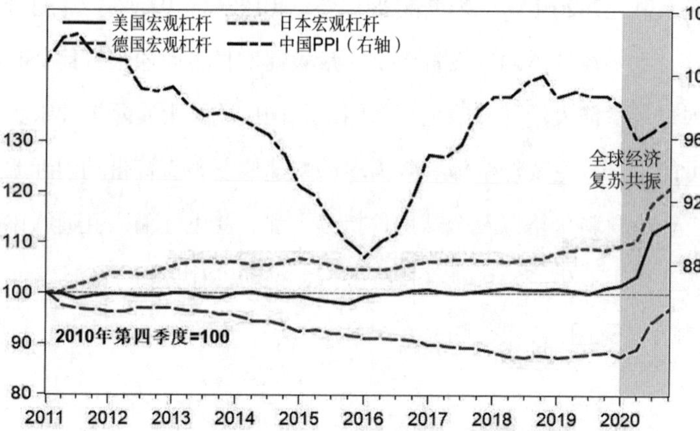

图3-1-6 美国、日本、德国宏观杠杆与我国PPI走势

资料来源：依据国家统计局、国际清算银行相关资料，由作者整理。

（三）货币与房价变动的关系

货币与房价的相互作用机制为：在扩张性财政政策和货币政策的影响下，住户部门的通胀预期升温。为抵御通胀，住户部门通常会选择加杠杆购置不动产，主要以住宅为主，推动住宅价格上涨。由于住宅兼具商品和金融属性，如果住宅价格上涨过快，将迫使刚性需求提前释放，助长投资和投机需求，导致个人住房贷款和房价螺旋式上升。在我国，城镇建设用地完全由地方政府供给。楼市火热时，为获取有限的土地开发资源，房地产开发企业会充分利用杠杆，在土地拍卖时竞相出价，土地溢价率上升将抬高住宅成本，进一步支撑房价。由于土地出让金是地方政府收入的主要来源，为保持房价稳定，重点城市调控房地产时，多采取抑制楼市的需求端政策，比如当前北上广深严查违规资金入市，少有大幅放松土地的供给端政策。

房地产是一个巨大的货币“创造器”。国有土地出让、房地产开发、房地产抵押贷款等环节均会涉及商业银行的信贷业务。即便国有土地出让会让国库吸收不少存款货币，但政府取之于民、用之于民，最终房地产信贷创造出的货币都会形成住户部门和非金融企业存款。2020年末，我国房地产贷款余额为49.6万亿元（个人住房贷款为34.5万亿元），占广义货币供应量M_2的比重达到22.7%，如果考虑房地产开发企业债券发行，可认为我国超过22.7%的M_2是由房地产创造的。所以说，社会上一个比较流行的看法——房地产是一个巨大货币“蓄水池”是值得商榷的。

上述内容如图3-1-7所示。

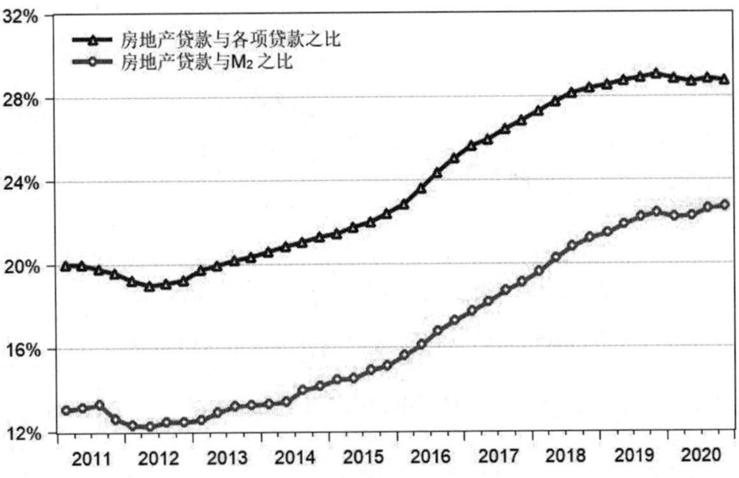

图3-1-7 房地产贷款占M_2和总贷款的比重

资料来源：依据中国人民银行的相关资料，由作者整理。

房地产贷款与房价走势高度相关，一线城市表现尤为显著。2011年以来，我国房地产贷款与70个大中城市新建商品住宅价格和二手住宅价格的相关系数高达0.95以上。如果将2010年第四季度设定为100，观察到——10年来我国房地产贷款上涨4.3倍，新房上涨0.5倍，二手房上涨0.3倍。事实上，近10年我国房价整体大幅上涨是从2015年开始的。如果将2015年第一季度设定为100，会发现我国房地产贷款上涨2.1倍，而新房和二手房上涨倍数仍保持在0.5倍和0.3倍。2015年的这轮房价上涨，一线城市表现尤为显眼，无论涨幅还是增速均创历史纪录，在其带动下，二线和三线城市房价开始快速上涨。这直接导致2016年末的中央经济工作会议提出“房子是用来住的、不是用来炒的”的定位，并明确指出宏观上要管住货币，微观上要严格限制信贷流向投资投机性购房。

上述内容如图3–1–8、图3–1–9所示。

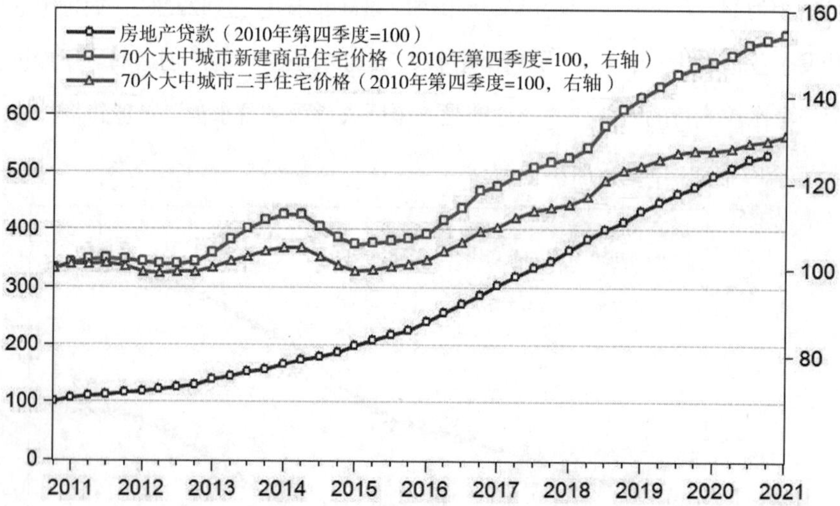

图3–1–8　房地产贷款与住宅价格走势情况

资料来源：依据中国人民银行、国家统计局的相关资料，由作者整理。

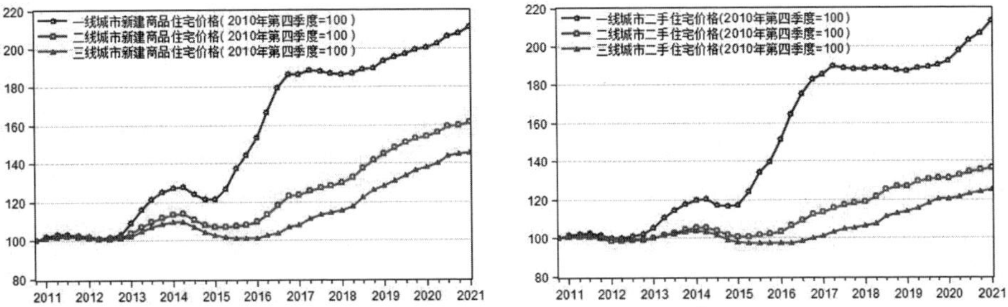

图3-1-9 各线城市新建商品住宅价格和二手住宅价格

资料来源：依据国家统计局的相关资料，由作者整理。

（四）货币与金融资产价格变动的关系

货币与金融资产价格的相互作用机制为：大部分部门预期金融市场上涨，住户存款和非金融企业存款流入，商业银行自营资金加大非银金融机构金融产品购买，非银金融机构增加商业银行贷款，非银金融机构存款增加，推动金融资产价格上涨。金融资产价格上涨吸引更多资金流入，导致非银金融机构的存款持续增加，进一步支撑金融资产价格上涨。当非银金融机构存款的增长遇见瓶颈时，市场资金面难以支撑此前的交易体量，流动性不足带来金融资产价格下跌。为落袋为安和减少损失，部门资金选择逃离市场，进一步带动非银金融机构存款下降和金融资产价格下跌。当市场下跌过猛时，为保持日常经营，非银金融机构可能向央行进行再贷款求助。

非银金融机构存款对金融资产价格的影响在股票市场表现非常明显。2013年以来，我国股市大涨大跌的背后都能看见非银金融机构存款异动的影子。2014年初至2015年中，非银金融机构存款持续增加，推动股市持续上涨。在此轮牛市“崩盘”的前一个月，非银金融机构存款大增1.9万亿元，主要是非金融机构加杠杆，直接把股市推向高潮。2015年6月中旬，随着金融监管部门对股市加杠杆行为的严控，住户部门和非金融企业的资金大量撤离，商业银行用自营资金大规模赎回理财产品和基金产品，导致非银金融机构的存款大幅下降，股票价格出现大幅回落。为稳定市场预期、防范金融风险、支持金融市场健康发展，2015年7月，央行向证券、基金公司提供2000亿元再贷款，商业银行向其提供1.3万亿元广义信贷，导致该月非银金融机构的存款大增2万亿元。非银金融机构融来的资金并未能很好稳住市场信心，住户、非金融企业等部门资金继续撤离，直到2015年9月非银金融机构的存款下降1.2万亿元为止。

上述内容参见图3–1–10所示。

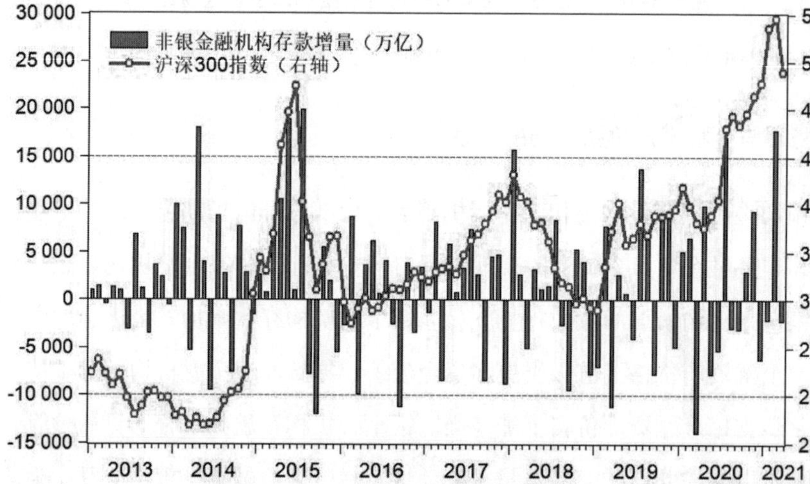

图3–1–10　非银金融机构存款增量与沪深300指数

资料来源：依据中国人民银行、Wind的资料，由作者整理。

新冠肺炎疫情对股市是一种压力测试。在疫情暴发初期，市场参与者普遍对股市表示担忧，尤其是美国三大股指出现大跌。2020年3月，非银金融机构存款减少1.4万亿元，其中住户部门和非金融企业撤离2.5万亿元。2020年下半年，国内疫情防控总体向好，在积极财政政策和宽松货币政策的提振下，投资者的情绪回升，当年7月非银金融机构的存款大增1.7万亿元，其中住户部门和非金融企业贡献2.8万亿元。后期，非金融机构存款的增长动能不足，但沪深300指数仍持续上升，主要是基金抱团消费、医药、科技等龙头股，在这些股票带动下股指持续上涨，股市呈现结构性牛市特征。2021年春节之前，在市场赚钱效应的吸引下，住户部门和非金融企业资金大量入市，2月有1.5万亿元，推动股市继续攀升。春节之后，随着“抱团股”的瓦解，以及非银金融机构存款的来源不足，股市开始回调。

上述内容如图3-1-11所示。

图3-1-11 非银金融机构存款增量结构来源

资料来源：依据中国人民银行的相关资料，由作者整理。

四、结论与建议

本文从货币创造的结构性视角，利用央行货币统计数据，研究货币创造及流动对物价、房价、金融资产价格变动的影响，主要结论与建议如下。

（一）结论

第一，从结构视角更能看清货币供应量与物价的变动关系。当前，从货币总量视角解释结构性物价上涨略显乏力。主要是，信用货币在创造、流动、分布过程中存在不均匀，导致不同行业、领域、人群所持货币不同。有的可能因出现过多货币追求过少商品而引起价格上涨现象，有的则可能因货币不足商品过多而出现价格下跌现象。所以，在研究货币供应量与物价的变动关系时，更应从结构视角入手，即通过分析货币当局、商业银行体系、住户、政府、非银金融机构、非金融企业部门之间的货币创造及流动，研究货币对居民消费价格、工业品生产价格、房价以及金融资产价格的影响。

第二，货币对居民消费价格的影响，长期要看总量、短期要看住户存款增量。从货币因素来解释居民消费价格上涨，从长期来看是成立的。近十年，我国广义货币供应量M2增长2倍，剔除房地产贷款和非金融机构存款的M_2有1.4倍增长，它们推动CPI上涨25.5%，货币对CPI上涨有潜移默化影响，但短期内难以从统计指标中识别出。从有效需求视角看，影响价格变动的不仅有意愿，也有购买力（货币）因素。新冠肺炎疫情暴发初期，由于疫情防控形势严峻，我国生产、流通、消费环节存在堵点，居民消费意愿难以实现，导致2020年一季度住户存款较大幅度增加，压制居民消费价格。随着疫情防控向好，先前循环不畅问题持续好转，居民有效需求稳步释放，推动居民消费价格回暖。

第三，当前研究PPI变动要格外注意国内国际货币供应量变动情况。我国是制造业大国，内外部货币供应量出现较大变动均会对我国PPI走势产生较大影响。2016—2019年的这轮PPI上涨离不开国内住户、政府部门加杠杆。这轮加杠杆创造出大量货币，有效需求快速扩张。新冠肺炎疫情暴发以来的这轮PPI快速上涨源自主要经济体的大规模宽松政策。主要经济体的货币供应量大幅增加，实体经济的有效需求快速修复，直接带动原油、铜铝等国际大宗商品价格大幅上涨。受此输入性因素以及国内需求改善影响，我国上游工业原材料价格持续上涨，并开始向中下游行业传导。

第四，房地产是一个巨大的货币“创造器”。不同于社会上认为房地产是一个巨大的货币“蓄水池”看法，本文认为房地产是一个巨大的货币“创造器”。因为国有土地出让、房地产开发、房地产抵押贷款等环节均会涉及商业银行信贷业务，这些业务会创造出大量货币。2020年末，我国房地产贷款余额接近50万亿元，占M_2的比重达到22.7%，可看出房地产对广义货币的创造贡献非常大。在我国，房地产贷款与房价走势高度相关，相关系数高达0.95以上，表明我国居民购房基本上都会选择加杠杆，由于高房价原因一线城市加杠杆更为突出。

第五，非银金融机构存款是事后观察股市波动的一个重要指标。非银金融机构存款反映的是资本市场某一时刻的资金供给量。股市大涨大跌背后我们都能看见非银金融机构存款异动的影子。2014年初至2015年中的牛市，商业银行、住户、非金融企业资金持续流入股市，非银金融机构存款大幅增加，其中在“崩盘”前的5月大增1.9万亿元。6月中旬股市大跌后，部门资金迅速撤离，非银金融机构存款大幅减少，其中9月存款下降1.2万亿元。新冠肺炎疫情对股市也是一种压力测试。在疫情暴发初期，市场参与者对股市表示担忧，股市出现回调，2020年3月非银金融机构存款减少1.4万亿元。随着疫情防控总体向好，在宽松宏观政策的提振下，股市持续回暖，7月非银金融机构存款大增1.7万亿元。

（二）建议

第一，货币政策应高度关注资产价格波动。从货币创造的结构性视角看，货币信贷是驱动不动产和金融资产价格上涨的一股重要力量。在商业银行信用机制下，高收入阶层和拥有不动产的群体更容易获得信贷资金，由于他们的边际消费倾向低而金融投资动力足，获取资金后他们大部分会选择金融投资，推动资产价格上涨。而中低收入群体获取商业银行信贷资金有限，有效需求不足持续存在，又由于当前一般生活用品及服务供给较为充分，CPI一般难以大涨。如果货币政策只盯住CPI而不考虑资产价格，显然会加剧贫富差距扩大以及扭曲经济结构。因此，当前货币政策通货膨胀的目标应考虑纳入资产价格。

第二，做好重要民生商品保供稳价工作。长期货币供应量对CPI有明显影响，而短期CPI主要是受到粮油肉菜蛋奶果等重点民生商品价格扰动。所以做好重要民生商品的保供稳价工作直接关系到人民群众生活质量。主要包括：加快推进优质农产品生产基地建设，不断满足人民对美好生活的向往；加大信息网络建设，提高农产品监测数据的质量；加快一些重点民生商品产能恢复，2022年力争将生猪产能恢复到非洲猪瘟疫情前的水平；加强冷链体系建设，提高重点民生商品的存储质量；加强重点民生商品市场监管，严厉打击质量安全问题和价格违法行为。

第三，密切关注国际大宗商品价格走势。此轮我国PPI快速上行主要是由主要经济体共同大幅加杠杆所致。PPI上涨既要看到国内需求的改善，也要看到国际输入性因素。当前应加大原油、钢铁、有色等原材料价格监测预警力度，加强主要经济体宏观政策取向、经济复苏进程、新冠肺炎疫情形势、汇率变动等对国际大宗商品价格走势影响分析，重点研究上游原材料价格上涨向中下游行业传导的机制、路径、范围、幅度、速度等。加强商品期货市场与现货市场联动，优化商品期货市场投资者结构，吸引实体企业参与期市交易。健全重要大宗商品储备制度，完善“黑天鹅”“灰犀牛”事件应急处置机制。

第四，房地产调控要短期看信贷、长期看供给。新冠肺炎疫情暴发以来，全球房地产市场加速上涨，我国也不例外。从驱动房价上涨因素看，房地产贷款是一个重要因素。因此，短期内调控房价的一个最有效办法就是对房地产贷款进行限制，包括额度管控、调升利率、加强资格审查、加强资金监管等。长期调控应增加土地供应，缓解重点城市商品房市场供需矛盾。考虑到住房保障是重大民生工程，政府应加快完善住房保障体系，切实增加保障性住房供给。此外，房地产价格上涨可能向租金传导，职能部门应加强房屋租赁市场监管，合理调控租金水平。

第五，加强股市风险防范和投资者保护。从非银金融机构存款变动和来源大致可以判断，住户和非金融企业部门，主要是散户，通常会在股市高点成为“接盘侠”，在股市低点“忍痛割肉”。整体来看，绝大部分散户难以从股市中获得超额收益。当前，全球股市高度联通，美国股市高位异动很快会传导到其他市场，建议建立健全全球股市风险监测预警预测机制，加大人工智能、区块链、云计算、大数据在全球股市风险联动分析中的应用。在当前结构性牛市中，大部分股票出现下跌，建议完善强制退市和主动退市制度，加快问题公司、垃圾股的退市进程，切实保护中小投资者的合法权益。

参考文献

［1］张晓慧，纪志宏，李斌. 通货膨胀机理变化及政策应对［J］. 世界经济，2010，33（03）:56-70.

［2］伍志文. 货币供应量与物价反常规关系:理论及基于中国的经验分析——传统货币数量论面临的挑战及其修正［J］. 管理世界，2002（12）:15-25+61.

［3］伍志文."中国之谜"——文献综述和一个假说［J］. 经济学（季刊），2003（04）:39-70.

［4］伍戈. 中国货币供给的结构分析: 1999-2009［J］. 财贸经济，2010（11）: 40-45.

［5］吴军，田娟. 结构性通货膨胀解析——基于当前中国通货膨胀问题的思考［J］. 金融研究，2008（09）:91-100.

［6］王国刚. 中国货币政策目标的实现机理分析2000—2010［J］. 经济研究，2012（12）.

［7］王国刚. 物价变动并非总是货币政策的函数［J］. 经济学动态，2009（10）.

［8］王国刚. 货币政策与价格波动［M］. 北京：中国社会科学出版社，2013.

［9］盛松成，翟春. 中央银行与货币供给［M］. 北京：中国金融出版社，2015.

［10］彭信威. 中国货币史［M］. 北京：中国人民大学出版社，2020.

［11］柳欣. 经济学与中国经济［M］. 北京：人民出版社，2006.

［12］刘骏民. 虚拟经济与当前的通货紧缩［J］. 南开经济研究，2000（05）.

［13］刘骏民. 从虚拟资本到虚拟经济［M］. 北京：知识产权出版社，2020.

［14］刘骏民，伍超明.虚拟经济与实体经济关系模型——对我国当前股市与实体经济关系的一种解释［J］. 经济研究，2004（04）:60-69.

［15］刘骏民，段彦飞.全球流动性膨胀的历史和逻辑［J］. 经济学家，2008（06）.

［16］李治国. 基础货币、货币乘数与货币当局资产负债结构的关系研究——基于中国1994—2006年季度数据的实证分析［J］. 数量经济技术经济研究，2007（11）: 15-26.

［17］李治国，张晓蓉. 转型期货币供给内生决定机制：基于货币当局资产负债表的解析［J］. 统计研究，2009（06）: 13-22.

［18］李斌. 从流动性过剩（不足）到结构性通胀（通缩）［J］. 金融研究，2010（04）:50-63.

［19］纪敏，王月. 结构性价格上涨的结构和总量分析视角［J］. 经济学动态，2010（07）:13-19.

［20］辜朝明. 大衰退年代——宏观经济学的另一半与全球化的宿命［M］. 上海：上海财经大学出版社，2019.

［21］辜朝明. 大衰退：宏观经济学的圣杯［M］. 北京:东方出版社，2016.

［22］高敏雪，李静萍，许健. 国民经济核算原理与中国实践（第4版）［M］. 北京：中国人民大学出版社，2018.

［23］伍戈，曹红钢. 中国的结构性通货膨胀研究——基于CPI与PPI的相对变化［J］. 金融研究，2014（06）:1-16.

［24］薛暮桥. 薛暮桥回忆录［M］. 天津：天津人民出版社，1996.

［25］徐鹏. 关于货币供应量与物价背离的思考［J］. 中国物价，2020（09）:7-9.

［26］张成思，田涵晖. 通货膨胀结构性分化与货币政策反应机制［J］. 世界经济，2020，43（09）:3-26.

［27］伍戈，李斌. 货币创造渠道的变化与货币政策的应对［J］. 国际金融研究，2012（10）：4-10.

［28］Baumol, W J. Macroeconomics of Unbalanced Growth: *The Anatomy of Urban Crisis*［J］. *American Economic Review*, 1997, 57（03）.

［29］Streeten, P. *Wages, prices and productivity*［J］. *Kyklos*, 1962, 15（04）, 723-733.

构建与新发展格局建设相适应的财税体制与政策研究

刘 方

内容摘要： 财政是国家治理的基础和重要支柱，科学的财税政策和财税体制涉及供需两端，是促进生产、分配、流通、消费等各个环节有效顺畅运行，推动构建新发展格局的重要政策工具和制度保障。当前，围绕扩大内需、促进创新创业、优化产业结构、促进城乡区域协同发展、推动更高水平开放实施了一系列的重要举措。同时，不断加快了现代财政制度建设，为构建高效规范、公平竞争、充分开放的统一大市场提供制度供给。然而，财税体制在促进新发展格局构建方面还存在明显差距。例如，激励创新偏弱，不利于创新在畅通循环中发挥战略支撑作用；以间接税为主的税制结构，不利于优化产业结构；税收制度对收入和财富的分配调节作用不足，不利于扩大中等收入群体；转移支付等制度不科学，不利于推进城乡区域协调发展；对推动更高水平对外开放引领支撑不够，不利于国内国际双循环互促；财税体制改革滞后，不利于其他领域改革顺利推进。未来，应强化目标引领和问题导向，以完善政策、深化改革、加强调控为手段，推动健全与新发展格局相适应的财税政策体系和运行机制。

关 键 词： 新发展格局 财政体制 政策 研究

一、充分发挥财政在构建新发展格局中的重要作用

加快构建以国内大循环为主体、国内国际双循环相互促进的新发展格局，是以习近平同志为核心的党中央根据我国新发展阶段、新历史任务、新环境条件作出的重大战略决策，是着眼于我国长远发展和长治久安作出的重大战略部署。财政是国家治理的基础和重要支柱，科学的财税体制与政策涉及供需两端，是促进生产、分配、流通、消费等各个环节有效顺畅运行，推动构建新发展格局的重要制度保障和政策工具。

（一）建立现代财税制度为构建新发展格局提供制度基础

构建新发展格局是发展问题，但本质上是改革问题，必须全面深化改革（刘鹤，2020）。在改革开放40多年来的历程中，财税体制改革始终扮演着不可或缺的作用。持续纵深推进财税体制改革，建立现代财税制度，充分发挥其在资源配置、财力保障和宏观调控等方面的基础作用，能够为深化供给侧结构性改革和加快构建新发展格局提供制度支撑。政府预算体现国家的战略，围绕完善政府预算体系、强化预算约束和绩效管理等深化预算管理制度改革，能够提高财政资源配置效率和资金使用效益。同时，紧紧围绕构建新发展格局的重大决策部署，加强对重大战略、重要任务、重点改革的财力保障，坚持有保有压，有利于保障各项重大改革任务落实落地。中央和地方财政关系是现代国家治理的重要方面，着力构建权责清晰、财力协调、区域均衡的中央和地方财政关系，有利于维护党中央权威和集中统一领导，更好推进中央和地方各级政府分工协作、有序运转、有效履职，确保中央直接履行涉及生产要素全国流动和市场统一的事务以及跨区域外部性强的事务，加强省级在维护本地经济社会协调发展、防范化解债务风险、建立“三保”长效保障等方面的责任，并且增强基层公共服务保障能力，提高人民群

众获得感幸福感安全感。税收是国家实施宏观调控、调节收入分配的重要工具，进一步完善现代税收制度，健全地方税收体系，优化税制结构，有利于增强税收制度在促进高质量发展、社会公平和市场统一等方面的作用。另外，政府债务管理制度是现代财税体制的重要内容，进一步健全政府债务管理制度，既能有效发挥政府债务融资的积极作用，又能化解风险，并为构建新发展格局提供可持续性财力。

综上所述，通过围绕深化预算管理体制改革、合理划分中央地方事权和支出责任、完善现代税收制度和规范安全高效的政府举债融资机制，不断加强制度供给，有利于加快破除妨碍生产要素市场化配置和商品服务流通的体制机制障碍，构建高效规范、公平竞争、充分开放的统一大市场，为构建新发展格局创造制度基础。

（二）财政在实现扩大内需战略基点上具有基础性作用

围绕增加城乡居民收入和促进消费升级，通过税收调节和优惠、转移支付、政府补贴等手段，能够提高中低收入群体收入，激发城乡居民消费潜力，并且引导城乡居民消费朝着智能、绿色、健康、安全方向转变，形成以新供给创造新需求、新需求推动新消费、新消费倒逼新产业（业态）的良性循环，实现由低水平供需平衡向高水平供需平衡的跃升。同时，通过优化政府投资制度以及重点领域投资税收优惠制度，推动储蓄向投资合理转化。比如，建立健全政府投资项目安排、资金管理、政策协调机制，统筹一般公共预算、地方政府专项债等各类财政资金，能够增强国家重大战略任务、重点项目财力保障。通过调整优化政府投资结构和方式，有利于充分发挥财政资金的引导作用和放大效应，激发民间投资活力，形成市场主导的投资内生增长机制。通过实施固定资产加速折旧等税收优惠政策，有利于推动战略新兴产业扩大投资，引导企业加大设备更新和技术改造。

（三）财政在深入推进科技自立自强中具有战略支撑作用

由于创新活动的正外部性以及创新过程中严重的信息不对称和高风险，市场对创新资源的供给存在失灵，需要政府给予干预。科学、完善、有效的财税制度与政策，能够激发创新者的积极性和主动性，有效提高创新要素的配置效率，在深入推进科技自立自强中具有支撑作用和保障功能。

国家战略科技力量是实现科技自立自强的基础，通过预算制度、税收制度改革加大财政支持力度，能够加快探索社会主义市场经济条件下新型举国体制中的财政功能。基础研究、原始创新是打破技术封锁、解锁“卡脖子”的关键，加强财政资源统筹，促进预算与国家战略性科学计划、科学工程等对接，能够提升财政对重大科技战略的保障水平。企业是创新中最重要的主体，通过完善财政资金支持方式、提高税收优惠力度、优化政府采购政策等，有利于降低企业创新成本，提高创新投入水平，促进新技术产业化以及新产品推广运用，进而提升企业创新能力。科技人员是创新中最活跃的要素，通过改革科研经费绩效管理制度和职务科技成果所有权制度，赋予科研人员更多的自主权，能够调动科技人员的积极性创造性。科技成果转化是创新的关键环节，通过完善对初试、中试、试用、产业化的支持方式，提高补贴、税收优惠等政策精准性科学性，既能发挥好引导作用，又能减少对市场的扭曲。总而言之，加强对科技创新活动的财税支持，可以着力解决原始创新能力不足、核心技术受制于人等问题，塑造更多依靠创新驱动的引领型发展[1]。

（四）财政在提升产业链供应链现代化水平上具有引领作用

围绕推动高质量发展，通过预算制度改革、完善税收制度等手段，有利于构建自主可控、安全高效的产业链供应链。优化财政资金使用方式，引导社会资

[1] 完善政府投资方式，有效发挥财政资金对鼓励创新的“四两拨千斤”的引导作用，进一步激发社会资本投向创新领域，解决重点领域重点行业创新企业资金需求。完善政府购买政策，有效减少创新过程中存在的技术、产品生命周期、市场、创新收益分配等众多不确定性，分担创新风险，促进创新主体生产、研发更多的产品并把成果快速推向市场。财政补贴政策能够直接为创新主体提供资金流，减轻创新压力。同样，实施税收优惠政策也是一种高效抵御风险和纠正外部性的手段。政府通过税收优惠政策支持具有较大外部性的科技创新，相当于政府承担了一部分研究开发、成果转化的创新成本和风险，有利于降低创新成本，增加创新支出的税后收益，从而有效克服社会边际价值和私人部门边际价值不等所引起的资源配置上的非最优，最终促进创新投入提高、新技术产业化以及新产品推广运用。

本加大对战略性新兴产业的投入，有利于推进新兴产业规模化发展。为鼓励重点领域创新发展，以构建重点产业升级研发平台和服务平台、引导企业加大研发投入、促进新产品推广应用、鼓励金融资本支持等内容为重点，加快完善财税制度与政策，有利于促进关键领域产业链协同创新，最终实现产业基础性再造，增强产业链的韧性和竞争力。通过国家中小企业发展基金支持，加大对“专精特新”中小企业培育力度，有利于推动中小企业与行业龙头企业协同创新，提高产业配套能力，增强产业链供应链的稳定性。

（五）财政在推进城乡区域协同发展上具有保障作用

完善国家区域发展战略的财税支持体系，有利于推动形成主体功能明确、优势充分互补、市场有机统一的区域经济布局。例如，完善重点生态功能区、农产品主产区等转移支付制度，提高该地区财力水平，有利于引导不同地区因地制宜确定发展重点。又如，面对南北分化加剧等区域发展新形势，通过合理划分各级政府事权与支出责任，加大对欠发达地区的纵向转移支付力度，实施区域合作互助、区际利益横向补偿制度，加强社保体系全国统筹等，有利于推进区域间协同发展。完善转移支付与农业转移人口市民化挂钩政策，有利于推进以人为核心的新型城镇化建设。同时，通过合理安排财政投入规模和优化支出结构等，着力构建完善财政支持乡村振兴的政策体系和体制机制，推动巩固拓展脱贫攻坚成果同乡村振兴有效衔接，有利于加快农业农村现代化发展。

（六）财政在促进更高水平开放上具有助推作用

健全的财税体制与政策体系是形成国内国际双循环相互促进发展的重要支撑。由于关税、增值税、消费税等相关税收制度通过价格传导影响到企业在国内国际市场上的竞争力，通过改革关税等涉及进出口贸易的税种，进一步消除税制中“奖出罚进”倾向，有利于促进进出口协调发展与内外循环再平衡，并促使国际循环更好服务于国内人民美好生活和产业升级的需要。进一步完善支持进口替代的财税制度与政策，有利于维护产业链、供应链安全，为双循环相互促进发展作重要支撑。加强资金融通务实合作，促进基础设施互联互通，有利于高质量共建“一带一路”。通过优化财政资金使用、给予税收政策，助推自由贸易区（港）等建设，有利于建设对外开放新高地。通过充分协调区域贸易协定成员国、“一带一路”沿线国家财税政策，强化双边、多边国际财金合作，避免双重征税，为国际大循环营造良好的环境。建立国际税收征管合作机制，应对税基侵蚀与利润转移等国际避税和逃税带来的税收治理挑战，能够确保国际大循环收益在各国之间公平分享。

二、目前财政在构建新发展格局中的主要举措

财政在构建新发展格局中从需求、供给两端发力，围绕扩大内需、促进创新创业、优化产业结构、助推城乡区域协同发展、推动更高水平开放等方面实施了一系列的重要举措。同时，不断加快现代财政制度建设，为推进构建新发展格局中的重要改革提供制度基础。

（一）以扩大内需为战略基点，不断扩大居民消费和拉动投资

1. 扩大居民消费

消费已成为国内需求中尤为重要的一部分，对于构建新发展格局有着强有力的牵动效应。围绕促进消费升级和鼓励新型消费出台了相关政策，比如为了促进新型消费，各级财政利用当前渠道，以市场化方式支持相关综合服务和配套基础设施建设，并积极研究对新型消费领域企业的减税降费政策。同时，加深政企银之间的合作，进一步拓宽了新型消费领域的融资渠道。为支持消费升级，通过资金倾斜、税收优惠、消费者补贴等手段促进新家电产品、新能源汽车、教育、娱乐、旅游等消费。此外，还从引发消费下降的深层次原因出发，围绕稳定就业和优化收入分配实施了一系列措施，不断增加了居民可支配收入，降低了预防性储蓄动机，有利于释放消费潜力。具体内容可参见专栏1所示。

专栏1 已出台稳就业、优化收入分配的举措

在稳定就业方面，拓宽就业资金保障渠道，统筹安排就业补助资金、职业技能提升行动资金和失业保险基金，调整和加快使用工业企业结构调整专项奖补资金等，支持企业稳定现有就业岗位。针对高校毕业生、农民工、退役军人等重点人群实施了创业就业税收优惠政策，多渠道促进了就业创业。加强了失业人员基本生活保障和再就业服务，扩大了失业保险保障范围。各省市设立了就业风险储备金，不断规避突发性和规模性的失业风险。

在完善收入分配方面，完善个人所得税制度，提高了免征额，并且重点实施了个人所得税专项附加扣除政策。

2. 积极扩大有效投资

2018年以来，我国就将“稳投资”作为促进经济社会发展的重要举措之一。2020年《政府工作报告》又明确提出，扩大有效投资的重点是“两新一重”建设。为有效解决“两新一重”投资的资金需求与地方财政收支矛盾，不断创新了政府投资方式。首先，为充分发挥政府资金的引导作用和放大效应，以市场化手段参股设立了政府投资基金，吸引更多的社会资本参与“两新一重”建设。2020年我国高技术制造业投资增速达11.5%，5G、工业互联网等“新基建”加快建设，为传统产业转型升级注入了新动能。其次，不断完善专项债制度，扩大了专项债规模和优化分配方式，探索了“专项债+融资”等投融资方式，建立了“项目跟着规划走、要素跟着项目走”机制，有效保障了重点项目资金需求。再次，创新PPP项目运作模式。通过充分发掘开发收益权等不断拓宽社会资本回报渠道，鼓励更多的社会资本参与投资建设[1]。最后，积极探索了基础设施资产证券化。

[1] PPP模式是社会资本参与“两新一重”建设的关键手段。2020年上半年，全国PPP综合信息平台管理库新入库项目482个，投资数额为7935亿元。其中，“两新一重”新入库项目投资占全部新入库项目的84.3%。

（二）积极助企纾困，促进创新创业和产业结构升级

目前，积极发挥了财税政策的结构性调控优势，出台了精准、有力度、阶段性的助企纾困政策，保护了市场主体。同时，加快推进了创新创业，不断打通产业链供应链上的堵点，促进产业结构升级。

1. 积极助企纾困

长期以来，财政以降低企业融资压力与税费成本为导向，通过专项资金支持，落实贴息和担保政策，进一步加大减税降费力度等，不断帮扶企业走出困境，激发了市场主体活力。一方面，不断降低企业融资压力。设立用于企业纾困的专项资金贷款，为出现暂时还款困难的企业提供资金支持。积极落实贴息和担保等政策，对获得专项资金贷款的企业给予贴息，将政府性融资担保行业的综合融资担保费用降至1%。加强了财政政策与货币政策衔接，建立了纳税信用和金融信贷间的挂钩机制，对于部分诚信经营、依法纳税的企业，金融机构提供税收信用贷款。另一方面，大力实施市场主体获得感较强的减税降费政策。中央层面已经出台了多项政策，比如不断下调增值税税率并提高纳税人增值税起征点、扩大小微企业所得税减半征收范围、提高出口退税率等。尤其是为有效服务“六稳”“六保”大局，为统筹推进疫情防控和经济社会发展，2020年实施了一系列支持小微企业复工复产复业复市减税降费政策[1]，并且以最快速度、最高效率确保政策红利直达市场主体，2020年全年减税规模达到2.5万亿元以上。与此同时，各地方政府进一步拓展地方财税政策支持的空间，结合地方财政现状和权限范围出台了相关助企纾困的减税降费政策。

2. 加快推进创新创业

长期以来，除了加大对基础研发领域创新投入的资金支持以外，围绕促进企

[1] 比如，免征中小微企业养老、失业和工伤保险单位缴费，下调小规模纳税人征收率，免征公共交通运输、餐饮住宿、旅游娱乐、文化体育等行业企业增值税，扩大交通运输、住宿、服务业等行业亏损结转年限，阶段性减免民航发展基金、港口建设费等。

业加大研发投入、催生产业化、推广新产品应用、推进要素向创新创业领域集聚等方面出台了一系列减税措施。同时，不断改革科研经费绩效管理制度和职务科技成果所有权制度。

具体内容参见专栏2所示。

专栏2 推进创新创业的税收政策及效果

实施了促进企业加大研发投入的加计扣除等政策。在企业研发初期，政府实施了研发费用加计扣除政策。2020年，受益于研发费用加计扣除等政策，全国重点税源企业研发支出同比增长13.1%。“十三五”期间重点税源企业研发支出保持两位数以上的较快增长，为我国经济高质量发展增添了强大的后劲。另外，实施的固定资产和研发仪器设备加速折旧政策也提高了企业设备投入、更新改造和科技创新的积极性。

实施了具有催生产业化作用的税收政策。对科研机构的科技成果转让制定了税收优惠措施，降低了科研机构转让科技成果的税收负担，有效地促使技术成果向企业转移转化；实施的股权激励和技术入股所得税优惠政策，能够降低科研人才因股权激励或企业和个人因技术入股所带来的税收成本，有利于鼓励企业和个人加快技术应用，有效推动了技术创新的产业化；对高新技术企业、技术先进型服务企业按较低税率征收企业所得税，有利于鼓励新产品、新技术产业化。

实施了促进新产品推广运用的税收政策。通过构建新消费倒逼新产业（新业态）的良性循环的税收政策体系，降低了居民对消费新产品的税收负担，进而引导和推动了新消费，达到了新产品推广运用的目的。例如，为了鼓励软件行业和集成电路行业的发展以及新产品的推广运用，对其最终科技产品给予增值税即征即退、先征后退甚至免税的优惠政策，在减少生产企业税收负担的同时也进一步降低了转嫁成本，从而减轻了消费者的税收负担，相当于降低了新产品的价格，促进消费者替代性消费，进而引导消费者转换消费结构，最终能够有利于企业创新产品的推广运用。

实施了聚集各类创新创业要素的税收政策。比如，对为创新创业企业提供资金保障的各类创业投资机构、提供融资服务的银行和担保机构给予减税降费政策支持，促使了资本向创新创业企业聚集，为创新创业积累发展资本；实施创新人才税收优惠政策，促进了人力资源素质提高和合理利用，鼓励创新人才为企业提供充分的智力支持；通过发挥好税收引导土地节约集约利用的作用，有效引导了土地资源向创新创业领域配置。

资料来源：作者自行整理。

3. 优化产业结构

2018年以来，减税降费政策重点聚焦于经济高质量发展，进一步促进了实体经济发展和培育经济新动能，特别加大了对制造业的支持力度，制造业及与之关联的批发零售业新增减税额占全部减税额的一半以上，这有利于优化产业结构。具体来看，一是围绕着战略性新兴产业发展方向和重点，以降低战略性新兴产业税收负担[1]、鼓励新产品推广应用、鼓励金融资本支持创新等为内容，加快完善了税收政策。二是为了促进生产性服务业向专业化和价值链高端延伸，生活性服务业向精细和高品质转变，将高技术企业税收优惠政策向现代服务业尤其是生产性服务业延伸，加大了服务业进项税抵扣力度，有效促进了服务业发展。三是围绕传统产业提质增效，不断降低制造业增值税税率，完善制造业抵扣链条，提高传统产业产品的出口退税率，同时将固定资产加速折旧的政策适用范围扩大到全部制造业等，有效地降低了相关行业的税收负担，促进传统制造业向智能、绿色、服务方向发展。

[1] 放宽先进制造业期末留底退税条件，提高研发费用加计扣除比例，允许企业新购入的单位价值在500万元以下的器具、设备一次性扣除。

（三）促进城乡区域协调发展，持续提升经济发展质量和效益

首先，支持贯彻实施乡村振兴战略。正积极健全财政支持实施乡村振兴战略的体制机制和政策体系，推动城乡区域融合发展。逐步提升了国家粮食安全保障能力，如强化了耕地保护与农田水利建设，支持新建高标准农田；深化粮食收储制度改革，完善稻谷、小麦最低收购价政策和玉米、大豆市场化收购加生产者补贴机制；加大了对产粮大县奖励力度；其次，助力打赢了脱贫攻坚战。加大了财政扶贫投入力度，重点向“三区三州”等深度贫困地区、挂牌督战地区和受疫情影响较重地区的倾斜。落实了贫困县涉农资金整合试点、产业扶贫、就业扶贫等政策。加快建立健全了防止返贫的机制。最后，支撑了国家重大区域发展战略的落地实施。大力支持雄安新区建设、海南全面深化改革开放，引导黄河全流域开展横向生态补偿机制。

（四）积极发挥财政职能，推进更高水平对外开放

近年来，积极发挥财政职能，提高了对外开放水平与质量，进一步增强了国际财经领域的话语权和影响力，有力地推进着内外循环相互促进。

在“引进来”方面，积极推进自贸试验区和中国特色自由贸易港建设，对自由贸易试验区内符合条件的企业给予企业所得税优惠以及实施境外人才个人所得税税负差额补贴政策。支持引导跨境电子商务综合试验区建设。建立健全外商投资促进公共服务体系。降低关税总水平[1]及进口环节税费负担，加快重要产品进口，改善了国内有效供给和满足了人民美好生活需要。

在“走出去”方面，充分发挥多边开发融资合作中心作用，积极展开了“一带一路”在内的基础设施合作。通过加大资金支持和税收优惠，鼓励在境外共建

[1] 关税总水平从9.8%降至7.5%。

更多的工业园区。为减轻企业“走出去”的税收负担和风险，逐步完善了涉外税收征管制度和服务体系[1]。另外，深化国际税收征管协作，积极利用BEPS（税基侵蚀和利润转移）项目各项成果，逐步研究修订和完善了国内税收规则和双边多边税收协定，一定程度上遏制了跨境逃税和不良税收筹划行为。为支持外贸企业发展，不断提高了出口退税率和进度，缓解了外贸企业资金压力，促进了外贸出口稳定增长[2]。同时，鼓励和支持外贸企业使用跨境电商平台和建立海外仓来拓展业务[3]。

（五）基本确立现代财政制度框架，为构建新发展格局创造制度基础

预算管理更加规范，绩效管理改革全面实施，较为有效地保障了重点领域资金的需求。加强了中央与地方财政事权与支出责任划分，交通运输、教育、科技、生态环境、公共文化、应急救援、自然资源等分领域中央与地方财政事权和支出责任划分改革陆续出台。不断优化中央与地方的财力分配，着眼于保障中央与地方财力格局总体稳定，调动中央与地方两个积极性，进一步巩固了增值税“五五分享”等收入划分改革成果。在保持留底退税中央与地方分担比例不变的基础上，合理调整优化了地方间的分担办法，不断增强了地方政府实施国家重大战略的财力保障。持续优化税制结构和全面深化税制改革，有效地提升了税收在国家治理中的基础性、支柱性和保障性作用[4]。这些制度设计均为构建新发展格

[1] 加快税收协定签订，我国已与120余个国家和地区建立了包括避免双重征税协定和情报交换协定在内的双边税收合作法律机制，基本覆盖了我国主要投资目的地和投资来源地。逐步完善了税收政策和优化了征管流程，从“谈签协定维权益、改善服务促发展、加强合作谋共赢”三个方面支持助推高水平对外开放。对“一带一路”沿线国家和我国主要投资目的地在内的100余个国家和地区，全面开展税收政策研究，分国别发布税收指南，介绍有关国家税收政策，提示对外投资税收风险。利用税收协定项下的双边协商机制，积极与协定伙伴就跨境涉税争议开展双边协商，有效化解涉税争端。

[2] “十三五”时期，全国累计办理出口退税7.07万亿元，比“十二五”时期增加了1.65万亿元。

[3] 对租赁海外仓进行跨境电商经营的外贸企业，财政提供了租赁费用的支持；对于使用跨境电商经营的新增外贸企业，给予了平台注册费、服务费以及推广费补贴。

[4] 优化税制结构，积极推动房地产税立法改革、加大对个人收入和财富的调节力度等，逐步起到了提高直接税比重、降低间接税比重的作用。完善了税收制度，增值税、个人所得税等改革取得重大进展，多个减税政策已上升到税法层面，形成了更加有力的长远制度安排，税收的调节作用变得更加全面。

局创造了制度基础。

三、当前财税体制与政策不适应构建新发展格局的主要表现

财税体制与政策是构建新发展格局的重要支撑和关键推动力，然而，目前财税体制与政策还存在明显差距，集中表现在以下方面。

（一）创新激励偏弱，不利于创新在畅通循环中发挥战略支撑作用

加快科技自立自强是畅通国内大循环、塑造我国在国际大循环中主动地位的关键。然而，从我国实践看，财税体制支撑作用还不足。财政科技资金分配和使用制度不合理，财政科技经费的拨款方式较为单一，计划色彩仍较突出，经费管理制度不适应科研规律要求，不利于调动科研人员的积极性，有碍重大研究成果产生。科技资源由多个部门掌握，存在资源分散、科研项目重复设置、资源投入效率低等问题。同时，资金投向不甚合理、支持范围有限[1]、使用限制规定较多[2]、市场化的支持方式运用不足，导致资金使用重点不突出，基础研究投入不足，原创性创新稀少。对创新产业化的支持方式有待完善，补贴等政策的精准度有待提升，存在一定程度的逆向选择，难以发挥对创新的激励和带动效应。另外，“重过程管理轻结果管理”“重投入评价轻效率评价”的科技资金使用绩效管理体制对科技人员的导向存在偏差，不能较好地适应科技自立自强的需要。

除此之外，有关创新活动的税收优惠制度仍不健全，优惠制度尚未覆盖创新全过程全要素。目前税收优惠政策过分突出了“事后优惠”，优惠环节倾向产

[1] 政府采购对自主创新产品和服务的配套政策不完善，采购规模偏小，拉动作用有限。政府采购首台套的支持力度和覆盖范围仍有待提升。财政资金支持首台套使用分享分担和优惠贴息的力度偏弱，缺乏配套性政策支持。

[2] 财政预算对创新人才、团队和机构的限制规定较多，科研事业单位工资总额限额管理制度、科研人员薪酬制度、科研经费管理制度、由财政性资金支持形成的科技成果权属制度安排等存在明显不适应创新活动特点的问题。

业化，不利于对研发、初试的激发；真正有利于调动企业创新积极性的投资抵免等间接优惠方式运用较少，税收优惠政策应用范围有限、力度不足；对高端人才的激励效果较弱[1]，将劳务报酬、稿酬和特许权使用费等三项所得综合计征，并适用最高边际税率为45%的七级超额累进税率，无疑加重了创新创造者的税收负担，不利于鼓励创新[2]。

（二）以间接税为主的税制结构及财政资金错配，不利于优化产业结构

畅通国民经济循环要着力优化产业结构，不断改造传统产业，发展战略性新兴产业，改善供给质量，促进供需有效对接。改革开放以来，我国大量要素资源流入中低端产业，造成低端产业重复建设、产能过剩，中高端产业发展不足。我国实行以增值税为主、消费税从生产环节征收的财税体制，在财政分配体制没有发生根本改变之前，各地发展工业的积极性一直很高，都热衷于大上项目，特别是发展“价高利大”的行业，对投资周期长、投资风险大的高新技术和新兴产业投入不足，对“富了百姓、穷了政府”的服务业发展不足，这既是产业重复建设和产能过剩的原因，也影响产业技术水平提高，最终影响产业结构的提升。另外，我国目前实行以商品税为主体税的税制结构，商品税是通过影响消费者行为，间接促进产业结构优化，而科学合理的直接税则能直接影响企业投资行为，比商品税更有利于改变企业经营决策，敦促企业加强技术创新、改善产品结构等，长期看更有利于产业结构升级。

---

[1] 欧洲一些国家即是例证，其人才外流和全球竞争力的下降，与个人所得税边际税率过高有很大关联。我国个人所得税综合所得的45%的最高边际税率不仅高于主要竞争对手美国，高于俄罗斯、印度、巴西等金砖国家和周边国家，也高于大部分OECD（经济与合作组织）国家。45%的最高边际税率，让国外一些高端人才对来华就业创业望而却步。在当前全球科技竞争加剧，尤其是中美科技竞争日趋激烈的情形下，必须尽快解决最高边际税率过高问题，消除税制对创新的抑制性因素。

[2] 提高了三项所得的最高边际税率，劳务报酬所得适用的最高边际税率从40%提高到45%；稿酬和特许权使用费所得适用的最高边际税率从20%提高到45%。且这三项收入是创新创造者最主要的收入来源。

（三）税收制度对收入和财富的分配调节作用不足，不利于扩大中等收入群体

新发展格局的构建要求形成公平合理的收入分配格局，实现全体人民共同富裕。这需要在按要素贡献进行分配的基础上，充分发挥税收的再分配调节作用，建成体现效率、促进公平的收入分配体系。然而，我国税制以间接税为主、直接税比重偏低，税收筹集过分依赖生产、流通环节并过多附着于商品和劳务之上，对分配和消费环节以及财富积累集聚调节不足，对资本和劳动要素间、不同收入群体间的再分配调节作用较弱，甚至存在税收累退逆向调节现象。在收入分配调节上，当前个人所得税主要侧重对劳动要素收入征税，而对资本所得的征收力度不够，对改善劳动、资本要素间收入分配的作用有限；中低档税率级距较小，中等收入群体成为税负的主要承担者，不利于形成“橄榄型”社会结构；将体现智力所得的稿酬、特许权使用费等纳入薪金所得，对多收入来源的智力贡献者不利。在财富分配调节上，房地产税迟迟未开征，遗产赠与税缺失，尚缺乏有效手段调节过大的财富差距。

（四）转移支付等制度不科学，不利于推进城乡区域协调发展

新发展格局的构建需要城乡区域协调发展作为支撑，这需要有效发挥财税体制在促进要素自由流动和对基本公共服务兜底等方面的作用。从城乡看，财税体制支撑“以人为核心”的新型城镇化发展力度不足。具体表现为，由于一般性转移支付、中央财政基础设施建设投资安排未能有效地与农业转移人口市民化相挂钩，不能有效满足新增城镇人口对基础设施和公共服务的需求，不仅不利于调动地方政府推动农民工落户的积极性，而且导致转移人口无法公平享受基本公共服务，不利于推动新型城镇化和城乡协调发展。从区域看，财税体制促进不同功能区域协调发展的支撑作用不强。由于中央和地方的财权与事权、支出责任划分尚不到位，转移支付制度不完善，再加之地方税收体系不健全，部分地区财政收支捉襟见肘，基层财政运行困难，一定程度上形成了发展的“马太效应”，不利

于形成优势互补、高质量的区域协调发展。比如对森林、草原、湿地和重点生态功能区的纵向生态补偿机制还难以满足实际需求，流域上下游、生态空间紧密相连区域等也未形成健全的横向生态补偿机制。除此之外，目前我国地方保护主义的藩篱仍然存在，地方政府采购或招标过多地倾向于本地企业。财力比较强的地区，通常还会利用较大规模的奖补给予为本地带来税源的企业，实施“土政策”以吸引外来投资，进而妨碍统一市场的形成，不利于区域间协同发展。

（五）对推动更高水平对外开放引领支撑不够，不利于国内国际双循环互促

实现高度开放、与外部世界融通发展是构建新发展格局的重要支撑，这要求财税体制要适应全面开放新环境，推动形成全面开放新格局。长期以来，我国财税体制的设计都是有利于构建外需驱动型的开放格局，随着内需驱动型经济的发展，对外开放将从追求贸易顺差转向平衡贸易、从商品要素流动型开放向制度规则型开放。我国财税体制尚有许多不适应新时代对外开放实际需要的问题。一方面，进口环节税收制度与政策在“引进来”方面未能发挥较好作用，现行税收制度具有“奖出罚进”“重外轻内”的倾向。目前相关政策仍要求对部分有利于经济发展、事关群众福祉的进口商品征收较高的进口环节税收，这不利于改善国内有效供给和满足人民美好生活需要。尤其在电子商务快速发展的时代，海外购物平台等多种规避进口环节税负的方式大大降低了消费者对这种价格差异的容忍度。另一方面，国际税收制度与政策不完善直接影响了企业“走出去”。我国对企业境外收入的税收抵免要求较严，对间接抵免的层级和投资持股比例要求较高，再加上避免双重征税的优惠方式单一等，导致了企业境外所得抵免不彻底，不利于企业参与共建“一带一路”。与此同时，国际税收征管制度不完善，未能有效应对税基侵蚀与利润转移等国际逃税和避税所带来的税收治理挑战[1]。

[1] 目前部分“走出去”企业可以通过搭建离岸体系、无偿向境外投资目的地输出无形资产、不申报或少申报境外所得等方式规避税收管辖权，通过关联交易和转让定价来侵蚀税基转移利润。

（六）财税体制改革滞后，不利于其他领域改革顺利推进

当前，我国财税体制改革滞后，影响到了国内要素、商品统一市场的形成，户籍、社保制度等改革的顺利推进以及公平竞争制度的构建，进而不利于新发展格局的形成。

一是不利于构建统一的要素市场。分税制改革以来，我国事权下移、财权上收，为了解决财力不足问题，地方政府利用对土地市场的双向垄断优势，从农民手中低价征收土地，在土地市场高价出让，将获取的土地出让收入作为重要收入来源。我国多次强调要改革农村征地制度、建设城乡统一的建设用地市场，但在中央和地方事权、支出责任与财力分配格局不进行重大调整，土地出让收入仍然是地方政府主要收入来源的情况下，土地要素市场化改革无法顺利推进。在税收属地化征收机制影响下，地方政府会对资本流出设置壁垒，对资本市场统一也非常不利。类似的，地方政府为了争夺优质税基和高精尖人才，会围绕特殊人才展开“以邻为壑”的区域间实际税率的逐底竞争。这些问题的存在均不利于推进要素市场化改革。

二是不利于构建统一的商品市场。畅通国内大循环须有统一的商品市场，要形成完善的上下游产业协作分工，建设高速流转的产品流通渠道和高效统一的销售平台。然而，由于以间接税为主的税收体系长期采用生产地征收原则[1]、增值税的抵扣链条存在断裂[2]等财税体制因素使得产业分工受到限制，导致地区间行业间的产品流通效率无法满足产品市场成长的需求。此外，产品市场流通环节和销售渠道的税制设计较为落后，导致流通环节和销售渠道税负过高，降低了流通

[1] 该原则的实施存在税源背离，导致各区域政府限制本地生产资源流出和外地商品流入，通过市场分割来减少间接税生产地征收原则对本地税收收入的负面影响。

[2] 现行增值税制度也使得上下游产业间的分工受到约束。上下游交易往来以及产业分工合作程度与增值税抵扣链条的完整性密切相关。由于纳税人身份差异、税务票据多样化、税率或征收率档次差异，以及税制设计中的一些特殊规定等原因，当前我国增值税的抵扣链条存在断裂，不利于推进上下游产业间的分工。

环节效率。

三是户籍制度和社会保障制度改革以及公平竞争环境的构建也存在同样问题。户籍制度改革的核心是剥离附着在户籍上的福利待遇，赋予落户农民与城镇居民同等福利待遇。在当前公共服务责任主体下沉、而地方政府财力不足的情况下，户籍制度改革给地方政府的公共服务支出带来巨大压力。如果不加快理顺中央和地方的事权关系，建立事权和支出责任相适应的制度，户籍和社会保障制度改革也无法顺利推行。同样，地方政府财力不足，会诱使地方政府搞区域封锁和市场分割，同时为争取税源，大搞政策洼地，不利于公平竞争市场环境的构建。

四、总体思路与着力点

（一）基本思路

科学把握新发展阶段，深入贯彻新发展理念，紧紧扭住供给侧结构性改革，同时注重需求侧管理，强化目标引领和问题导向，坚持财政有所为与有所不为，充分引领和激发市场在构建新发展格局中的决定性作用，以深化改革、完善政策、加强调控为手段，按长短结合以及安全可持续要求，推动构建与建设新发展格局相适应的财税运行机制和政策体系。围绕发挥好财税体制和政策对提升技术创新水平、优化产业结构、完善内需体系、兜牢民生底线、促进城乡区域协调发展、防范各类风险与挑战、实现更高水平对外开放的引导作用，对深化要素市场化配置改革、户籍制度改革、社会保障制度改革以及健全公平竞争制度等方面的保障作用，打通堵点，补齐短板，促进由外需驱动的经济发展格局向内需驱动型、制度开放型格局转变，由供需错配转向供给创造需求、需求牵引供给的更高水平动态平衡，不断提升国民经济体系的整体效能。如图3–2–1所示。

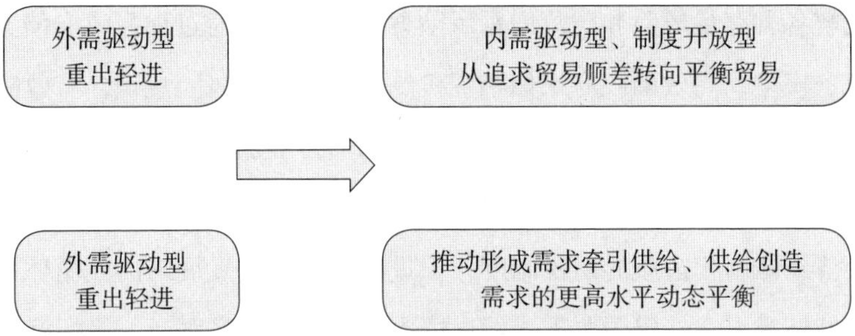

图3-2-1 财政制度与政策实施目标

（二）着力点

在充分发挥市场在资源配置中的决定性作用前提下，发挥好财税制度和政策对基础研究投入、强化企业创新主体地位、激发人才创新活力等功能，通过优化财政资金管理和使用、构建科学的政府采购制度以及全链条税收优惠体系，集中力量攻克“卡脖子”关键核心技术，探索社会主义市场经济条件下新型举国体制中的财政作用方式，调动科技人员积极性创造性，加快实现科技自立自强，提升自主创新能力。发挥好财税体制和政策在打通制约国民经济循环的关键堵点等功能，通过完善收入分配制度、优化政府投资结构和方式等，加快培育完整内需体系，实现需求牵引供给、供给创造需求的更高水平动态平衡，推动形成强大国内市场；通过加大对前瞻战略性行业关键环节的资金支持、税收减免以及对重点产品的政府购买，努力推动产业链供应链转型升级以及新技术产业化规模化运用，实现以创新驱动、高质量供给引领和创造新需求；坚持尽力而为、量力而行的前提下，通过完善再分配调节机制和优化转移支付制度，坚决兜牢基本民生底线，不断增强人民群众获得感幸福感安全感。发挥好财税体制与政策在深化区域合作、畅通城乡区域经济循环等功能，通过健全国家城乡区域发展战略的财税制度，进一步合理划分中央与地方事权与支出责任、完善纵横转移支付制度等，遏制区域经济发展分化态势，加快形成优势互补高质量发展的区域经济布局，实现以人为核心的新型城镇化战略，优化国内大循环的空间布局。发挥财政体制与政策在化解各种存量风险和防范增量风险方面的作用，通过加强政府债务管理，完善规范、安全、高效的政府举债融资机制，全面强化风险意识，有效防范化解各类风险挑战。发挥好财税体制与政策在推动实行更加平衡、更高水平对外开放方面的功能，通过进一步消除财税制度中“重外轻内”倾向，建立与更高水平对外开放经济新体制相适应的财税制度，促进进出口协调发展与内外循环再平衡，以国内大循环吸引全球资源要素，促进国内国际循环顺畅联通。发挥好财税体制改革对其他领域改革的保障功能，围绕完善预算体制、财政体制、税收制度、债务管理体制等，加强财政制度供给，为健全公平竞争制度，加快要素市场等领域改革创造条件。如图3-2-2所示。

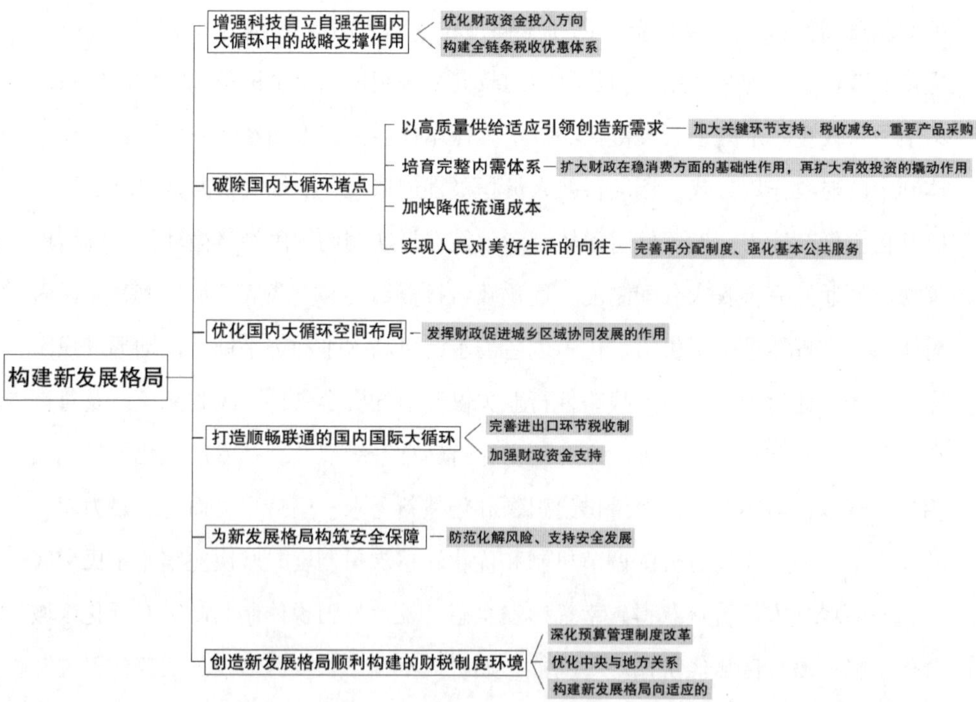

图3-2-2 逻辑结构图

五、构建与新发展格局形成相适应的财税体制与政策的建议

构建新发展格局是系统性工程，应找准加快构建新发展格局的着力点和突破口，充分发挥财政带动引领作用，突出精准有效，建设与新发展格局相适应的财税制度与政策体系。

（一）优化财政资金投入方向和构建全链条税收优惠体系，增强科技自立自强在国内大循环中的战略支撑作用

要坚持需求导向和问题导向，进一步优化科技投入结构和支持方向，提高科技投入产出效率。

一是健全鼓励支持基础研究、原始创新的体制机制，提高科技资源配置效率，探索社会主义市场经济条件下新型举国体制中的财政作用方式。加大财政对基础研究的投入，灵活采用投资补助、基金注资、担保补贴、贷款贴息等方式，鼓励高校、科研院所、企业和社会力量多渠道持续增加基础研究投入。强化国家战略科技力量，推动优化科技资源配置，加快整合科技、发展改革、工业和信息化等政府部门掌握的科技资源，进一步明确国家各类科技计划、专项、基金的定位和支持重点，防止重复部署。加强科技资金使用绩效管理，建立健全符合科技工作规律和特点的科技投入绩效评价机制。

二是加大财政资金对企业创新的支持力度，扩大支持范围以及完善支持方式，强化企业创新主体地位。加大国家财政科技资金对企业的支持力度，大幅提高企业使用来自政府部门的科技资金占国家财政科技拨款和企业R&D（研究与开发）经费支出的比重。鼓励企业加大研发投入，支持有条件的企业承担国家重大科技项目。严格落实科技型中小企业专项资金扶持政策，扩大专项资金覆盖范围，引导创新资源更多流向企业。更好发挥国家科技成果转化引导基金作用，加

快科技成果转移转化，推动技术要素市场化流动。根据企业和产品创新所处的阶段，综合运用无偿资助、财政贴息、股权投资、奖补、定制采购等方式支持企业创新。

三是全方位培养、引进、用好科技人才。构建充分体现知识、技术等创新要素价值的收益分配机制，推进赋予科研人员职务科技成果所有权或长期使用权试点，调动科研人员积极性。以完善企业所得税和个人所得税为重点，研究制定鼓励创新人才提供智力支持的税收政策。比如，对主要研发人员因科研成果转让所获得的奖金、省级以下政府和企业颁发的重大技术成就奖和技术进步奖、对高新技术企业引进企业急需的技术人才发放的一次性津贴或安家费等奖励和补贴免征个人所得税；进一步提高高新技术企业和科技中小企业职工教育经费税前扣除比例，鼓励企业进行人力资本投资；为进一步吸引境外高端人才以及激发高端人才创新活力，应加快总结在粤港澳大湾区、海南自贸区的个税优惠政策实施经验，并推广至全国。

四是完善鼓励创新的税收优惠体系。应结合创新的阶段和环节，灵活运用税收减免、降低税率、税前扣除、亏损结转、加速折旧、加计扣除、投资抵免、提取科研开发准备金、先征后返等税收优惠方式，从注重有利于科技成果转化和产业化的“事后优惠”转向更加注重基础研发、中试等创新环节和更加关注处于初创期企业的“事前优惠”。

具体内容参见表3–2–1所示。

表3–2–1 完善各创新环节税收优惠政策一览

环节	政策着力点
研发投入	完善研发费用加计扣除政策
	允许税前扣除科技开发风险准备金
	实施创新再投资减免税政策
	允许创新捐赠税前扣除

（续表）

环节	政策着力点
初试、中试、试用、产业化	初试、中试、试用等产品适用减免税政策
	扩大“四技”政策优惠范围和力度
	完善技术入股税收政策
	实施新技术产业化投资抵免制度
	允许亏损向前抵免
	提高政策系统性
推广运用	战略性新兴产品适用增值税即征即退政策
	购置战略性新兴产品适用投资抵免政策

（二）发挥财政关键引领性作用，破除国内大循环堵点

充分发挥财政引领性作用，畅通生产、分配、流通、消费经济循环各环节，着力打通制约国民经济循环的关键堵点。

1. 加大对前瞻战略性行业关键环节的支持，推动产业链供应链优化升级

紧紧围绕推动高质量发展，通过预算制度改革、完善税收制度等手段，着力构建自主可控、安全高效的产业链供应链，以高质量供给适应引领创造新需求。

一方面，增强产业链供应链的安全性和竞争力。优化财政资金使用方向，支持实施一批具有前瞻性、战略性的国家重大科技项目，将财政资金更多投向新兴产业、关键零部件、核心原材料、高端装备等存在“卡脖子”的重点领域。完善政府投资方式，聚焦集成电路、新材料、新一代信息技术等领域，引导社会资本加大投入，推动产业化规模化发展。利用补贴和贴息等手段加大财政资金对传统产业技术改造的支持力度，并积极采用政府采购教育等方式为传统产业提供职业教育及劳动力素质培训。充分发挥财政投融资作用，积极设立传统产业转型升级基金，助力传统产业再造。支持战略关键领域产业链协同创新、重点产业升级服务平台建设等，补齐产业链供应链短板。充分发挥税收在优化产业链供应链中的作用，给予对外依赖度极高的行业企业更低的所得税率，并降低列入到高新技术

产品名录中的产品增值税率。强化财政资金和税收引导作用，促进重点行业和领域绿色低碳发展。

另一方面，增强产业链供应链的稳定性。落实好各项惠企稳企政策，支持企业整合创新资源和要素，培育一批具有生态主导力的产业链“链主”企业。利用中小企业发展专项资金、国家中小企业发展基金，引导社会资本加大对“专精特新”中小企业的支持和培育力度，推动中小企业与行业龙头企业协同创新，提高产业配套能力。加大财政支持普惠金融发展的力度，落实小微企业融资担保业务降费奖补政策，更好发挥政府性融资担保机构的增信作用。

2. 强化财税支持和引导，加快培育完整内需体系

扩大财政在稳定和扩大消费中的基础性作用。一方面，要形成可持续的消费意愿和消费能力。进一步健全养老、医疗、教育、社会救助、优抚安置等制度体系，进而降低预防性储蓄动机，增强支出意愿。完善收入分配制度，尤其是改善个人所得税，进一步减少税率档次，并拉大5%～25%等中低档级距，切实减轻中等收入群体负担，从而提升社会整体消费潜力。另一方面，优化城乡居民消费结构和持续扩大消费需求。首先，适当增加公共消费。其次，培育新型消费，支持与新型消费有关的“新基建”，出台针对新型消费领域企业的增值税减免及补贴政策。地方财政还要根据当地实际制定相关的消费更新换代奖补政策等。另外，建立消费税征收范围的动态调整机制，结合居民消费结构升级方向及高耗能、高污染、资源性和高档消费品划分标准的变化，调整消费税征税范围，优化税率结构，引导城乡居民消费升级和消费行为改善[1]。除此以外，还须降低居民生活消费品的增值税税率，逐步在最终环节实行免税或零税率，为降低居民消费成本创造条件。

发挥政府在扩大有效投资方面的撬动作用。健全政府投资决策机制、投资范围定期评估调整机制和投资责任约束机制。完善财政资金投向，统筹各类财政资金，使其更多投向新兴产业、公共服务等领域，同等条件下优先投向能引导社会

[1] 为进一步释放消费潜力，建议调出部分价值相对较低的高端大众消费品，将更多高消费、高能耗、高污染产品和服务行为纳入消费税征收范围。

资本进入的项目，增强国家重大战略任务、重大工程、重点项目财力保障。完善政府投资方式，通过扩大特许经营、推行政府购买服务、开展政府与社会资本合作、健全公共领域价格形成机制、完善建设运营税费优惠政策等途径，发挥政府投资撬动作用，激发民间投资活力，形成市场主导的投资内生增长机制，增强投资增长后劲。发展税收引导作用，完善固定资产加速折旧等税收优惠制度，有效扩大对战略性新兴产业的投资，引导企业加大设备更新和技术改造。

3. 降低全社会流通成本

大力支持现代流通体系建设，精准补齐“硬件”设施的短板。推动破除妨碍生产要素市场化配置和商品服务流通的体制机制障碍，构建横向税收协调机制，不断清理规范妨碍全国统一开放竞争有序市场体系形成的地方“土政策”，打通增值税抵扣链条，促进上下游产业的分工互联。重点降低交通运输、物流及仓储等行业税收负担，辅以降低电费、通信业资费等。深入推进电子商务进农村综合示范和农产品供应链建设，畅通“工业品下乡”“农产品进城”双向流通渠道，补齐农村流通短板，助力扩大消费市场。

4. 坚决兜牢基本民生底线，不断实现人民对美好生活的向往

坚持尽力而为、量力而行，切实解决好人民群众普遍关注、反映强烈、反复出现的问题，努力让人民群众的获得感成色更足、幸福感更可持续、安全感更有保障。

首先，完善再分配机制。加大税收、社保、转移支付等调节力度和精准性，合理调节过高收入，着力提高低收入群体收入，扩大中等收入群体。进一步优化个税制度，合理扩大纳入综合征税的所得范围，完善专项附加扣除项目，建立个人所得税专项附加扣除动态调整机制，根据教育、住房、医疗等民生支出变化情况，适时调整扣除范围和标准。重塑房地产税体系，加快建立具有我国特点的遗产赠与税。深化养老、失业、工伤保险制度改革，在考虑保险资金可持续基础上，继续降低各保险费率。

其次，强化就业优先政策。统筹用好就业补助资金、职业技能提升行动资金等，继续实施创业担保贷款贴息支持政策，抓好重点群体就业，完善困难人员就

业帮扶政策。加大失业保险稳岗返还范围和力度。加强就业公共服务，完善促进创业带动就业、多渠道灵活就业的保障制度。

最后，加强基本民生服务。健全覆盖全民、统筹城乡、公平统一、可持续的多层次社会保障体系，完善基本养老、基本医疗保险筹资和待遇调整机制，实现基本养老保险全国统筹，推动基本医疗保险、失业保险、工伤保险省级统筹。完善优抚安置等政策，增强社会救助制度兜底保障功能。同时，健全基本公共服务保障基础标准的动态调整机制。根据东中西部地区财力差异状况、各项基本公共服务的属性，规范基本公共服务领域共同财政事权的支出责任和分担方式，中央财政加大对困难地区的倾斜力度。

（三）发挥财政促进城乡区域协调发展的作用，优化国内大循环的空间布局

一是全面推进乡村振兴，加快农业农村现代化。以要素配置优先、资源条件保障为基础，完善农业支持保护制度，逐步构建覆盖全面、重点突出、措施配套的制度体系。深化农业供给侧结构性改革，加快发展乡村产业，深入落实粮食补贴和产粮大县奖励等政策，促进优化农产品结构，提高农业质量效益。推动巩固拓展脱贫攻坚成果同乡村振兴有效衔接，保持财政支持总体稳定，合理安排财政投入规模，优化支出结构，持续推进脱贫地区发展。促进农村经济社会发展和农民生活改善，加大对农村公共服务和社会事业的投入力度，着力支持改善和提高广大农民群众的生活水平。

二是充分发挥财政在保障粮食安全方面的重要作用。强化耕地保护与农田水利建设，深入实施“藏粮于地、藏粮于技”战略，着力解决好种子和耕地问题。深化粮食收储制度改革，推动优化粮食储备结构，完善稻谷、小麦最低收购价政策，以及玉米、大豆市场化收购加生产者补贴机制，提升收储调控能力。

三是增强中央财政对重点和困难地区的兜底功能。完善地区间支出成本差异体系，促进转移支付资金分配与政府提供公共服务的成本相衔接，增强资金分配的科学性、合理性。完善财政转移支付与农业转移人口市民化挂钩政策，健全

成本分担机制，加快推进以人为核心的新型城镇化。增强对财政困难地区政府运转、民生保障和基本公共服务的兜底功能。建立针对发生重大灾害地区的财政救助机制。健全对森林、草原、湿地和重点生态功能区的纵向生态补偿机制，以及特殊类型地区和粮食主产区的利益补偿机制，引导不同地区依据各自的情况、确定重点方向，进行统筹发展。

四是增强横向转移支付制度对区域协调发展的促进作用。围绕形成优势互补、高质量发展的区域经济布局，总结京津冀协同生态环境治理、新安江流域治理和保护等成功经验，鼓励地方以健全区域间生态补偿机制为重点，建立生态环境保护和治理的横向转移支付制度。提高对口支援等中国特色横向转移支付的制度化、规范化水平，明细对口支援作为横向转移支付的法律地位，健全对口支援资金的筹集和使用机制。

（四）着重完善进出口环节税收制度，打造顺畅联通的国内国际双循环

一方面，深度参与全球经济治理体系改革和宏观经济政策协调。统筹用好G20、APEC等多边合作交流平台，推进双边财经对话与合作。支持高质量共建“一带一路”，加强资金融通务实合作，促进基础设施互联互通，推动与沿线国家信息联通和政策协调。推动加快海南自由贸易港等建设，建设对外开放新高地。

另一方面，完善进出口环节税收制度与政策，促进外贸外资循环顺畅。在“引进来”方面，降低关税总水平，推进中外经济贸易投资合作，扩大对外开放。完善进口环节税收制度，增加优质产品进口，作为国内供给的必要补充，满足国内消费升级和多样化的需要。与此同时，密切关注国际税改动态，建立健全针对数字经济、平台经济等新经济业态的税收规则和征管体系。在“走出去”方面，抓紧完善“两高一资”产品甄别工作，对不属于“两高一资”的出口产品按名义税率予以出口退税。推动外贸公共服务平台建设，促进外贸外资循环畅通。全面实行综合限额抵免，实施对外投资企业亏损结转和追补机制。适应经济全球化发展和“一带一路”建设的需要，加强国际税收协调，拓展现有国际税收合作

范围，探索新的国际合作方式，降低因税制不协调引发贸易争端的风险。积极参与国际反避税规则制定与信息交换，有效防范税基侵蚀和利润转移。

（五）强化风险意识，牢牢为新发展格局构筑安全保障

财政在防范化解风险、支持安全发展方面承担重要责任，必须坚持总体国家安全观，密切关注经济社会相关领域的各种风险，增强预见性和主动性。针对影响经济安全的薄弱环节和短板不足，加大财税支持力度，确保粮食、能源、科技、卫生健康等重要行业和关键领域安全。建立健全公开透明、风险可控的地方政府举债融资机制，强化地方政府隐性债务风险防范。同时，有序推进高风险金融机构处置。另外，切实保障财政可持续性，把握经济社会发展形势，合理预计财政收入与支出，统筹考虑需要与可能、当前与长远的关系，把好财政支出关口，加强财政承受能力评估，防止脱离实际，进而影响财政可持续和稳定运行。

（六）建立现代财政制度，创造新发展格局顺利构建的财税环境

深化预算管理制度改革。强化财政资源统筹，加强“四本”预算的衔接，更好集中力量办大事。以扩范围、优机制、强管理为手段建立常态化财政资金直达机制，强化预算绩效管理。加强中期财政规划管理，紧紧围绕党中央重大决策部署，按轻重缓急，加强对国家重点改革的财力保障。建立权责清晰、财力协调、区域均衡的中央和地方财政关系，推动形成稳定的各级政府事权、支出责任和财力相适应的制度。明确中央和地方政府事权与支出责任，适当上移并强化中央财政事权和支出责任，重点将涉及生产要素全国流动和市场统一的事务以及跨区域外部性强的事务明确为中央事权。进一步理顺中央和地方收入划分，保证基层财政有稳定收入来源。推进省以下财政事权和支出责任划分改革，推动财力向困难地区和基层倾斜。构建与新发展格局相适应的现代税收制度。优化税制结构，健全直接税体系，适当提高直接税比重。完善绿色税收体系。健全地方税体系，后移消费税征收环节，培育地方税源。通过立法授权，适当扩大省级税收管理权限。

参考文献

［1］习近平. 正确认识和把握中长期经济社会发展重大问题［J］. 求是，2021（02）.

［2］贾康. 建设创新型国家的财税政策与体制变革［M］. 北京：中国社会科学出版社，2011.

［3］王一鸣. 百年大变局、高质量发展与构建新发展格局［J］. 管理世界，2020（12）.

［4］刘鹤. 加快构建以国内大循环为主体、国内国际双循环相互促进的新发展格局［N］. 人民日报，2020-11-25.

［5］刘昆. 积极发挥财政职能作用 推动加快构建新发展格局［N］. 学习时报，2020-12-11.

［6］刘尚希. 双循环发展格局下宏观调控应避免“三化”［OL］. 东方网，2020-10-22.

［7］韩保江. 以新发展格局应对新变局［N］. 解放日报，2020-9-1.

［8］于健. 税收助力布局构建双循环新发展格局［N］. 青岛财金日报，2020-11-10.

［9］陈龙，刘杰. 深化个人所得税改革，推动新发展格局加快形成［N］. 经济观察报，2020-11-7.

［10］肖京. 健全财税法治为新发展格局提供保障［N］. 经济参考报，2020-12-8.

［11］王军. 充分发挥税收职能作用 积极服务全面建设社会主义现代化国家［N］. 学习时报，2020-11-11.

［12］许生. 充分发挥财税政策的宏观调控功能，构建“双循环”格局［N］. 中国税务报，2020-8-26.

［13］刘英. 为“双循环”贡献税收力量［N］. 中国税务报，2020-8-26.

［14］张学诞. 税收应从经济四环节促进“双循环”［N］. 中国税务报，2020-8-26.

［15］张学博，潘瑞. 构建新发展格局：税收在各环节都可有为［N］. 中国税务报，2020-11-18.

［16］张占斌. 新发展阶段构建新发展格局的战略抉择［N］. 经济日报，2020-11-10.

［17］刘方. 优化税制结构，降低企业税负［N］. 经济日报，2016-9-11.

［18］马子红. 全面理解和把握构建新发展格局的战略要义［OL］. 光明网理论频道，2020-12-9.

［19］王昌林，杨萍. 加快构建双循环新发展格局的九大着力点（上、下）［OL］. 国宏高端智库，2021-1-6.

［20］于洪，张洁. 促进科技创新的税收优惠政策研究［J］. 地方财政研究，2016（05）.

［21］刘方. 鼓励企业技术创新的税收政策分析［J］. 中国经贸导刊，2018（06）.

［22］刘方. 减税降费落实中存在的问题及对策［J］. 宏观经济管理，2019（10）.

［23］岳树民. 政府和社会资本合作模式的税收政策优化［J］. 税务与经济，2019（01）.

［24］钟广池. 促进科技型初创企业发展税收政策的思考［J］. 经济纵横，2016（04）.

［25］王海勇. 激励创业投资发展的所得税政策取向［J］. 税务研究，2015（12）.

［26］郭春丽，刘方. 推进供给侧结构性改革下的财税体制与政策框架［D］. 北京：2017年国家发展改革委第十二届中青年干部经济研讨改革会优秀论文.

［27］国家发展改革委市场与价格研究所. 建设和健全现代市场体系研究［R］. 2017年院重点课题.

［28］中共国家发展改革委党组. 科学精准实施宏观政策 确保“十四五”开好局起好步［OL］. 国家发展改革委微信公众号，2021-1-16.

推进全球金融治理改革研究

郭万福

内容摘要： 全球金融治理本质上是一种公共物品，但由于在世界范围内并不存在一个像民族国家一样的政府，各参与国只能凭借自身实力参与博弈，以期能争取符合自身的最大利益。当前的全球金融治理体系仍是美国主导的牙买加体系，面临着国际货币体系缺少内在稳定机制、全球金融治理的传统机制弱化、全球金融政策协调机制缺失、国际金融风险监管体系不健全、全球金融治理制度性话语权失衡等五大困境。全球金融治理未来的改革导向将由现行的治理体系与各参与国经济的发展变化格局决定，未来变革将向着多元化、区域化、系统化、均衡化、权威化、法制化的方向发展。我国应从自身实力出发，推动全球金融治理更具包容性、公平性、合理性以维护我国应有权益。

一、全球金融治理的理论界定

（一）全球金融治理的界定

包括全球金融治理在内的全球经济治理是全球治理在经济中的具体体现，因此在界定全球金融治理之前需要把握治理概念。英语中的治理（government）一词源于古希腊语中的掌舵（steering）一词，治理与统治相比具有更为丰富的内涵，它既包括政府机制，也包括非政府、非正式的机制。全球治理的概念最早是伴随着20世纪90年代的全球变革而产生，代表性研究和事件包括美国乔治·华盛顿大学教授詹姆斯·罗西瑙（James N. Rosenau）等于1992年主编的《没有政府的治理》（*Governance without Government*）和同年全球治理委员会的成立及其1995年发行的《全球治理》杂志。与全球治理相比，全球经济治理有着自身的特点。

1. 以经济理论为基础

诺贝尔经济学奖获得者斯蒂格利茨（2004）在批评现有全球经济治理体系时强调了经济理论的重要性，他认为国际货币基金组织（IMF）和世界银行（WBG）等国际经济组织机构是全球化治理者推行政策的工具，一方面以市场经济理论为基础；另一方面将发达市场经济国家的成功经验作为最高准则，且往往将其成功经验生搬硬套地运用到发展中国家的实践中去。全球经济治理主要涉及经济学中的博弈论与公共产品理论。在全球经济治理体系制定的过程中，各参与国基于自身经济发展利益进行博弈，最终达成博弈均衡，从而形成一定时期比较稳定的全球经济治理体系。全球经济治理体系具有非排他性和非竞用性的特征，因此全球经济治理的参与者，都具有“搭便车”的动机，这在一定程度上导致了全球经济治理中公共产品供给不足的问题。

2. 特定的治理范围与治理途径

全球经济治理的范围仅仅限于全球治理的经济范畴之内，它的研究议题相应地被限定在特定的范围之内。时任欧洲央行行长Trichet在2010年4月26日的纽约讲话中指出，“在经济金融的领域内，全球治理的研究范围包括国际经济组织，比如国际金融机构；也包括国际非政府组织和非官方论坛，如G7、G20等，这些组织和论坛对于改善经济领域的全球合作发挥了重要作用”。与全球治理途径的丰富性不同，全球经济治理更注重国际组织的作用，这并非否定国家层面的全球经济合作，因为所有这些合作也都融入国际组织的管理和协调之中，西方学者在全球经济治理中强调通过一定数量的国家所建立的国际机构来规制特定经济行为，如国际货币基金组织（IMF）和世界银行（WBG）等对全球金融活动的规制。

3. 全球金融治理成为新议题

2008年全球金融危机的爆发使国际社会意识到全球金融治理的重要性。时任欧洲央行行长Trichet（2010）指出，全球经济治理在危机中表现出的缺陷在于“全球规则体系的缺失和全球经济发展的不平衡”，同时指出，“三个方面的因素使目前的全球经济治理正在经历重大变革，一是G20的建立，二是全球央行行长沟通机制的建立，三是金融稳定委员会的建立”。他还乐观地表示，“全球经济治理正在经历如下三方面的积极变化，一是全球监管合作的领域不断扩大，二是全球经济治理的效率和有效性不断提高，三是全球经济治理的参与者不断增加”。时任IMF第一副总裁Lipsky（2009）也将全球经济治理的改革等同于国际经济金融体系的重建，他认为“全球经济治理改革恰逢其时，并且与国际经济金融体系改革形成合力，为未来稳定、平衡并且可持续的发展打下坚实的基础”。

伴随着20世纪末以来的几次国际间的金融危机，全球金融治理引起学者的普遍重视，已成为一个研究全球经济治理的重要分支。全球金融治理具有内涵广泛、体系多样、机制灵活等特征。联合国训练研究所（UNITAR）在2009年将全球金融治理的目标概括为：一是维持国际货币体系的可预测性和稳定性以便于国际经济交易的进行；二是监督国际金融体系以保护全球储户及投资者的利益，并在所有潜在的借款人之间公平、有效地分配信贷资源。其总体目标是维护全球经济的可持续增长并符合所有相关方的利益。为此，良好的全球金融治理应符合五项基本原则，即发展方案的整体性（holistic approach to development）、治理内容的完备性（comprehensive coverage）、恪守适当的国际法（respect for applicable international law）、协调互动的分工（coordinated Specialization）以及良好的实施举措（good administrative practice）。从上述表述可知，全球金融治理的内涵是极为广泛的，几乎涵盖了国际货币体系改革、国际金融组织以及国际金融监管等国际金融领域的方方面面。

上述内容参见表3-3-1所示。

表3-3-1 主要全球金融治理体系

类型	金融治理体系
核心机构	G20、金融稳定理事会（FSB）
布雷顿森林机构	IMF、世界银行（WBG）、WTO
政府间国际组织	联合国（UN）、国际清算银行（BIS）、巴塞尔银行监管委员会（BCBS）、国际保险监督官协会（IAIS）、国际证监会组织（IOSCO）、全球金融体系委员会（CGFS）、支付与市场基础设施委员会（CPMI）、市场委员会（Markets Committee）、中央银行治理论坛（Central Bank Governance Forum）、欧文·费雪委员会（Irving Fisher Committee）、欧洲央行、欧盟委员会（EU）、经济合作与发展组织（OECD）、金融行动特别工作组（FATF）等
非政府间国际组织	国际会计准则理事会（IASB）、国际会计师联合会（IFAC）、国际金融协会（IIF）、全球金融市场协会（GFMA)、世界交易所联合会（WFE）、国际掉期与衍生工具协会（ISDA）、国际存款保险协会（IADI）、国际资本市场协会（ICMA）、国际金融理财标准委员会（FPSB）等

注：作者根据相关资料整理。

（二）全球金融治理的经济学分析

全球金融治理体系的种种乱象可以从经济学的公共物品理论与博弈论加以阐释，下面将从上述两个角度进行理论分析。

1. 全球金融治理的公共物品属性分析

从经济学视角看，全球金融治理具有全球公共产品的属性。公共物品与私人物品的重要区别是，公共物品的消费具有非排他性和非竞用性，即公共物品的消费并不是单个私人，而是一个集体。亚当·斯密最早区分了公共物品与私人物品，他认为公共物品只能由政府提供。萨缪尔森（1954）等诸多西方学者也从不同角度分析了公共物品。具有非排他性和非竞用性两个特征的，称为纯粹公共物品，如国防。与公共物品相对的是私人物品，其具有排他性与竞用性，即私人物品只能被特定的消费者享用。在现实生活中，多数商品介于公共物品与私人物品之间，即具有非排他性与竞用性，如海洋性产品，或者具有排他性与非竞用性，如俱乐部产品。与公共物品相联系的经济概念有外部性与搭便车。公共物品的非排他性和非竞用性，使其需求者往往不愿承担自身消费时所应承担的费用，具有搭便车的心理。

（1）全球金融治理公共物品属性的特殊性。与特定国家内部的公共物品可以通过政府征税来予以提供不同，全球金融治理是参与国之间通过沟通协商来提供，并不存在全球范围内的政府，所以无法通过政府强制力来支付全球金融治理成本。现实中全球金融治理成本往往由少数国家承担，因为消费全球金融治理公共物品的具体国家需求强弱不一，导致成本分摊并不均衡，当然也有诸如美国为了维持其霸权地位而阻碍其他成员国提高份额的因素。

（2）全球金融治理公共物品的内容。一是国际规则。这些国际规则包括全球范围的规则和具体区域规则。从理论上看，全球金融治理的国际规则的供给和消费都具有纯粹公共物品的非他性和非竞用性，但现实中，其往往由少数几个强势国家来主导提供，在这种统一国际规则下，由于经济发展阶段不同，对发展中国家来说有失公允，因此发展中国家往往争取例外条款来予以应对。如表3-3-2所示。

表3-3-2 典型的全球金融治理国际规则

规则名称	制定机构	管辖领域	英文简称	生效时间（年）
《国际货币基金协定》	国际货币基金组织（IMF）	国际货币	AIMF	1945
《国际复兴开发银行协定》	世界银行（WBG）	国际货币	IBRD	1945
《国际金融公司协定》	国际金融公司（IFC）	国际货币	AIFC	1956
《国际开发协会协定》	世界银行（WBG）	国际货币	IDA	1960
《解决国家与他国国民间投资争议公约》	世界银行（WBG）	国际投资	ICSID	1966

（续表）

规则名称	制定机构	管辖领域	英文简称	生效时间（年）
《多边投资担保机构公约》	世界银行（WBG）	国际投资	MIGA	1988
《资本移动自由化法典》	经济合作与发展组织（OECD）	国际投资	CLCM	1969
《建立新的国际经济秩序宣言》	联合国（UN）	经济秩序	NIEO	1974
《建立新的国际经济秩序的行动纲领》	联合国（UN）	经济秩序	AENIEO	1974
《巴塞尔银行业务条例和监管委员会》	国际清算银行（BIS）	国际货币	BCBS	1975
《巴塞尔协议》	国际清算银行（BIS）	国际货币	BA	1988 2004 2023
《证券监管目标和原则》（IOSCO原则）	国际证券监管委员会（IOSCO）	国际证券	OPSR	1998

注：作者根据相关资料整理。

二是国家或者经济体为全球金融治理国际规则执行所提供的运行载体、平台或资金支持。所有成员都有义务承担国际规则运行成本，但现实中由于搭便车问题与美国霸权因素，其成本往往由少数国家承担主要部分。此外还有为具体全球问题提供的援助等。包括：1）向IMF、WBG等缴纳的份额资金支持；2）向诸如G20峰会平台以及各类对话、协商机制平台提供资金支持；3）向各类非政府国际组织提供支持；4）减贫减灾等援助。

三是企业和私人机构对优化全球金融治理所提供的支持。这类公共物品一般由实力较强的跨国金融机构承担，诸如对自然灾害等的援助。

（3）全球金融治理公共物品的供求分析。供求不匹配是全球金融治理体系问题产生的根源。全球化的发展表明其能为参与国带来经济利益，因此全球金融治理的各参与国对这种公共物品均有需求，只是需求的强弱程度不同。一般而言，发达国家与新兴经济国家的需求更为强烈。同时由于近些年新兴经济体实力的不断增强，新兴经济国家有着改变现有发达国家主导的全球金融治理体系的强烈诉求。从供给角度看，一国的经济硬实力与市场发育程度的软实力共同决定了其全球金融治理公共物品的供给能力。目前来看，只有美国具有这种实力，这也使当前的全球金融治理体系具有了垄断的性质，造成了全球金融治理的市场失灵问题。

2．全球金融治理的博弈论分析

全球金融治理的核心问题是成本收益问题。但正如前文所述，全球金融治理体系具有公共物品属性，而全球范围内却不存在一个政府来通过政府有形的手弥补这种市场失灵。因此，协商机制成为解决全球金融治理公共物品问题重要途径。下面将基于国家类型对全球金融治理体系进行博弈论分析。

（1）基于发达国家与发展中国家视角的博弈论分析。由于发展阶段不同，发达国家与发展中国家对全球金融治理体系的偏好具有明显的差异，而现今的全球金融治理体系又是以发达国家内部的金融制度为基础，下面将运用博弈论对其进行分析。以Ri与Ri’分别表示i国以本国为基础和以他国金融制度为基础进行国际协调所得的收益，Ti表示i国调整成本，Ci表示i国维持本国金融制度的成本，其具体博弈支付矩阵如表3-3-3所示。考虑到当前的全球金融治理体系由强势的发达国家所主导，下面将只以支付矩阵中的国际协调I为代表进行分析，即分析国际协调I是否为博弈均衡。如表3-3-3所示，国际协调I能否成为博弈均衡的关键在于发展中国家在遵守发达国家金融制度时的收益Ry’-Ty是否大于其维持自身金融制度的收益-Cy。现实中，前者通常情况下大于后者，即国际协调I成为博弈均衡，但若发展的过程中使发展中国家在此状态下遭遇金融危机时，此种均衡将会被打破。因此，妥善防范和应对金融危机成为了当前全球金融治理需要解决的关键问题之一。

表3-3-3 基于发达国家与发展中国家视角博弈的收支支付矩阵

		发展中国家y	
		维持国内金融制度	遵守发达国家金融制度
发达国家x	维持国内金融制度	（-Cx，-Cy）	国际协调I （Rx，Ry’-Ty）
	遵守发展中国家金融制度	国际协调II （Rx’-Tx，Ry’）	（-Tx，-Ty）

（2）基于偏好程度差异的全球金融治理类型分析。尽管新兴大国还不是全球金融治理的大国，但由于基于本国金融制度而建立的全球金融治理机制符合其利益最大化，因此新兴大国有动机参与全球金融治理制度的设计。鉴于发达国家大国与发展中国家大国存在对全球金融治理的偏好分歧，按照这种偏好差异不同，全球金融治理可以分为4种类型，如表3-3-4所示。当前新兴大国与传统发达国家大国之间的分歧有着拉大趋势，但新兴大国还不具备同等实力，因此全球金融治理正从全球协调一致的类型向多个竞争性区域类型转变。

表3-3-4 基于偏好程度差异的全球金融治理类型

		大国与其他国家之间偏好分歧	
		大	小
大国间偏好分歧	大	全球金融治理不存在	多个竞争性区域治理体系
	小	大国俱乐部治理体系	协调一致的全球治理体系

（3）基于制度灵活性的全球金融治理类型分析。是否允许成员国的国内金融制度存在差异反映了全球金融治理制度的灵活性，以此为基础可以将全球金融治理分为4个类型，具体如表3-3-5所示。由于当前发达国家对发展中国家的金融制度趋异容忍度降低，当前全球金融治理正从原先的合作分权类型向碎片化类型转变，即向不存在全球金融治理或者并存着多个竞争性的区域类型转变。

表3-3-5 基于制度灵活性的全球金融治理类型

	国内金融制度趋同	国内金融制度趋异
国际合作	协调一致的全球金融治理体系	合作分权的全球金融治理体系
国际不合作	非正式趋同	碎片化的全球金融治理体系

二、当前全球金融治理体系面临的困境

通过前文的理论界定可知，全球金融治理具有公共物品属性，且目前只有以美国为代表的发达国家有实力提供，广大发展中国家也有意愿在现有全球金融治理中搭便车。但近年来全球金融危机的不断爆发，以及发达国家通过无限量化宽松货币政策等手段将自身的危机成本转嫁给发展中国家等，使得新兴大国纷纷主张改革现有全球金融治理体系，以提高与自身实力相匹配的话语权。梳理现有研究发现，当前全球金融治理体系面临的困境主要有5个：一是现行国际货币体系缺少内在稳定机制；二是全球金融治理的传统机制弱化；三是全球金融政策协调机制缺失；四是国际金融风险监管体系不健全；五是全球金融治理制度性话语权失衡。

（一）现行国际货币体系缺少内在稳定机制

国际货币体系从起初的金本位制到“二战”后的布雷顿森林体系，再演进为目前的牙买加体系，目前共经历了3个阶段，但现行牙买加国际货币体系缺乏内在的稳定机制。“二战”后美国主导建立了美元与黄金挂钩、其他国家货币与美元挂钩的固定汇率制的布雷顿森林国际货币体系。随后由于美国国内外的原因，布雷顿森林国际货币体系崩溃，国际货币体系进入了缺乏内在稳定机制的浮动时代。牙买加体系的浮动汇率给予不同经济体从自由浮动汇率到中间汇率的选择空间。中间汇率制是一种浮动与固定并存的汇率制度，包括管理浮动汇率制、联系

浮动汇率制、盯住浮动汇率制等，是一种依赖锚货币来寻求相对稳定的汇率制度，兼具固定与浮动两种汇率制度的灵活性。然而这种中间汇率仍是以美元为基础，其将受美国国内金融市场体系的严重影响。20世纪90年代以来不断爆发的货币危机表明，这种中间汇率制度也不能完全解决汇率稳定问题。正是这些不断爆发的货币危机推进了国际货币的多元化和区域化。1992年的欧洲货币危机，加速了“欧洲货币单位”的崩溃和欧元的诞生，标志着国际货币体系进入了国际区域化时代。

上述内容如图3–3–1所示。

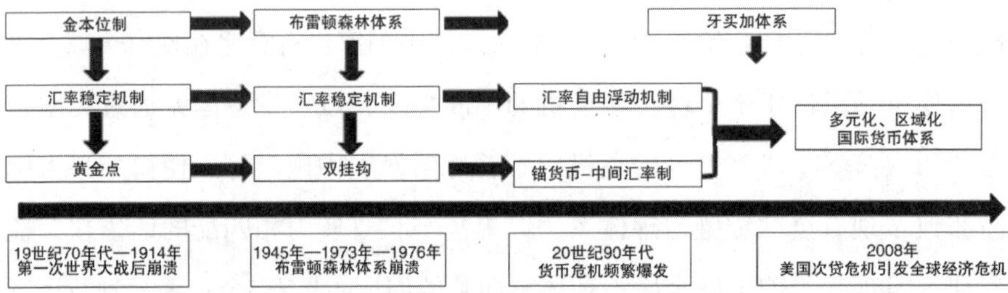

图3–3–1 国际货币体系稳定机制演进

（二）全球金融治理的传统机制弱化

第二次世界大战后，全球金融治理机制经历了4个阶段的演进，即从国际货币基金组织（IMF）到七国集团（G7）到七国集团加俄罗斯（G7+1）再到二十国集团（G20），这一过程也是美元本位制弱化的过程。“二战”后，由美国主导创建的布雷顿森林体系是一个以美元为中心的固定汇率制度。然后由于美国的国际收支逆差以及美元的超量发行，导致布雷顿森林体系崩溃，全球进入浮动汇率时代。由此，IMF对货币竞相贬值与汇率剧烈波动的监管职能随之消失。布雷顿森林体系的崩溃同时预示着美元已无法独立担负起国际货币的职能。随后，在自由浮动的牙买加体系下形成主导世界的G7治理机制，即以美国为首的7个发达经济体联合治理模式。然而，20世纪90年代频繁爆发的国际货币危机，使G7集团难以招架。为此，G7吸收俄罗斯加入形成“G7+1”治理机制。在经历多次的国际货币危机后，国际社会发现，没有新兴经济体的加入，难以形成有效的全球金融治理体系。在此背景下，20世纪末G7财长会议倡议建立G20集团，即G20的财长与央行行长就国际货币政策、国际金融治理体系改革、世界经济发展等议题定期召开会议交流看法。2008年爆发于美国的全球金融危机引发了极具破坏性的全球经济金融危机，重创了G7国家经济，“G7+1”的全球金融治理机制进一步弱化。在美国的提一下，G20机制升级为定期的首脑峰会，G20集团内的金融稳定委员会成为全球金融治理的新机制。如图3-3-2所示。

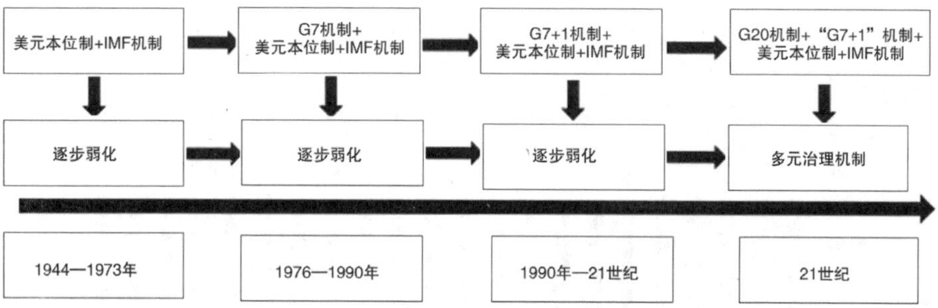

图3-3-2　全球金融治理机制

（三）全球金融政策协调机制缺失

第二次世界大战后，全球货币体系大致经历了两个阶段，即从布雷顿森林体系演进到牙买加体系，汇率制度也随之从固定汇率演进至浮动汇率制与中间汇率制。两种全球金融治理体系的三种汇率制度均爆发过经济金融危机，美元的国际货币地位受到严重挑战，但美元本位制的现状却未得到根本改变，如图3-3-3所示，美元作为世界各国的官方储备货币份额虽有一定的下降趋势，但其份额仍超过60%。由美元充当全球金融治理的公共物品——国际货币的情况下，将会使这种公共物品缺乏公允性，即美国将凭借优势的博弈地位将本国的金融政策传导给世界各国经济，直接带来正负效应。从正面效应看，当美国经济平稳运行且全球经济协调发展时，美元本位制的正效应会得到较充分发挥，世界经济发展顺畅。从负面效应看，当全球经济发展与美国经济增长发生矛盾时，美国将以自身的经济利益为准则，实施超常规的量化宽松政策，如图3-3-4所示，2008年金融危机前美国、欧盟与日本等经济体的存款准备金余额与法定存款准备金之比不足两倍，而毫无节制的量化宽松政策使美元、欧元、日元的相应比例在2017年达到了惊人的12.5倍、9.5倍与33.3倍。美国等发达国家利用本国货币的国际货币属性，通过超常规的量化宽松政策将危机转嫁给其他国家，让全世界为其经济金融危机买单。此外，当美国经济遇到竞争对手的挑战时，如果美国认为现行的国际贸易金融政策的协调机制对其不利，就会放弃、退出或破坏这些机制，以制裁对手并维持美国的经济地位。这些负面效应表明，世界经济尚缺少全球性金融政策的有效协调。

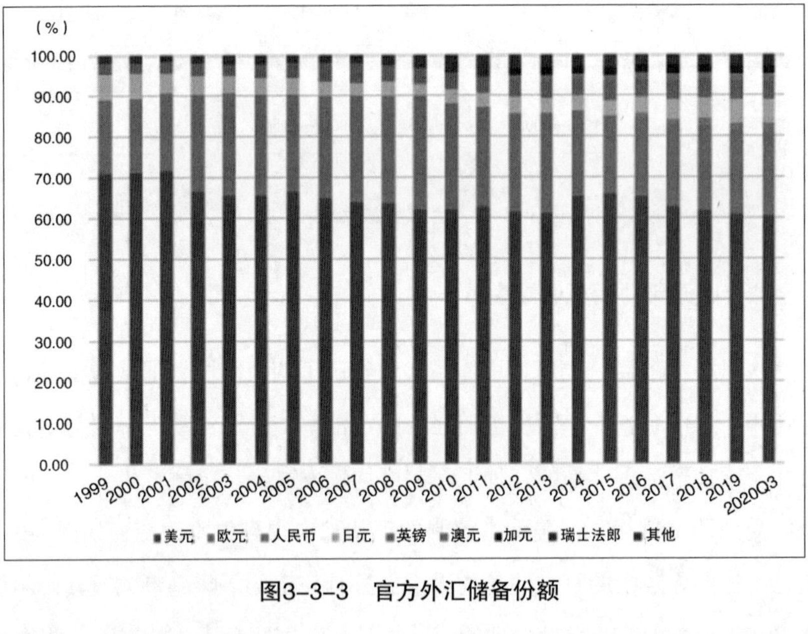

图3-3-3 官方外汇储备份额

资料来源：根据IMF数据整理。

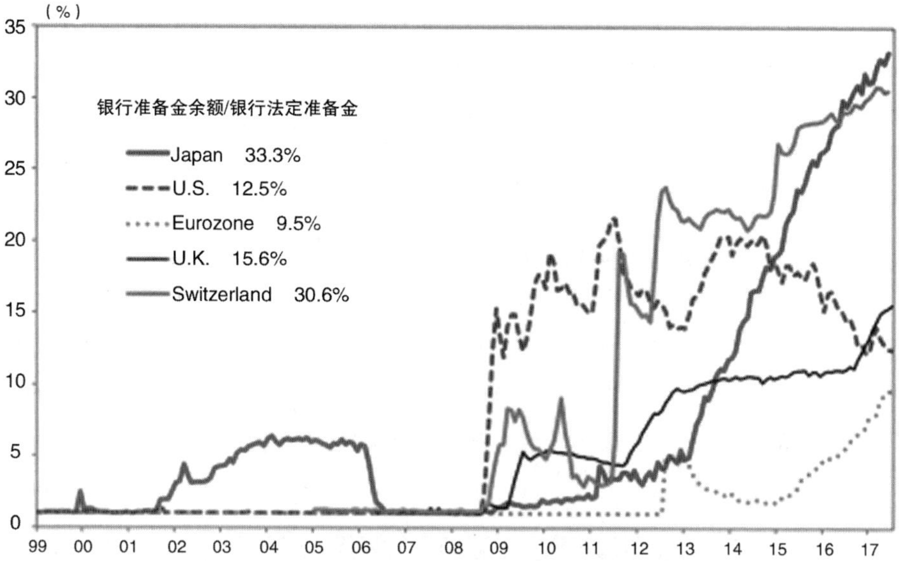

图3-3-4 全球主要央行量化宽松状况

资料来源：转引自Nomura Research Institute。

（四）国际金融风险监管体系不健全

布雷顿森林体系崩溃之后，全球金融治理体系的参与国出现较大分歧，伴随着各参与国的博弈，全球金融治理体系趋向多元化与碎片化。20世纪60年代以来，国际金融危机不断爆发，表明全球系统性金融风险的监管机制并不健全。从监管体系上看，国际金融风险监管主要包括：第一，国际货币体系的监管，包括汇率稳定、国际收支相对均衡、国际储备充足、遏制货币恶性竞争等；第二，银行业的风险监管，包括市场准入、国际兼并、行业自控、遏制跨国违规违法交易等；第三，证券金融市场的风险监管，包括证券市场的交易公平、有效、安全，资产价格相对平稳，遏制跨国不法交易等。然而，浮动汇率制的实施使国际货币体系监管处于空缺状态，国际银行业和国际证券市场分别通过国际清算银行（BIS）的巴塞尔委员会和国际证券监管委员会实施行业监管。随着国际金融监管体系的碎片化和多元化，国际清算银行（BIS）的巴塞尔委员会和国际证券监管委员会的监管功能有所强化，它们所发布的文件、制定的规则得到了业界的广泛认可和采纳，但不具备法律意义上的强制约束力，只是行业自律、国际惯例性质的软性约束，监督作用有限。受全球金融治理各参与国的博弈制约，现阶段尚无法形成统一健全且有法律效应的全球金融治理监管体系。

（五）全球金融治理制度性话语权失衡

1999年之前，即G20成立之前，全球金融治理的制度性话语权基本由美国和发达经济体掌控，期间虽然新兴经济体和发展中国家的经济实力有了较大提高，但由于自身实力仍较弱，参与全球金融治理博弈能力较差，没有制度性话语权，更没有规则制定、政策协商、制度变革的参与权，处于全球金融治理的被动跟随状态。时至今日，由于美国等西方发达国家的阻扰，当前全球金融治理仍不能充分从发展中国家利益的立场和角度考量，全球金融治理制度性话语权配置处于失衡状态，影响了全球金融治理的公平性和有效性。随着新兴经济体的崛起，发展中国家在全球经济中的占比、承担的责任和义务、对世界经济的贡献及影响力得到全面提升，但与之相匹配的制度性话语权相对不足。如表3-3-6所示，在作为主要的全球金融治理机构的IMF与世界银行投票权方面，以中国为代表的发展中国家仍未取得与自身经济地位相等的投票权，而且美国仍拥有一票否决权，因为根据现行规则，IMF与世界银行在重大事项表决时需要85%以上的投票支持，而美国自身仍拥有超过15%的投票权。G20机制形成后，因有新兴经济体的加入，情况逐步有所好转，但距实现公正、高效、优化的全球金融治理仍然任重道远。

表3-3-6　2019年世界主要经济体的重要经济指标与主要国际组织地位指标

国家	GDP		IMF投票权		WBG投票权	
	比重（%）	排名	投票权（%）	排名	投票权（%）	排名
美国	24.4	1	16.51	1	15.63	1
中国	16.1	2	6.08	3	4.68	3
日本	5.93	3	6.15	2	7.60	2

（续表）

国家	GDP		IMF投票权		WBG投票权	
	比重（%）	排名	投票权（%）	排名	投票权（%）	排名
德国	4.67	4	5.32	4	4.16	4
印度	3.36	5	2.63	8	3.01	7
法国	3.23	6	4.03	5	3.86	5
英国	3.19	7	4.03	5	3.86	5
意大利	2.40	8	3.02	7	2.59	10
巴西	2.19	9	2.22	10	2.13	11
加拿大	2.07	10	2.22	10	2.79	8
韩国	1.93	11	1.73	12	1.62	12
俄罗斯	1.87	12	2.59	9	2.64	9

注：IMF为国际货币基金组织，WBG为世界银行。

资料来源：根据国际货币基金组织（IMF）与世界银行（WBG）的相关数据整理。

三、未来全球金融治理体系改革的主要导向

全球金融治理本质上是一种公共物品，但由于在世界范围内并不存在一个像民族国家一样的政府，各参与国只能凭借自身实力参与博弈，以期能争取符合自身的最大利益。全球金融治理未来的改革导向将由现行的治理体系与各参与国经济的发展变化格局决定。当前的全球金融治理体系仍是美国主导的牙买加体系，在分析其未来改革的主要导向前，需要对美元本位制的演进趋势、主权国家货币充当世界货币、经济全球化发展等进行研判。

（一）对美元本位制发展趋势的研判

全球金融治理的困境多源于美元本位制的负面效应，因此，全球金融治理体系的改革取向与美元本位制的发展走向密切相关。如果没有重大冲击，美元本位制将继续沿着可持续性与缓慢衰落并存的趋势演进。美元本位制的可持续性主

要基于三点原因：一是没有替代者。现阶段及未来相当长的时期内，无论是经济大国的主权货币（英镑、日元、人民币）、国际区域货币（欧元）、特别提款权（SDR货币篮）还是IMF，都没有实力直接取代美元的主导地位。二是美国的贸易逆差可以通过资本项目实现平衡。在美元本位制下，美国的巨额贸易逆差是通过美国国债面向全球发行以实现资金回流，进而实现国际收支平衡的。如果不出现来自内外的重大冲击，会继续维持美元本位制。因为对于贸易顺差国而言，选择美国国债虽然有违约和贬值的风险，但却是现阶段国际储备资产中安全性、流动性相对较高且风险较小的资产选择。三是美元依靠自身实力绑定了全球经济发展战略性物资商品交易的计价和结算权。布雷顿森林体系崩溃后，美元成为石油产品交易的唯一计价和结算货币。各国经济发展离不开石油，石油由美元来交易，美元自然成为各国的主要储备货币，进而承担国际贸易和国际投资的计价和结算货币的功能。

美元霸权地位的缓慢衰弱也是不争的事实。在布雷顿森林体系下，美元具有绝对霸主地位，国际结算、国际投资、国际储备三大功能均由美元独立承担。然而，美元缺少自律的超量发行，不仅导致布雷顿森林体系的崩溃，亦使美元本位制的作用和地位随之下降。进入牙买加体系时代后，美元的发行相对自律，对内通货膨胀率一直控制在合理区间，维持了美元作为世界货币的主导地位，但美元已然无力独自承担国际货币的重任。此外，美元还面临其他主权货币及各种类型非主权货币的竞争。如前述图3–3–3所示，美元在世界各国的外汇储备份额中虽然仍处于主导地位，但面临着欧元与人民币的竞争，长期来看呈现出逐渐下降的趋势。

2020年新冠病毒疫情在全球蔓延，使世界经济遭受重大打击。为应对疫情导致的经济大萧条，美国实行了超级量化宽松货币政策。历史上美元的超量发行曾经导致布雷顿森林体系崩溃，新一轮的超级量化宽松货币政策加上美国发动的贸易战，有可能加速美元本位制的衰落，成为对美元本位制的第二轮打击。首先，有可能导致美元币值不稳，进而削弱美元信誉。相比2008年的量化宽松货币政策，此次美联储资产负债表的绝对规模是2008年的近5倍，占其国内生产总值相对规模的近3倍，这不仅会限制量化宽松货币政策的操作空间，亦会形成巨大的基础货币投放压力，进而形成美元对外贬值的压力。其次，有可能导致各国对美元国债的减持，造成对美元本位制的致命威胁。美元本位制下的美元回流，是通过世界各国将自身的美元节余用来购买美国国债实现的。通过购买美国国债，购买国可形成本国的外汇储备，出售国可形成本国经济发展的注入资金。如果美元币值因流动性泛滥而持续走软，美国经济持续衰退，各国将减持美国国债或减少对美国国债的购买，从而动摇美元本位制的根基。

（二）对全球金融治理难题演进的研判

现阶段，全球金融治理存在三大难题，分别是世界货币双重角色的难题、两个规律冲突的难题，以及开放经济内外冲突的难题，对这三大难题演进的研判关系到全球金融体系的变革取向。

1．世界货币双重角色的难题

世界货币双重角色的最好诠释是美元，美元既是美国货币又是世界货币，即世界货币具有双重角色。早在20世纪60年代，美国经济学家特里芬便论证了美元本位制的悖论，被称为“特里芬难题”：美元作为国际结算与储备货币，会导致美元不断流出并在美国以外沉淀，美国国际贸易收支会产生长期逆差，而美元作为国际货币的前提是保持美元币值稳定，这又要求美国保持国际贸易收支长期顺差，否则将导致美元币值不稳，致使国际货币制度不稳，而这两个要求是互相矛盾的。因此，特里芬预测，布雷顿森林体系下的固定汇率制必然崩溃。“特里芬难题”实质上是世界货币双重角色的难题，也是国际主权货币制的难题，是美元本位制的难题。牙买加体系使“特里芬难题”有所缓解，但并未消失。只要美元本位制存在，“特里芬难题”就不可避免，即世界货币双重角色的矛盾不可避免。

2．两个规律冲突的难题

两个规律冲突的难题，是经济全球化与各国经济独立发展的难题。自世界市场形成以来，世界经济的运转一直受两个规律的制约，即经济全球化规律和各国相对独立发展的规律。基于比较优势、规模效应、国际分工、全球价值链的经济学原理，以及自由贸易区、关税同盟、共同市场、货币同盟的经济一体化合作的经验证明，经济全球化不仅能极大地提升各国的生产效率、降低成本、增加全球经济的总产出，而且会在合作中加深各国经济的依存度和关联度，使各国经济紧密相连。利益驱动与协同合作正在将各国的产业间和产业内合作推向跨国产品的合作。一个国家一种货币的时代将逐渐被一个国际区域一种货币所取代。互联网和物联网的信息技术、人工智能技术将推进经济全球化深入发展，而生态环保、资源配置、制度构建、法律规范、风险控制等均需要全球范围内的协调与合作。同时，在经济全球化的过程中，各国追求自身利益的规律一直在发挥作用。由于各国参与经济全球化的目的在于利用国际市场销售产品、增加国内就业、引进资源、对外投资，增强本国经济实力，追求本国经济效益，因此，当本国经济在经济全球化竞争中处于劣势时，贸易保护主义、反全球化的思潮将泛滥，逆全球化的行为随之泛起。可见，开放经济条件下，经济全球化规律和各国经济追求本国利益独立发展规律会时而相向而行、时而冲突对抗，始终共同作用于世界经济及各国经济的发展。

3. 开放经济内外冲突的难题

开放经济内外冲突的难题是英国经济学家詹姆斯·米德最早发现和系统论证的开放经济的难题。当一国经济走向开放时，该国宏观经济便形成了内外二元结构的经济，即与国内市场相连接的内部经济（国内生产总值）与国际市场相连接的外部经济（国际收支），且二者紧密相连的二元结构经济。米德认为，在开放经济条件下，一国单一的宏观经济政策实施有时是冲突的。所谓冲突，即一国单一的宏观经济政策的实施若有利于外部经济，则不利于内部经济，反之亦然。这种情况会使宏观经济政策因难以抉择而错过调控和监管的最佳时机，造成重大损失。一般情况下，各个宏观经济体会首先寻求国内经济的均衡，这种情况时常会带来各国外部经济的失衡和国际市场的动荡。开放经济在从国内国外两个市场上获利，亦不可避免地受到来自外部的冲击，面临内外均衡发展的矛盾。

（三）对全球金融治理体系变革趋势的研判

对全球金融治理的困境、难题及美元本位制内在缺陷的应对和克服，决定着全球金融体系的变革方向。短期内美元本位制的主导地位不会改变，但随着美元本位制内在矛盾的激化、美国对国际金融治理责任的放任、国际区域货币的生成和发展，以及特别提款权（SDR）作用的提升，美元本位制将会在自身持续发展中逐步弱化。全球金融治理体系的变革将向着多元化、区域化、系统化、均衡化、权威化、法制化的方向发展。

从多元化取向看，多元化是美元本位制相对收缩的结果，主要体现在：第一，汇率制度从自由浮动制到中间汇率制选择的多元化；第二，国际货币币种及其功能的发挥由美元、欧元、英镑、日元、人民币五大货币共同分担的多元化；第三，治理机制的美元本位机制向IMF机制、世界银行集团机制、G7、“G7+1机制”及G20机制等并存的多元化。

从区域化取向看，国际货币区域化以及国际区域间贸易和货币合作是全球金融治理体系变革和重新获得权威必经的发展阶段。国际区域内和国际区域间的经贸货币合作更容易协商获利、协同共进、合作共赢，更容易摆脱对美元国债购买的依赖。

从系统化取向看，全球金融治理体系是一个大系统，包括国际货币体系、全球金融治理机构、全球金融政策协调机制、全球金融风险监管体系等若干子系统。每个子系统的自身完善及各个子系统间的协调有利于大系统的形成和完善，而信息技术和人工智能技术的进步则能够为全球金融治理的系统化提供技术基础。

从均衡化取向看，均衡化追求包括两个主要目标，一是追求与一国经济实力匹配的制度性话语权配置的均衡，即寻求全球金融治理的制度性话语权配置的公平和民主。二是追求全球经济一体化与各国自身利益诉求的两种作用力的均衡。

当全球经济一体化带给各国的负面冲击大于收益时，就会出现逆全球化的倾向。反之，全球经济一体化会自然推进。基于全球视角的两种力量的均衡，在于规避经济全球化、一体化的负外部性，规避各个宏观经济体间以邻为壑的恶性竞争；基于各宏观经济体视角的两种力量的均衡，在于规避开放经济的内外冲突，促进开放经济的内外协调发展。

从权威化取向看，原有权威在弱化，新的权威尚未建立，而国际金融治理没有权威机构和执行力度是很难实施的。金本位时代有英镑的权威，布雷顿森林体系时代有美元的权威，牙买加体系时代是美元主导的权威，但美国的力不从心和不愿承担国际责任的状态，以及国际金融治理权威的空缺使全球金融治理的权威化改革进展缓慢。现行的牙买加体系权威弱化，要形成全球金融治理的新权威，须经过国际货币区域化竞争与合作的若干发展阶段，同时伴随着全球经济深度一体化发展，最终发展为既不依赖于黄金亦不依赖于单一强国的国际货币体系，并向全球一体化金融治理体系的方向演进。

从法制化取向看，完善国际金融治理的政府间合作及政府间合作的规制和法律体系，才会克服全球金融治理困境，形成全球金融治理的强约束力。

综上所述，全球金融治理体系改革取向的多元化、区域化、系统化、均衡化、权威化、法律化之间不是相互隔绝的，而是互相联系、互为支撑、互有交集的。

四、中国参与金融治理体系改革的诉求、思路与路径

我国经过多年的高速发展，已经成为世界第二大经济体。原先的全球经济金融治理体系已不符合我国经济发展利益，我国逐渐从全球经济金融治理的边缘来到了舞台中央，从治理体系的被动接受者转变为推进治理体系变革的积极践行者。同时作为负责任的新兴市场经济大国代表，我们将推动全球经济金融治理更具包容性、公平性、合理性改革。

（一）我国参与全球金融治理改革的诉求

我国参与全球金融治理改革的诉求是推动全球金融治理更具包容性、公平性、合理性改革。当前我国经济已跃居世界第二位，并将世界排名第三的日本远远甩在身后，数据显示，2020年世界前三大经济体美国、中国、日本的各自GDP为21万亿美元、14.7万亿美元、4.9万亿美元，并且中国是2020年唯一一个实现正增长的经济大国。与我国经济的快速增长不同，全球金融治理改革迟缓，现今的全球金融治理体系仍是美国为主导的牙买加体系，缺乏公平合理性。作为新兴经济代表的中国在世界的影响力日益增长，虽然整体实力与美国仍有较大差距，但已初步具备向世界提供全球金融治理公共产品的能力，而且伴随中国经济的持续强劲增长与美国经济的日薄西山，未来中国参与全球金融治理的能力将会越来越强，为此我国应以自身参与博弈的实力出发，推动全球经济金融治理更具包容性、公平性、合理性改革。

（二）我国参与全球金融治理改革的思路

需要强调的是，当前我国与美国整体实力上仍有较大差距，还不足以独立提供全球金融治理公共产品。为此，我国应以自身参与全球金融治理的博弈的实力出发，从“存量”与“增量”两个方面推进全球金融治理改革。在存量方面，作为参与者积极推进现有全球金融治理体系的包容性、公平性、合理性改革；在增量方面，根据自身实力状况积极贡献中国方案，比如设立亚洲投资银行与金砖国家银行、与贸易伙伴开展货币互换等。

（三）我国参与全球金融治理改革的推进路径

1. 深化市场体制改革，增强与国际衔接能力

外交是内政延续，我国要参与全球经济金融治理体系的改革，关键还是要靠自身的经济实力。当前我国经济发展仍面临着国内外的多重挑战，我们要坚持新

发展理念，坚持供给侧结构性改革，推进我国产业结构的转型升级，切实提高国民经济发展的质量与效率。此外，我国还要深化要素市场化等市场体制改革，构建适应新发展格局的高标准市场体系，这不仅能够为我国高质量发展提供体制支撑，还有利于增强我国与国际的衔接能力。

2. 进一步推进金融开放，提高金融业竞争力

我国金融体系与发达国家相比还存在着较大差距，这严重制约了我国成为全球金融治理参与者与引领者的能力发挥。为此，我国应进一步推进利率、汇率市场化改革，完善多层次资本市场建设，加快人民币资本项目可兑换改革进程，放宽金融行业市场准入，利用好现有全球金融治理平台加快我国金融人才的培育，提高我国金融业的国际竞争力水平，为我国参与全球经济金融治理改革奠定坚实基础。

3. 以亚投行等为核心，贡献中国方案

由于牵涉到发达国家与新兴市场经济国家理念与利益不同，改革原有全球经济金融治理体系不可能一蹴而就，将会是一个长期的过程。而我国已成为世界第二大经济体，同时又是新兴市场经济国家的典型代表，不仅是为了自身经济发展利益，而且为了履行好大国责任，我国应推进亚投行、金砖银行以及货币互换等为核心的增量全球金融治理体系发展。这既是针对现行全球金融治理体系改革缓慢的无奈之举，也是贡献中国方案的一个重要舞台。

参考文献

［1］周小川. 关于改革国际货币体系的思考［OL］. 中国人民银行网站，2009-3-24.

［2］崔志楠，邢悦.从“G7时代”到“G20时代”——国际金融治理机制的变迁［J］. 世界经济与政治，2011（01）.

［3］谢世清，黄嘉俊. 巴塞尔进程与全球金融治理［J］. 上海金融，2010（11）.

［4］李晓，冯永琦. 国际货币体系改革的集体行动与二十国集团的作用［J］. 世界经济与政治，2012（02）.

［5］谢世清，曲秋颖. 国际清算银行与国际货币基金组织之比较研究［J］. 宏观经济研究，2012（09）.

［6］裴长洪. 全球经济治理、公共品与中国扩大开放［J］. 经济研究，2014（03）.

［7］高海红. 布雷顿森林遗产与国际金融体系重建［J］. 世界经济与政治，2015（03）.

［8］王达，项卫星. 亚投行的全球金融治理意义、挑战与中国的应对［J］. 国际观察，2015（05）.

［9］蔡伟宏. 国家博弈、制度形成与全球金融治理［J］. 国际经贸探索，2015（08）.

［10］易纲. 为全球经济金融治理贡献中国智慧、中国方案、中国力量［J］. 求是，2016（19）.

［11］上海发展研究基金会全球金融治理课题组，乔依德，祝望. 全球金融治理：挑战、目标和改革——关于2016年G20峰会议题的研究报告［J］. 国际经济评论，2016（03）.

［12］熊爱宗，张斌. 中国参与全球金融治理策略［J］. 开放导报，2016（05）.

［13］盛斌，马斌. 全球金融治理改革与中国的角色［J］. 社会科学，2018（08）.

［14］张发林. 全球金融治理体系的演进：美国霸权与中国方案［J］. 国际政治研究，2018（04）.

［15］王立荣，刘力臻. 增强中国在全球金融治理中制度性话语权的战略路径分析［J］. 社会科学战线，2018（05）.

［16］杨天宇. 中国参与国际金融机制变革的进展及问题［J］. 现代国际关系，2020（03）.

［17］刘力臻. 全球金融治理的困境、变革及中国参与方式［J］. 社会科学战线，2020（11）.

［18］Eichengreen Barry. *The Dollar Dilemma: the World's Top. Currency Faces Competition*［J］. *Foreign Affairs*, 2009.

［19］Randal Germain. *Global Financial Governance and the Problem of Inclusion*［J］. *Global Governance*，2001.

［20］Eric Heleiner. *Special Forum: Crisis and the Future of Global Financial Governance*［J］. *Global Governance*，2009.

［21］Mark J. Wolff. *Failure of the International Monetary Fund & World Bank to Achieve*

Integral Development: A Critical Historical Assessment of Bretton Woods Institutions Policies, Structures & Governance [J]. *Syracuse Journal of International Law and Commerce*, 2013.

[22] Henning C. Randall. *Avoiding Fragmentation of Global Financial Governance* [J]. *Global Policy*, 2017.

[23] Camila Villard Duran. *Voice and Exit: How Emerging Powers are Promoting Institutional Changes in the International Monetary System* [J]. *Brazilian Journal of International Law*, 2018.

第四部分 重点市场

国际基础设施市场投融资模式创新研究
——基于“一带一路”视角

魏 巍

内容摘要：促进资金融通是实现“一带一路”倡议“五通”战略目标的重要支撑。然而，一直以来资金短缺受限都是“一带一路”沿线各个国家在基础设施投融资领域所面临的共同难题。投融资难易程度和其模式的可操作度直接决定“一带一路”基础设施工程的建设质量与效率。随着“一带一路”建设进入新的高质量发展阶段，对于中国数量不断增长的“走出去”企业来说，项目的垫资、前期投入、带资承包、依靠财政优惠补贴这些旧有的项目融资模式早已不能满足现如今发展和形势变化的要求。当前全球疫情并未好转，受逆全球化趋势加剧、国际局势依旧动荡、地缘政治不断恶化等外部因素的持续影响，资金来源及融资渠道难题愈发棘手，其甚至是决定“一带一路”建设中各国发展的最主要瓶颈。本研究试图梳理传统融资模型，并借助国内外实际项目经验对“一带一路”基础设施建设的投融资模式和方式方法尝试给出创新建议，从而更好地挖掘中国国有企业及民营资本以不同的方式在“一带一路”基建项目中获得增长，开拓更宽广的海外市场，利用广阔的投融资平台打破原有由政府层面主导发挥投融资作用的财政资金投融资模式，将市场化的多元投融资模式应用于“一带一路”沿线合作伙伴的共建项目当中，以不同的模式手段成功应对各类挑战，让各国的发展在“一带一路”倡议下转向新的轨道。

关 键 词：一带一路 基础设施 投融资模式创新 高质量发展

一、研究背景及意义

（一）研究背景

2020年突如其来的新冠肺炎疫情给“一带一路”建设带来不小的严峻挑战，这次全球性公共危机暴露出许多发展中国家，特别是与中国合作共建“一带一路”的伙伴国在商务运作及投融资方面的能力薄弱。“一带一路”倡议提出至今已有8年，期间大量的项目合作为沿线诸国带去了资源、技术，也为许多发展中国家培养了人才，增添了发展动力与繁荣活力。其中基础设施作为用于保证国家和地区社会经济活动正常运行的公共服务系统，项目数量和种类可谓是庞大、繁多。基础设施建设所能带来的“乘数效应”不但是带动经济快速增长的“源泉”“基石”，也是沿线诸多发展中国家和欠发达地区所迫切希望的现实需要。然而，基于各国自身单独的技术实力很难高效、迅速、系统地完成现代化所需的国民经济事业发展的基础设施建设，这就必须能在历史文化、战略目标、实力地位等方面出发，找到一位引领者，从全局角度着眼，连接如今点片孤立的区域经济，打造政治互信、经济融合、文化包容的利益共同体、命运共同体、责任共同体。这些现实需要促使中国在此历史节点以“一带一路”为倡议即为全球产业合作找寻新的出路，也恰好同时为自身的高质量发展与再腾飞找寻新的大门。

在“一带一路”倡议诞生之初，我国企业对外“走出去”战略的发展已经完成了从20世纪七八十年代的起步，到90年代至今的成长这几轮小周期，随着“一带一路”构想的出台，思维方式的转变和行动方案的调整让中国企业很快与之接轨，越来越多的项目实践及其成功经验可以证明优先发展以基础设施为“硬件”来驱动的“一带一路”经济走廊，在“路通”与“网通”的便利环境下发展才是一条更快更好的经济增长道路。但是，“一带一路”沿线各国经济状况现如今都不算丰盈，一些国家的主权债务甚至达不到安全区域，在周期长、资金需求量大、风险相对较高的基建领域如何挣脱原有国家主权债务及承包方大额垫资筹措资金的方式，去找寻新的出路，采用更加合理的融资安排使项目落地已成为新时期“一带一路”高质量发展所无法绕开的必选课题。

（二）现实意义

2021年博鳌亚洲论坛年会的主题为“世界大变局：共襄全球治理盛举，合奏‘一带一路’强音”。在这样一个特殊的时期，再次强调发展已有八载的“一带一路”倡议的现实意义，是对“一带一路”域内各国合作发展的积极期望，同时亦是坚信“一带一路”将促使区域国家按照此方式团结在一起共同发展，将会有更加美好的未来。“一带一路”的发展契合沿线各国的需求和利益。同时，推动共建“一带一路”高质量发展是十三届全国人大四次会议通过的《中华人民共和国国民经济和社会发展第十四个五年规划和2035年远景目标纲要》（以下简称《纲要》）中所提出的明确目标，是可以被用于实化量化“十四五”时期我国经济社会发展的主要目标和重大任务的重要抓手。变局下的新时代，完备、便捷、现代的基础设施是全球互联互通应对危机、发展经济的基础保障。基础设施是社会经济现代化的重要标志，“一带一路”沿线绝大部分国家还未完全进入工业化，基础设施作为能为其经济发展起到重要支撑的屏障更是量少数寡、尚不完备，其投资对于经济的带动作用明显，尤其在短期内能够起到扩大内需拉动经济增长之功效。随着中国经济进入增速放缓的新常态，国内基础设施扩大有效投资的边际效益已趋递减，对产业结构优化有限，同时还带来了一定的政府公共风险。此时，“一带一路”倡议的及时提出不仅有了清晰的国际逻辑而且也解决了中国国内所面临的经济增长困境。为应对逆全球化下中国所受到的一些西方大国对于我国科技打压和经贸围堵等诸多方面的不利影响，适应新时代国家长远发展需要，加快“一带一路”基础设施建设空间网络布局和重点部署将会是应对外部冲击的有效手段。

“一带一路”已被写进中国共产党党章和中国政府工作报告，成为国家经济发展的大政方针，形成新时代中国人民谋发展的共同意志。在被定调如此高地位中如何解决现阶段建设发展所需的资金难题是中国及“一带一路”沿线各参与政府、企业和金融机构都非常关心的话题。大部分现在所运用的投融资模式似乎还是在遵循原有欧美发达国家所创设出来规则范式，紧紧围绕“一带一路”倡议下的投融资活动进行丰富的理论研究将实用价值与附加的文化特色融入新的投融资中来提高融资效率才是关键。可以看出不同的发展阶段，对于项目建设的融资安排会根据发展需要有所变化，并且根据中国“走出去”企业在海外工程项目中的角色定位进行着不断调整，从原来的工程总承包转变为投资建设和营运管理；融资模式也从单一的政府财政资金为主导，演变为多元化投融资共建。解决好项目业主、承包方、金融机构和新参与主体在项目资金安排中的主、次顺序，以“宏观+微观”相结合的方式实现基础设施项目中投融资模式的创新不仅可以为“一带一路”中更多的项目提供理论依据，也对中国加强与各区域伙伴的经济合作起到了重要的现实意义。

二、“一带一路”基础设施投融资的现状分析

在推动中国制造业和金融机构“走出去”的道路上发挥金融引领作用、破解“一带一路”发展瓶颈、解决“一带一路”中项目投融资难题、寻求更多的发展和合作机会一直以来都是政府、企业、金融机构和私人投资者等各方主体的聚焦重点。“一带一路”经济走廊沿线国家众多，基础设施建设相对较不完善，加之各国国情和金融体系不尽相同，中国企业海外基础设施建设需要多种金融投资与融资模式的配合，由此在数年的发展中参与各方也在通过不同方式对项目建设中的投融资问题解决进行着不断探索。现如今的海外基础设施建设领域已经逐步成功引入各种在发展实践中所创新出的投融资模式，各国的基础设施建设投融资模式也从传统的工程总承包转变为投资建设和营运管理，比如最初的“现汇+工程分包”“垫资（EPC）工程总包”“工程总包带融资解决方案（EPC+F）”，到

后来引入私人部门的“建设-运营-移交（BOT）”和“公私合营（PPP）”等模式。目前，随着“一带一路”沿线伙伴的不断增多，其发展环境和投融资情形也在不断改变。对于“一带一路”背景下的资金融通宏观整体也已不再局限于承包商垫资、中资银行贷款、投资基金等传统方式，在多边金融合作和资本市场建设等方面也取得了显著进展。

（一）“一带一路”沿线国家发展环境与投融资情形

时至2021年，“一带一路”涉及国家和地区已不限于原先的六七十个，中国在不断扩大自己朋友圈的同时已与138个国家、31个国际组织签署了201份共建“一带一路”合作文件，各方面工作均取得积极进展。然而，各国在政治制度、经济社会体制和发展程度、法律体系和政策体系、文化和宗教等方面均存在显著差异，加之绝大部分“一带一路”沿线国家的透明度不足及语言多元的原因，外部资本在进入其国内基础设施领域时往往心存疑虑，要花大量的人、财、物力去了解东道国的投融资环境。即便聘请专业的大型国际第三方机构做了可研并对应有了充分准备，在进入后也难以避免水土不服的问题。由于多方面的差异，国家之间协调的难度很大，难以通过国家间的合作为外部资本的投资行为提供有效保障，产生问题后无论是通过政府关系或法律程序等手段去解决都是极为耗时耗力的，个别跨境基础设施项目历时数年仍没有得到有效协调。

1. “一带一路”覆盖的主要国家

根据中国商务部、国家统计局、国家外汇管理局历年的《中国对外直接投资统计公报》，纳入“一带一路”沿线国家与地区统计的国家共有63个（如表4-1-1所示），在和中国有投资贸易合作的全部国家与地区中，“一带一路”国家占比32.6%。根据相关资料，“一带一路”沿线国家从区域分布看，覆盖了东南亚、南亚、中亚、西亚、中东欧及北非等地区；从土地面积看，占全球面积的三分之一以上；从人口规模看，占全球人口总额的60%；从国民生产总值（GDP）看，占全球GDP的32%。

表4-1-1 "一带一路"沿线国家与地区分布

区域	国家
东南亚（11国）	印度尼西亚、缅甸、柬埔寨、老挝、泰国、越南、菲律宾、新加坡、东帝汶、文莱、马来西亚
南亚（7国）	阿富汗、孟加拉国、印度、巴基斯坦、斯里兰卡、尼泊尔、马尔代夫
中亚（5国）	哈萨克斯坦、吉尔吉斯斯坦、塔吉克斯坦、土库曼斯坦、乌兹别克斯坦
西亚北非（16国）	巴林、伊朗、伊拉克、以色列、约旦、科威特、黎巴嫩、阿曼、巴勒斯坦、卡塔尔、沙特阿拉伯、叙利亚、土耳其、阿联酋、也门、埃及
中东欧（23国）	阿尔巴尼亚、保加利亚、匈牙利、波兰、罗马尼亚、爱沙尼亚、拉脱维亚、立陶宛、格鲁吉亚、亚美尼亚、阿塞拜疆、白俄罗斯、摩尔多瓦、俄罗斯联邦、乌克兰、斯洛文尼亚、克罗地亚、捷克、斯洛伐克、前南马其顿、波黑、塞尔维亚、黑山
东亚（1国）	蒙古国

数据来源：《中国对外直接投资统计公报》。

2. "一带一路"沿线国家的经济发展概况

"一带一路"沿线国家地域广阔，主要集中于东南亚、南亚、中亚、西亚、中东欧及北非等地区，以发展中国家为主，经济发展基础薄弱，整体水平偏低。

根据世界银行的数据统计，2019年，沿线58个国家（叙利亚、伊朗、土库曼斯坦、也门和巴勒斯坦数据缺失）按现价美元计，GDP总量为142405.31亿美元，人均GDP不到世界平均水平的一半。但是，从变化趋看，2000年以来"一带一路"沿线国家经济总体呈现稳步增长态势，经济发展水平显著提升。与2000年相比，2019年沿线国家的GDP总量占世界的比重提升了13个百分点，从17%增长到30%。其中2012—2017年期间增长了3个百分点。同期，沿线国家人均GDP增长了2961美元，增幅达到132%，远远高于世界人均GDP同期增长30%的增幅。然而，从"一带一路"沿线国家经济发展情况看，这种增长态势主要是由印度等国家的经济高速增长带动的。

在“一带一路”沿线国家内部，由于历史基础、资源禀赋、制度环境和发展阶段等的差异，各国形成了不同的经济发展模式，在全球价值链中扮演着不同的角色，经济发展水平、发展活力和发展效率也呈现不同的特征。

上述内容参见表4-1-2所示。

表4-1-2 “一带一路”沿线国家收入情况

低收入国家	中低等收入国家	中高等收入国家	高收入国家
阿富汗、叙利亚、塔吉克斯坦、也门、尼泊尔	埃及、巴基斯坦、东帝汶、菲律宾、吉尔吉斯斯坦、柬埔寨、老挝、蒙古国、孟加拉国、缅甸、摩尔多瓦、斯里兰卡、乌克兰、乌兹别克斯坦、印度、印度尼西亚、越南、格鲁吉亚	阿尔巴尼亚、阿塞拜疆、白俄罗斯、保加利亚、波黑、俄罗斯、哈萨克斯坦、黑山、黎巴嫩、罗巴尼亚、马尔代夫、马来西亚、马其顿、塞尔维亚、泰国、土耳其、土库曼斯坦、亚美尼亚、伊拉克、伊朗、约旦	阿联酋、阿曼、爱沙尼亚、巴林、卡塔尔、科威特、克罗地亚、拉脱维亚、立陶宛、沙特阿拉伯、斯洛伐克、斯洛文尼亚、新加坡、匈牙利、波兰、捷克、文莱、以色列

数据来源：作者根据相关网络资料整理。

（二）“一带一路”基础设施建设融资需求的特点

基础设施互联互通是“一带一路”建设中的优先领域和基础环节，着力于沿线国家基础设施的建设与完善，是推动区域贸易便利化、建设高标准自由贸易网络的重要依托。随着“一带一路”倡议的深入推进，跨境金融体系的逐步完善，基础设施投融资规模不断增大，各成员国基础设施功能日益丰富和完善。据亚投行官方数据，亚投行已涵盖 103 个成员国，并批准了 26 个经济体共计 90 个贷款或投资项目，涉及交通、能源、卫生、医疗、环境保护、信息网络等关键基础性行业，总额近 200 亿美元。丝路基金通过股权、债权等方式多元化融资，已完成 34 个项目签约，承诺投资金额约 123 亿美元。沿线国家经济发展和居民生活质量得到改善，整个区域实现了经济效益、社会效益和环境效益的统一。对我国而言，正处在经济转型的关键时期，外部环境趋紧，经济增长趋缓，通过与沿线国家开展基础设施投融资合作，有利于逐步形成以国内大循环为主体、国内国际双循环相互促进的新发展格局，推动我国实施更深层次、更高水平的对外开放，促进沿线各国共同繁荣。

在基础设施领域，即便中国企业有着数十年的海外实践经验，但回归这些问题本身与基础设施项目固有的投资规模大、回报周期长等问题叠加，进一步提升了吸引市场资金进入的难度，融资渠道的狭窄也限制了投融资模式的创新发展。在“中高端市场”，这些问题会随着基建设施和社会制度等的不断完善得到缓解，有利于给外部参与者创造正向的反馈，而在经济不发达、政治不稳定、法制不健全的国家和地区，其潜规则愈加严重、保护主义迫使外资撤离、营商环境恶化和投融资限制表现得尤为明显。

1. 投融资需求普遍，资金需要量大

“一带一路”区域范围跨度大，涉及的国家、地区较多，所涉及的社会、自然环境复杂，这必然会造成基础设施的资本投入要求较高，融资需求量大。据亚洲开发银行估算，截至2020年，“一带一路”范围内仅亚洲区域国家每年至少需要约7300亿美元的资金用于基础设施的投资建设，这一融资需求从数量上看十分巨大。

2. 投资回收期长，收益风险较大

由于基础设施建设周期长，且往往需要成套基础设施整体建成后才能进入使用状态，因此，对基础设施的投资往往在短期内无法收回成本和利润，投资回收期长。同时基础设施具有很强的外部性，基础设施经营的利润并非直接返还到投资者手中，而是通过各种直接或间接途径回馈到了整个社会，其产生的社会经济利益高于其他产业部门，而资金收益率却低于其他产业部门，这无形中加大了投资回收的难度，延展了回收期。此外，区域内部分地区政府主权不统一、社会不稳定，加大了基础设施收益的不确定性。

3. 涉及范围较广，涵盖币种多元

“一带一路”区域范围跨度大，涉及 67 个国家，现如今甚至更多，同时区域内币种不统一。虽然目前区域内多采用美元结算，但美元外汇储备的压力攀升及两端不同货币结算程序相对复杂，在一场主导全球性合作的“一带一路”基础设施融资过程中，必然会面临多国和多币种合作的问题。

4. 多数项目融资需求迫切且长期持续

“一带一路”基础设施建设是其发展的前提条件，而区域范围内所需基础设施建设规模大且要求迫切，因此，“一带一路”基础设施建设融资需求具有很强的迫切性；在未来5到10年中，基础设施会进一步建立与迭代，其融资需求也并非一次性的，而是持续性的需求。

（三）“一带一路”基础设施融资渠道

目前来看，站在理论与实际相结合的角度出发，“一带一路”基础设施项目主要的融资渠道来自于公共部门和私人部门两种。

1. 公共部门

主要包括政府、公共企业、非营利组织和国际组织。基础设施建设最稳定的融资渠道便是公共部门的投资。具体到“一带一路”范围内而言，这些公共部门主要由各国政府、国有企业和提供公共服务的非国有企业、亚洲开发银行等国际组织构成。同时，公共部门对基础设施的投资也是目前“一带一路”区域范围内占基础设施融资比重最大的渠道，这一渠道主要具有效率高、执行力强、投资规模大、投资期长、开发性和战略性显著，以及更加追求外部效应而非自身的盈利性的特点。

2. 私人部门

主要是指私人（如个人、家庭）所拥有的企事业单位。私人部门拥有资本充足、投资潜力大和逐利性的特点。由于私人部门逐利性的特点，其在基础设施建设投资方面起步较晚，经历了由少到多的过程。具体到“一带一路”，私人部门目前还不是最主要的基础设施建设融资渠道，只能说起到一定的辅助作用。

在中国企业“走出去”发展的实践经验中，区域内其他国家在进行“一带一路”基础设施项目建设时的融资渠道也多有类似，一些国家表现出了融资对外资，尤其是中国资金的极度依赖特征。

（四）“一带一路”基建项目现有融资模式

现阶段“一带一路”基础设施投融资模式不断丰富且来源较为广泛，主要方式可以归纳为有六类：开发性金融机构、债券融资、商业银行信贷、PPP模式、各国主权基金和跨国机构投资者。但从过往中国企业对外承包的海外项目经验总体来看，中国对外承包工程企业的海外项目融资主要来自国内机构，并且以债权融资为主，但伴随着“一带一路”建设的不断走深走实，中国不仅在对外承包工程实施方式上积极创新，形成“工程承包+融资”“工程承包+融资+运营”“建设–移交–运营”“公私合营”等多种合作方式，同时，国际间金融合作方式也发展得更加多样化。国内出海企业在对外合作领域从最初仅限于工程分包、设备出口，现在已发展到“设计–采购”“设计–采购–建设”“独立项目总包”“建设–运营–移交”“建设–拥有–运营”“公私合营”“并购”“融资租赁”等多种产能合作形式，合作效率得到了显著提高。其实，不同基建根据自身水、电、路、桥等行业特点在实际操作中有着不同的流程手段，但最为通用主流的项目投融资模式都是经过反复检验并可以复制的几类而已。

1. 利用开发性金融获取投融资模式

鉴于跨境基础设施建设投资大、周期长等固有特点，尤其像能源类等大型项目，商业资金鲜少涉足，因此建立以政府投资为主导的开发性金融机构迫在眉睫。党的第十八届三中全会上提出“建立以服务国家发展战略为宗旨的开发性金融机构 ”的号召，将国家信用与市场化运作相结合，以中长期投融资为手段，升级传统政策性银行效能，从而形成一种成本较低的金融新形态。在“一带一路”建设推进进程中为了使中国企业在海外获得更多基础设施投资机会， 我国政府于2015年发起建立亚洲基础设施投资银行，并协同多国建立金砖国家开发银行，为周边区域国家基础设施融资提供有效渠道。丝路基金的创立也是我国政府在“一带一路”倡议下的又一重要举措。与此同时，我国政府再次注资国家开发银行和中国进出口银行，为境外多项设施建设提供融资支持。

2. 债券融资

债券发行是通用的融资方式之一，面对“一带一路”巨大的项目融资需求，债券融资作为直接融资的重要手段，在投融资领域正在发挥越来越重要的作用。而且债券市场参与主体多元化、定价机制市场化、信息披露透明化等特点契合了“一带一路”投融资对以企业为主体、市场化运作的倡议，有利于保证投融资的可持续性。借助离岸平台进行海外发展是“一带一路”基础项目实施中诸多企业的方式选择，更有通过在东道国发行固定收益的债券来为企业赢得更多资本关注的项目做法。通过债券的形式融资极大地考验企业的实力，企业在项目初期是否有能力找到合适的切入点进入资本市场并得到认可这都是需要前期耗费大量精力投入运作的。另外，目前中国在推进“一带一路”债券市场建设中，已经取得了阶段性的进展，主要集中在试点“一带一路”债券、通过境内外债券市场拓展“一带一路”项目资金，以及“一带一路”债券市场机制建设等方面。

3. 商业银行信贷——利用授信、增信获取资金

商业银行信贷是最为普遍常见的资金获取方式，也是国内银行最为主流和擅长的业务之一。在海外“一带一路”建设当中经过几十年的发展和积累，国内的金融机构在全球的业务开展和全球网点的排布逐渐完善，与国际金融机构间的合作也在不断加强，国内的银行、保险等机构也都加入了各类国际间的金融组织和协会，建立了联系机制，提供了资金跨行，跨国流动的平台，国内大部分企业在“走出去”的过程中都有利于国内母公司或集团公司与中国的银行、保险机构进行沟通，申请更多的全球授信额度，并获取跨行、跨国境的资金支持。同时，在这一过程中，还能由国内的银行或其他咨询机构提供企业资产证明、还款能力调查及保函业务办理等其他金融服务的融资帮助。

4. 公私合作制（PPP）模式

PPP模式是指政府与私人组织之间形成的一种合作关系，合作建设基础设施

项目或其他公共服务设施等，通过签署合同来明确双方的权利和义务，利用合作保证达到比预期单独行动更有利的结果，即“1+1>2”。该模式是为弥补 BOT（特许权）模式的不足而发展起来，一般形式为：政府部门与项目中标单位组成的特殊目的公司（SPV）签订特许合同，由 SPV 负责筹资、建设及经营，其从基础设施中所获得的收益用来偿还贷款、债券等融资工具的利息，并向 SPV 的股东或合伙人分红。PPP 融资模式有以下几个特点：是一种新型融资模式，以项目为主体，根据项目预期收益和政府扶持力度安排融资；风险分配合理，在项目初期就可实现风险分配，且政府分担部分风险，从而降低了融资难度，提高了融资成功的可能性；一定程度上使民营资本得到相应的补偿；有利于减轻财政负担，转变了政府在基建中扮演的角色。

5. 主权财富基金

主权财富基金，是由一个国家或地区政府设立的官方投资基金。根据美国主权财富基金研究所（SWFI）的资料，全球各类主权财富基金所管理的资产共计超过10万亿美元，其中可以利用进行基础设施项目建设的资金巨大。主权财富基金通常更加注重回报而非流动性，因此，较传统外汇储备具有较高的风险承受能力，作为持有者投向基础设施建设的重要资金融通渠道可谓是非常合适。

6. 跨国机构投资者

跨国机构投资者群体相对广泛，包括保险公司、养老基金、专门从事基础设施投资的投资基金等。这些机构投资者多数是基础设施项目的财务投资者，主要寻求通过早期参与项目，实现资金的合理回报，通常不参与项目的运营。一般情况下，项目的回报预期越好，越容易得到跨国机构投资者的青睐。

三、“一带一路”基础设施投融资实践中的问题和挑战

随着“一带一路”建设的推进，基础设施建设的投融资方式在实践中不断创新和发展，为“一带一路”基础设施建设提供了必需的资金支持。但“一带一

路”基础设施建设投融资体系仍然存在一些问题，成为基础设施建设项目在沿线国家顺利开展的瓶颈。目前，就我国而言，对“一带一路”基础设施建设有相当大的支持和投入，这仍然无法避免“走出去”企业在不同国别开展项目时所面临的融资困境。

（一）沿线国家多数债务负担沉重，建设资金融资成本偏高

“一带一路”倡议可以为伙伴国提供其急需的基础设施融资，但这些以基础设施建设为核心的投资也可能导致债务负担加剧。“一带一路”沿线国家的债务风险已经是“一带一路”建设中面临的重要挑战之一。财政部发布的《“一带一路”债务可持续性分析框架》表明中国在“一带一路”建设中有着巨大的潜在债务风险。近些年的项目实践中越来越强调的债务可持续性，既是参与者对该问题的重视也预示着此风险的确实存在。作为一项以基础设施建设为核心内容的国际合作倡议，“一带一路”具有建设周期长的特点，在此过程中发展中国家出现债务偿还风险也并非不可能。中国作为沿线国家的重要融资方，本身也被一些国际舆论警示有可能出现债务风险，中国企业在海外建设中可能引发债务问题也时刻给企业经营带来压力。“一带一路”沿线的不少国家曾因债务问题陷入“失落的数年”，导致发展中国家对债务问题十分敏感，而中国在参与这些国家的新一轮合作建设中面对旧有的一些债务难题是不可避免的。

同时，我国“走出去”企业的融资大多以银行贷款等间接融资为主。由于绝大部分银行授信准入门槛过高，企业存在抵押物不足、法人治理结构不合理、财务管理制度不健全等问题，难以达到银行授信准入要求。而金融机构信贷融资较为重视企业信用，多倾向于大型企业，思想固化严重，扭转较难。而我国某些企业在外信誉不高，其在银行的信用评级较低，严重影响企业融资保证能力。另外，由于银行等金融机构风险控制的需要，大多信贷审批较为严格且信贷审批流程较长，融资时间成本过高。

（二）资金需求量不断增大，境外融资平台跟随服务欠缺

从总量上来看，基础设施建设融资需求满足的难度较大。也可以说，与巨大的基础设施建设需求相对应的是巨大的资金缺口。据亚洲开发银行评估，过去十多年里，仅亚洲各国基础设施建设的资金需求规模就高达约7760亿美元，其中内部基础设施建设的资金需求约7470亿美元、区域性基础设施建设的资金需求约2800亿美元。为加快实现“一带一路”建设目标并顺应其高质量发展，在未来5到10年，投入基础设施的资金不仅要满足沿线落后国家的新增基础设施的建设，同时也要满足沿线部分相对较为发达的国家和地区的基础设施更新。

此外，“一带一路”沿线国家大多都经济发展水平落后，金融市场发展水平不高。沿线地区金融机构的国际化水平不高，对外开放程度不高。我国银行在海外设立分支机构的数量很少，而且集中在经济发达地区，这使得海外企业的融资成本高，融资合作困难，无法满足企业对海外资金的需求。同时，海外金融发展市场的不发达，导致我国走出去的企业借助多层次资本市场的融资渠道不畅，走出去企业直接融资受阻。

（三）基建项目盈利性差，民营企业融资能力有限且参与不足

“一带一路”基础设施建设能否真正吸引私人资本、实现可持续性，根本上取决于项目的盈利能力和对预期收益的评估。基础设施建设属于公共品领域，大部分基础设施建设的投资回报率低、投资期限长，成为阻碍私人资本进入基础设施建设项目的根本原因。同时，在“一带一路”基础设施投资中，还不乏一些企业为了中标而进行低价恶性竞争，使项目的盈利空间进一步缩小。例如中国企业之间以及中国企业与日本企业间的恶性竞争，吞噬了中国在泰国、印尼和印度铁路项目的发展前景。除此之外，基础设施建设投融资还应考虑完工后的运营和维护问题。由于基础设施投资成本高、回收时间长，所在国的财政金融风险和政治风险都将对项目盈利预期产生重要的影响。同时，通过对走出去企业统计分析，

民营企业、中小企业占比较高。资本市场向来对中小企业歧视严重。我国民营和中小企业经营管理水平有限，部分民营和中小企业存在管理不规范、财务不透明、信息不对称、产业链条短、产品附加值低等问题，致使金融机构对民营和中小企业贷前调查评价时，应用有限经济数据评价其偿债能力存在困难。由于民营及中小企业先天存在各种问题，即使获得贷款也多从中小金融机构和地方法人金融机构获得，融资期限相对较短，融资成本相对较高，经营利润逐年收窄，致使民营和中小企业很难持续健康经营，基础实力弱。

（四）投融资机制管理经验缺乏，企业境外信息不对称

“一带一路”基础设施项目如何开展可行性研究和评估、融资贷款如何科学评估、如何防止不可行的项目投产、防止沿线国家贷款额度超限等问题是提高投融资质量，进而提高“一带一路”项目整体建设质量的关键。在此方面，我国与发达国家已有的国际经验相比仍存在差距，经验不足致使企业在参与项目过程中很难降低投融资风险，进而无法通过一系列有效手段来提高“一带一路”项目的投融资质量。虽然我国企业走出去已有三四十年的时间，但是对比欧美发达国家的数百年跨国企业来说，海外工程承包及投融资的经验仍旧欠缺，工程技术水平和投融资能力不同步的现实情况确实存在。另外，在异域他国开展业务，中国企业获取信息的渠道狭小，且信息获取成本较高，质效满意度差。由于信息量少且质量低，企业无法真正认识到境外发展所需面对的市场环境，这就影响企业对自身的整体实力与发展潜力的认知，无法真正制定清晰的企业发展战略和境外融资方案，进而选择有吸引力的融资项目，增强境外投资者信心。此外，因为无法充分了解东道国的融资需求和相关政策、法律，评估投资环境，企业作出的决策不能保障是对自身有利甚至是正确的，从而阻碍企业融资风险管理能力的提升。

四、“一带一路”投融资模式创新政策建议

我国资本在“一带一路”资金融通中占据很大比例，且“一带一路”倡议由中国首先发起，但因此则要求由中国提供所有需求融资的情况是不现实的。“一带一路”倡议作为全球公共产品平台，并不应该让中资成为平台上的独角戏，而是要带动其他国家的金融机构共同参与进来，一起进行融资“大合唱”，即提出切实可行的、抗多方风险的新融资模式。

（一）对接国际资本和全球性投融资平台，内外同时发力探索境外融资的有效手段

“十四五”期间，要遵循国际惯例和债务可持续原则，健全多元化投融资体系的要求，进一步建设与国际资本市场有机接轨的投融资平台。同时，通过发挥自贸试验区、国家级开发区、综合保税区等既有平台作用，做好资源整合，为战略对接提供依托载体。除此以外，企业作为“海外战场”的主力要从内部和外部两个方面着手探索和解决境外融资难题，用更加有效的手段推动“一带一路”基础设施建设项目的投融资业务高质量发展。

一是针对企业境外发展直接面对激烈国际市场竞争的实际，应充分认识企业的整体实力与发展潜力是获得国际融资的基础，认真制订清晰的企业发展战略和境外融资方案，选择有吸引力的融资项目，增强境外投资者信心。同时着力提高境外融资技能，整合企业内部融资机制和工作团队，寻找境外专业融资平台、机构和专家的帮助，改善提升与国际投资者的沟通能力，充分了解东道国的融资需求和相关政策、法律，评估投资环境，作出最有利于企业自身的决策，并提高融资风险管理能力。

二是针对企业境外融资平台少、渠道窄的问题，在“走出去”企业圈内成立合作联盟并发挥好行业协会作用，推进中国国企与民企互帮互助，在海外市场能

够一同“走出去，走进去，走上去”。优势企业要引导其他企业树立国际化融资理念，学习、领会和掌握美、英、德、日等发达国家国际化融资的成功做法和经验，可以采取“师傅带徒弟一对一”的合作模式，适当适时采取“拿来主义”，包括师资聘请、教材汉化、情景教学、案例教学模式等，并结合我国“走出去”企业特点，创新课程设计和教材编写，真正设计和编辑出一套适合、实用、系统的国企与民企融资的教材并有针对性地组织教育培训。

（二）发挥私人部分主观能动性，充分拓展公私合营机制

“一带一路”倡议是一项长期的，宏大的倡议，与之有关的国家和地区单纯依靠本国政府自有资金或银行常规的融资模式开展投资建设是捉襟见肘的。通过撬动私人资本，可以部分缓解基础设施项目投资难以满足的现状。为避免沿线国家对我国官方资本输出的担忧和滥用，应鼓励和支持私营资本参与融资。一要加强公私合营的项目融资模式（PPP模式）。加快健全相关法律法规体系，尽快出台涵盖适用范围、设立程序、招投标流程等内容的PPP模式管理条例。加大企业参与跨境PPP项目的税收和金融支持力度，落实相关优惠条件和服务出口税收优惠政策，贯彻有关双/多边税收协定，以避免重复征税。二要加强私营金融机构在“一带一路”金融合作框架中的作用。要鼓励国有金融机构以更加开放的态度建立与私营金融机构的合作关系，包括与私营投资机构共建私募股权基金开展投资活动，向私营商业银行授予一定信贷额度以鼓励其向外贷款，为私营金融机构提供担保以支持其参与更多的投融资活动等。同时，在高质量发展的新阶段，如何激励和激发民营企业、私人部门等力量参与“一带一路”建设项目，是促进“一带一路”走深走实，实现关键发展的重点工作之一。

（三）构建多元化融资渠道，充分利用创新型金融模式

“一带一路”建设涉及大量基础设施建设和产业合作，资金需求量巨大，单靠政府难以提供足够的资金，必须动员市场的力量。同时，所需资金单个国家也

难以负担，必须动员沿线国家的力量。充分调动各方资源，有效利用全球资金，是“一带一路”建设共商、共建、共享理念的应有之义。并且随着金融市场的发展，创新性金融工具不断产生，这些金融工具可以隔离风险、提供资本、分期偿还，这些创新性金融工具的合理、充分的应用对“一带一路”区域内基础设施建设融资需求的满足有很大的帮助。

1. 借助“资产证券（ABS）”拓宽融资渠道

在基础设施建设引入资产支持证券的过程中，债务人便是基础设施建设方（如政府等），而原始权益人便是为基础设施建设方提供基础设施开发贷款的银行等金融机构，用于资产证券化的目标资产便是基础设施开发贷款。在组建特殊目的载体后，原始权益人（银行等金融机构）将基础设施开发贷款出售给特殊目的公司，特殊目的公司将不同信用级别的资产打包，组成资产池。特殊目的公司即以此资产池中的资产发行证券。在发行过程中，可以由担保公司等进行相应的第三方担保，并由评级机构进行评级，以达到增信的目的。最后，特殊目的公司所发行的资产支持证券由投资者购买，由该基础设施开发贷款产生的现金流进行还本付息。

在“一带一路”范围内，很多国家、地区自身信用水平较低，其内部的企业等进行融资时，往往会遇到没有投资意愿较强的投资者、融资成本过高、融资时所能融到的资金远小于其初始确定的融资金额等问题。此时 ABS 便能够有效帮助这些国家或地区的融资方。通过资产支持证券，区域内发展水平较落后、政局不稳的国家及地区可以有效隔离其风险，以达到融资的目的。通过资产支持证券，一方面，社会的小额闲散资金得到了投资于基础设施建设运营的机会，区域内的基础设施建设也得到了运用社会闲散资金来充分融资的机会，区域内基础设施建设融资需求难以满足的问题得到了有效缓解；另一方面，借助专业的证券承销商、担保公司等，基础设施建设开发者也得到了在高于其信用等级的平台上进行融资的机会。此外，对于风险的隔离提高了区域内基础设施融资后所产生的现金流的安全性，降低了风险，增强了对私人资本的吸引力。

2. 扩大“融资租赁”的使用范围

“一带一路”区域内的基础设施建设应用融资租赁是指将融资租赁应用于区域范围内基础设施建设项目本身和其所涉及的设备等。就可行性而言，融资租赁适用于区域范围内私人产品性质的基础设施建设中能够在财务上独立核算，并能够独立地发挥效益的项目，一般要求项目中的固定资产占整个账面的比重较高，且固定资产寿命长、维护维修费用较低。融资租赁应用于“一带一路”基础设施建设，对于解决融资需求难以解决的问题有很大帮助。首先，基础设施建设过程中，主要固定资产以融资租赁的方式取得，通过定期支付租金取得了现行状态下无法获取的成本较高的机械设备等，而不必自行购买，进而也就不必占用大量的资本，并且通过施工、收益、还款的链接，在最终保留机械设备的情况下，提高了区域内基础设施建设企业的资金利用效率，也对项目进行了动态管理。其次，融资租赁投入的是设备而非资金，在“一带一路”这种涉及多个经济发展水平、政治环境不一的国家和地区的区域内，可减少投资资本在中途的流失。再次，将公共部门，尤其是政府的资本投入与融资租赁结合起来，可放大政府的投资规模，将资本应用于更关键的领域，降低了基础设施建设项目的融资成本。最后，租赁标的物的所有权在最终发生转移前由出租方控制，一旦出现问题，可以对标的物采取转移租赁、变卖等方式，与传统的贷款等融资方式相比，项目风险得到了更有效的控制，提高了区域内基础设施融资的吸引力。

3. 挖掘“信托”在基建中的融资作用

在“一带一路”区域范围内扩大应用信托产品对于基础设施建设融资需求的满足帮助巨大。首先，与传统的融资模式相比，信托产品准入门槛低，有些地方还会有政策帮助（如我国），这可以帮助区域内基础设施建设进行最大限度的融资。与其他几种筹资模式相比，城市基础设施通过信托方式筹集资金有地方政府提供政策照顾的优势。地方政府会根据项目所需资金总额的一定比例提供项目补贴，同时还会在一定程度上对信托融资项目进行税收减免，这使得城市基础设施项目的融资压力可以通过政府政策的支持得到缓解。其次，风险小、速度快、收益高、来源广的特性，一方面降低了区域内基础设施建设的原有风险，提高了吸引力，有利于区域内基础设施融资更好地引进私人资本，有利于扩大其融资来源，也有利于节约时间成本，快速通过融资进入项目建设期；另一方面，风险小、收益高也能够为投资者提供投资机会。再次，信托产品目前已有广泛的应用，很多地方法律法规及安全且信托资深的结构也已日臻完善，这使得信托能够在区域范围内快速扩大其在基础设施建设融资方面的应用，并且相对安全高效。成熟的模式保证区域范围内的快速发展和一些纠纷等的处理。最后，信托产品虽然为非标准化产品，但其操作模式已经逐步标准化，中介机构等参与者已经具有一定专业性。

4. 有效发挥“开发性金融”的支撑作用

开发性金融是对政策性金融的深化和发展。它以实现政府发展目标、弥补体制落后和市场失灵为主要目标，比较典型的有世界银行、亚洲开发银行。充分利用已存在的国际组织的同时，推动开发性金融模式的建立对解决“一带一路”基础设施建设融资需求难以满足有很大的帮助。首先，开展区域内不同项目的专项研究。整个“一带一路”的基础设施建设要有重心、有重点，分阶段分步骤地进行基础设施建设。其次，分阶段推动区域内不同国家的发展，开展国别规划合作。通过以点带线、以线带面展开，这是在开展国别规划合作中非常重要的核心。在进行基础设施融资时，也要分阶段推动这些国家的融资工作，公共部门（诸如亚洲开发银行）的投资也要首先推动重点国家，有步骤有次序地进行基础设施资本投放。再者，建立“一带一路”基础设施项目库。在区域内建立基础设施项目库，对项目库中的项目采取有针对性的研究，根据“一带一路”区域的发展，成批量地匹配项目，然后进行投融资、开发。对于开发性金融机构，投资于成批量的基础设施可以充分分散风险，保证投资收益；对于基础设施融资方，可以大规模进行基础设施建设融资，保障一些未来现金流很少的项目的融资，提高融资效率，同时也可以降低融资成本。最后，充分利用开发性金融机构的综合优势。开发性金融机构对政策的解读更为深入，对“一带一路”区域内的基础设施建设更为了解。在结合项目和政策的基础上，开发性金融机构可设立诸如技术援助贷款资金池等专项资金池，进而通过金融工具投向基础设施建设项目，推动解决融资问题。

5. 扩大人民币的境外使用，持续推进人民币的国际化进程

目前，“一带一路”区域内国家、地区之间的资金往来都以美元结算，这样在资金流动上会产生汇率流失的风险。在区域内基础设施建设融资上，资金流动规模大，再加上区域内基础设施建设项目多，资金往来频繁，汇率流失风险就会造成很大的融资资金损失，形成了融资资本充分、高效运用的障碍。人民币是世界第五大支付货币，同时中国也是“一带一路”区域范围内最主要的国家之一，也是亚投行“牵头人”、第一大股东，人民币具备在区域范围内大规模使用的条件。在“一带一路”区域范围内推广人民币，推动人民币国际化，一方面，能够降低汇率流失风险，提高基础设施融资效率和充分性；另一方面可以以人民币国际化为契机，加强“一带一路”区域范围内国家的团结，推动“一带一路”的整体发展。

人民币国际化是一个长期的目标，市场力量将会在这一过程中继续发挥决定性作用。人民币国际化的模式和推进，应尽可能地由市场决定，而非人为设计，政策层面宜着眼于“铺路”。对人民币国际化应持积极态度，在可能的范围内为人民币国际化提供方便。但过分强调“机遇期”，容易给人造成只要机会和条件成熟，人民币国际化即便不是一蹴而就、也是在短期内能完成的错觉。

五、总结

中国作为全世界最大的发展中国家，在自身的发展实践中克服了基础差、领域广、资金缺口大等多方制约因素，改革开放四十余载在基础设施建设领域创造了世界瞩目的优异成绩，但在“一带一路”建设中，中国作为倡导者和参与者单方面无法掌控全局，这条共同发展的道路需要沿线各国一同参与、努力争取合作发展的目标，中国可以与各国分享成功经验、由各国借鉴。在吸取原有模式精髓

的同时，如能创造出更多有效的资金解决方式和多样的投融资模式运用到“一带一路”建设中去，将为中国“走出去”企业的发展和各国基础设施的建设提供崭新思路，解决关键问题，极大推动“一带一路”基础设施建设发展。

总体而言，基础设施建设投融资模式并不存在一个放之四海而皆准的统一模式，各区域、各国家甚至各国的不同省份地区，都具有千差万别的实际情况，需要因地制宜、与时俱进的资金支持方式。具体而言，“一带一路”中一些一直重视基础设施建设的发展中国家和绝大多数发达国家，基础较好，市场化条件更好，适合市场主导、政府管理、国际合作锦上添花的融资模式；而对于那些一直缺乏建设资金的发展中国家来说，其基础薄弱、市场化条件尚未建立，则更需要通过国际资金、技术援助及其他形式的合作，助以构建市场化条件，进而完善基础设施建设走向市场化的基础和条件。在“一带一路”基础设施建设这一宏伟工程中，区域经济合作是遏制“水桶效应”至关重要的一环，各国需要统一认识，促进市场相互开放、政策相互协调，推动资源、资金、人员往来，共同探讨符合各自实际情况的融资模式。

参考文献

［1］ 赵锡军."一带一路"上的融资风险与应对思路［J］. 金融市场研究，2019（07）:19-32.

［2］ 胡海峰，窦斌."一带一路"基础设施投融资规则的探索与设计［J］. 人文杂志，2020（10）:30-39.

［3］ 姚智美，姜钰羡，肖翔."一带一路"项目融资现状与融资模式探析——以交通基础设施为例［J］. 北方经贸，2019（04）:35-38.

［4］ 吕星嬴，周建，凌雁."一带一路"背景下中国海外基础设施建设投融资模式探究［J］. 现代管理科学，2017（07）:21-23.

［5］ 袁佳."一带一路"基础设施资金需求与投融资模式探究［J］. 国际贸易，2016（05）:52-5.

［6］ 李建华. 我国城市基础设施投融资研究文献综述［J］. 技术经济与管理究，2015（09）.

［7］ 熊翔. 浅议新时代基础设施建设投融资模式的困境与应对［J］. 长江技术经济，2020，4（S2）.

［8］ 赵佃龙. 提升融资创新能力 推动国际工程承包高质量发展［J］. 国际工程与劳务，2020（04）.

［9］ 知网编辑部. 国企正成为"一带一路"建设主力军［J］. 大陆桥视野，2015（06）:11.

［10］ 赵锡军."一带一路"融资风险及应对［J］. 全球商业经典，2019（08）:54-61.

［11］ 胡洁. 疫情下"一带一路"基础设施投融资新风险及防范［J］. 银行家，2020（11）:66-69.

［12］ 孙若翰. 我国企业参与"一带一路"：风险与应对［D］. 北京：外交学院博士论文，2020.

［13］ 赵梦莹."一带一路"沿线境外经贸合作区运营风险及其应对策略研究［D］. 南昌：江西财经大学博士论文，2020.

［14］ 代晓雅. 国有企业融资工具创新分析［J］. 财经界，2020（23）:83-84.

［15］ 孟华强，刘振宇."非债务一揽子"项目合作：基础设施投融资模式创新［J］. 国际经济合作，2020（05）:135-149.

［16］ Schaufelberger JE，Wipadapisut M.*Alternate financing strategies for BOT projects*［J］.*Journal of Construction Engineering and Management*，2001.

［17］ Weidong Liu,Yajing Zhang,and Wei Xiong. *Financing the Belt and Road Initiative*［J］. *Eurasian Geography and Economics*,2020.Forthcoming.

［18］ Nevit,P.K.,*Project Financing* ［M］,*Sixth Edition, Euro money Publications PLC*,1995

［19］ Samuelson,P.A.,*Pure Theory of Public Expenditure* ［J］, *Review of Economics and Statistics*,1954,36:387–389

［20］ Anthony,B.,Atkinson,J.,Stigliz.E.,*Lectures on Public Economics* ［M］,McGrow–Hill Book Company, NewYork,1980

我国征收房产税对房地产市场的影响

荣 晨

内容摘要： 我国房地产税收从建立、合并、调整到重构与优化，总体经历了房产税作为独立税种开始征收、房地产税实施对内对外两套税制、房地产税收体系的初步建立、物业税转向房地产税、房地产税立法进入准备期五个阶段。根据典型国家或地区的经验，征收房产税短期见效慢，长期降低了房价波动，抑制了价格上涨动能；投机成分越重，税收带来的影响越大；经济持续下行背景下会加速地产泡沫的破裂。根据我国国情以及试点情况，经过五种情景下的测算，全面征收房产税对个体持有住房的影响是，刚需基本不受影响，“刚改”受到的影响有限。

我国房地产税收体系亟待完善。从房地产经营活动的三个环节看，税负主要集中于交易环节，而对保有环节所征收的税种较少，目前只有房产税和城镇土地使用税，这其中，房产税仅针对经营性房产进行计征。因此，当前我国房地产税收体系缺少对个人住房征税这一环节，导致房产持有成本低，房地产过度开发和投资投机现象难以抑制。房地产税收体系的不完善，使得其对市场调节的作用极其有限。

一、我国房地产税的历史沿革

新中国成立以来，我国房地产税收历经从建立、合并、调整到重构与优化，以完善房地产税收体系，合理引导房地产市场健康发展。

（一）1949—1983年：房产税作为独立税种开始征收

新中国成立后，旧中国税制被全面废止。为统一税制，1950年1月，中央政府政务院颁布《全国税政实施要则》和《关于统一全国税收政策的决定》，在全国统一设立包括房产税和地产税在内的14个税种，初步建立了我国税收体系。房产税作为我国开征的一个独立税种登上历史舞台。同年6月，政务院将地产税、房产税合二为一为城市房地产税。1951年8月，《城市房地产税暂行条例》出台，规定房产与地产仍然分别计征，但对房价、地价不易划分的城市合并征收房地产税。1973年，我国开始简并税制。一方面，将国营企业和集体企业缴纳的城市房地产税并入工商税；另一方面，对个人和非公有制企业继续征收城市房地产税。公私分明的房地产税制初步形成。

（二）1984—1991年：房地产税实施对内、对外两套税制

在改革开放的背景下，国务院决定从1984年10月起，在全国实施第二步“利改税”和工商税制改革，对国营企业恢复征收房地产税。同时，重新划分为房产税和城镇土地使用税。1986年和1988年，政府先后出台《中华人民共和国房产税暂行条例》《中华人民共和国城镇土地使用税暂行条例》，开始对企业房产和居民出租房征收房产税，将非营业性个人用房纳入免税范围，目前我国仍然按照这一条例征收房产税。此外，城市房地产税仍作保留，仅对在中国有房产的外商投资企业、外国企业及个人、港澳台同胞和华侨征收。

（三）1992—2002年：房地产税收体系的初步建立

20世纪90年代初，中共第十四次全国代表大会确立建立社会主义市场经济体制，经济发展方式的转变和当时房地产税制的矛盾日渐凸显。1994年分税制改革后，房地产业务所涉及的相关税种增多，我国初步建立了多税种、多环节、多层次的房地产税收体系。

（四）2003—2012年：物业税转向房地产税

物业税“空转”。2003年，中央首次提出对自住房进行征税，《中共中央关于完善社会主义市场经济体制若干问题的决定》提出“条件具备时对不动产开征统一规范的物业税”。2003年开始，全国先后分3批在北京、辽宁、江苏、深圳、重庆、宁夏、福建、安徽、河南、天津10个省区市和计划单列市的32个县、市、区开展房地产模拟评税试点。试点仅针对经营性房地产，不涉及居民个人住宅。2006年，《国民经济和社会发展第十一个五年规划纲要》中提出“稳步推进物业税”。2009年，国务院批转国家发展改革委《关于2009 年深化经济体制改革重点工作的意见》中继续提出“深化房地产税制改革，研究开征物业税”。然而，2009年以后，物业税改革没有再继续，扩大“空转”试点范围也没有得到实质性的推进。

房地产税实现对内、对外统一征收。2006年，国务院公布修改后的《中华人民共和国城镇土地使用税暂行条例》，明确对外商投资企业和外国企业征税。2009年1月1日起，国务院废止《城市房地产税暂行条例》，取消城市房地产税，对外商投资企业、外国企业、外籍个人、港澳台同胞及华侨按照《房产税暂行条例》计征房产税。从此，我国房产税、城镇土地使用税和耕地占用税进入对内、对外统一征收的新阶段。

“房产税”转向“房地产税”。2010年，《关于2010 年深化经济体制改革重点工作的意见》提出“逐步推进房产税改革”。2011年，上海、重庆进行房地产税试点，取消对个人所有非营业用房产免征待遇，对部分个人住宅征收房产税，这标志着我国针对个人住宅的房地产改革正式开启。同年3月，《国民经济和社会发展第十二个五年规划纲要》中提出“研究推进房地产税改革”。自2003年起，政府对于房地产税收的表达，由“物业税”到“房产税”再到“房地产税”，措辞谨慎，也体现出这一阶段我国对房地产税制的改革方向逐渐清晰。

上述内容如图4-2-1所示。

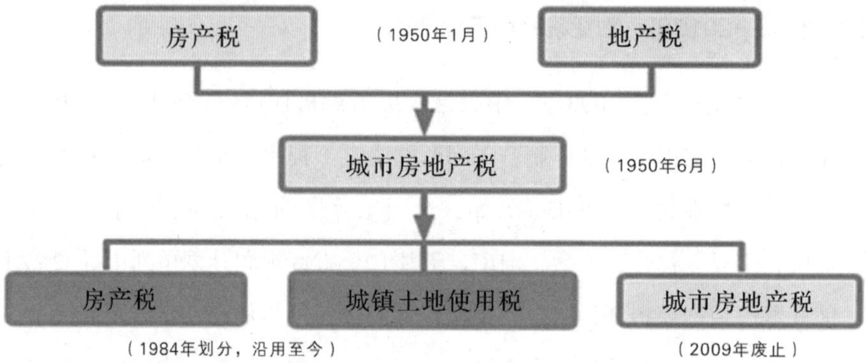

图4-2-1 我国房地产税变革示意图

（五）2013年至今：房地产税立法进入准备期

2013年，党的十八届三中全会通过《中共中央关于全面深化改革若干重大问题的决定》，明确提出“加快房地产税立法并适时推进改革”，房地产税首次被提到立法高度。2018年两会政府工作报告明确提出“稳妥推进房地产税立法”。《全国人大常委会2018年立法工作计划》中，房地产税法被列入预备审议项目。房地产税立法正处于抓紧起草和完善阶段，还需要经过多次论证、内部征求意见等方面的工作。房地产税方案轮廓已经逐渐清晰，秉承“立法推进、充分授权、分步实施”的原则，房地产税立法正在加快进程。

二、发达国家或地区征收房地产税的实践及效果

（一）典型国家或地区房地产保有环节税

国际上更重视对房地产保有税类的征收，即狭义上的房地产税，是财产税的一种，又被称为房屋税或房产税，是指单纯以房屋及其产权、使用交易为课税对象的税种，或以房产与地产的共同体为课税物所征收的赋税。

美国的房地产税经历了长期的发展和完善，是西方房地产税制最完善的国家。日本的房地产税制是亚洲国家中发展较早的，且目前已经形成了一套比较成熟的税收体系。我国香港的房地产税收制度在制度设计、税收征管、评税技术等诸多方面已日臻成熟。

1. 美国

（1）课税对象：实行对土地、房屋统一征收财产税为主体的房地产税收制度，即房地产税的课税对象既包含房产也包含地产。房地产税的征税范围涵盖城乡所有的土地和房产。美国税法规定，财产税的纳税人为财产的所有人。若所有人不明确，则实际使用人或控制人应被视为房地产所有人并缴纳房地产税。

（2）主导对象：地方政府拥有一定的税政自主权。税收立法权、课税权和税收收入均归属于地方政府，是地方政府最重要的税收来源。房地产税的立法权集中于宪法，再由宪法直接赋权给各州和地方政府。州政府一般在税收评估标准、评估程序的建立，以及为评估部门提供培训等方面发挥作用；地方政府负责税率制定、税收豁免以及税款征收等，由基层政府行使立法权，使税收立法较为灵活、贴近实际且对市场价值反映准确，更易于及时调整，便于公众监督。各州在房地产税制的立法方面相互独立，在税率、税基和征管方法等方面存在诸多差异。

美国有权征收房产税的政府机构包括郡政府、市政府、学区，通常说的房产税就是郡税、城市化税和学区税这三项总和。学区的郡税、城市税和学区税三者的比例为1∶1∶5，学区税占比最大，其房地产税收收入大多由市、镇政府税务局代为征收。

（3）税基确定：成熟的房地产计税价值评估体系，完善的财产信息管理制度。房地产税税基为房地产评估价值的一定比例，各州规定不同，从20%～100%不等。

通过房地产计税价值评估体系对房地产的市场价值进行定期评估，并将其作为房地产计税依据。各地方政府都设有独立的房地产价值评估部门，是地方政府的直属部门或地方财政部门下属的职能机构，有专业的评税人员对房地产价值进行评估。通过财产信息管理制度使房地产价值评估更准确、透明。财产信息管理制度采用计算机辅助批量评估系统和地理信息系统对房地产计税价值进行评估，并合理运用比较法、成本法、收益法建立评估模型，使总体评估误差基本保持在2%以内。评估系统实现了信息和数据的共享，可以将土地、房地产的测绘、评估资料、历年价值变化、征税情况等多方面的数据库信息与地图整合链接，同时在网上公布，保证了房地产价值评估过程中的每一个步骤都公开、透明。

通过三级争议处理机制化解评估过程中的纠纷。若纳税人对房地产计税价值的评估有争议，可以向做出房地产价值评估的机构提出上诉，要求重估；也可以向做出房地产价值评估机构的上级申诉；仍不服的，可以向法院提出诉讼，评估官员根据判决结果修改或维持房地产的计税价值。

（4）税率选择：因地方政府每年收支预算情况不同而有所差别。房地产税遵循“以支定收”的原则，税率由地方政府根据本年度财政支出预算和税基浮动确定。因此，各个地方辖区的税率会有所差异，大部分地区的税率水平在0.8%～3%之间。此外，地方政府会根据情况的变化对税率进行不断调整，比如在人口密集的大城市纽约，其房地产税的税率较其他地区要更高；一些地方政府会考虑到通货膨胀因素而对房地产税税率进行调整。目前美国约三分之二地区的房地产税率低于1%，平均中线地产税率是1.04%左右。

（5）减免情况：各州均有详细和严格的规定，主要针对低收入群体。除了对用于政府、非营利组织、教育组织、宗教组织、慈善组织等拥有的房地产完全免征房地产税外，有些州政府允许其下属的地方政府决定某些税收豁免项目。这些税收优惠政策大多针对低收入者、老年人、残疾人等弱势群体或退伍军人等，旨在降低中低收入群体的税收负担。还有一些州政府通过了限制房地产税负担的条款，如加利福尼亚州的第13号法案规定，房地产税负担不得超过房地产价值的1%；除非房地产易主，房地产税税基应以1975年的评估价值确定，即使易主后需要重新评估，评估价值也不得超过每年2%的增幅。

2. 日本

日本经历过两次重大的房地产税收制度改革。“二战”后，日本政府为了增加财政收入，开始征收房地产税，主要包括固定资产税、城市规划税和营业场所税，确立了日本现代房地产税制的基本架构。1991年，日本针对土地保有环节征收“地价税”，要求土地持有人须向国库缴纳土地保有税，此后，日本房地产价格迅速下跌，泡沫破灭。1998年亚洲金融危机时，日本为了刺激宏观经济，停止了对“地价税”的课征。

日本实行三级政府税权相互独立的房地产税制度，第一级是中央政府，第二级是都、道、府、县，第三级是市、町、村。日本的房地产税收基本由道府县和市町村地方政府征管，属于地方税。中央政府负责制定房地产税基本法，但只对房地产税法的大纲和原则进行规定，税目、课税客体、课税标准等由地方政府决定，并自行制定实施条例。日本从1950年开始征收房地产税后，其在地方税总收入中的占比一直保持在40%以上，是基层政府财政收入最重要的来源。

日本房地产税种齐全、税制结构相对完整，将房地产税的课征集中于保有环节，而取得和转让环节的税负相对较轻。不动产保有类课税主要包括固定资产税和城市规划税，均为地方税（市町村税），以市场价值为课税依据，对土地、建筑物进行课征。房地产的计税价值评估每3年一次，在其后两年中，如无重大改变，一般不重新估价。日本的房地产计税价值评估工作主要由不动产鉴定协会和土地鉴定委员会共同负责，评估的主要依据是《不动产鉴定评估法》。日本实行推动土地政策和增加财政收入混合型房地产税收制度，对土地和住宅分别征税，并适用差别税率。

为兼顾社会公平，日本针对固定资产税和都市规划税也有相应的减免政策。除了对政府、学校、皇室、墓地等有特殊用途的房地产免征固定资产税外，房地产根据住宅用地面积大小、新旧程度不同，均可获得一定比例的税收优惠。计税价值低于30万日元的土地和计税价值低于20万日元的房屋，均免征固定资产税。对老旧房屋进行抗震改造，可获取1～3年不等的固定资产税和城市规划税减免。对房屋进行节能改造，也可以享受1/3的固定资产税减免。另外，针对65岁以上的老年人或残疾人对100平方米以内的房屋进行无障碍通道改建的情况，可以享受

1/3的固定资产税减免。

3. 中国香港

中国香港的房地产税收制度经过多年发展，其制度设计、税收征管、评税技术等诸多方面已日臻成熟。与房产税相对应的，香港征收的是“差饷”、“地租”和“物业税”。其中“差饷”和“地租”是针对房产物业在保有环节征收的税，属于财产税。物业税属于流转税，是纳税人为在香港持有物业并出租赚取利润所交缴的税款。只持有物业不需交缴物业税，但仍需交缴差饷（部分物业更需缴纳地租）。

其一，差饷。差饷的缴纳主体：双重缴纳差饷的责任是香港差饷税制的特色。按照法律规定，如没有其他协议，差饷由使用人缴纳，如果使用人没有缴纳，那么差饷物业估价署可以向产权所有人追缴；而如果产权人已经缴纳差饷，那么产权人也可以按租约条款向使用人追讨已缴款项。

应课差饷租值（税基）：参考同区类似物业在估价期间租金的市价（假设物业在指定估价依据日期作为出租用途时，可取得的合理年租金），按照物业的面积、位置、设施、质素及管理水平等进行调整而计算。基于公平分配的考虑，香港差饷物业估价署（简称估价署）每年都会更新物业的应课差饷租值。评估差饷的估价方法视物业单位性质及租金资料多寡而定，大部分物业的估价均可参考其租金资料，但在缺乏租金资料可供参考的情况下，或通过分析有关业务的收支数据，或参考建筑成本的估价方法。

差饷的税率：理论上应每年由立法会决定，而实际上，自1999年以来香港的差饷税率一直维持在5%的水平。

差饷豁免：香港差饷税每季预缴，只有少数物业豁免。豁免差饷与否，一般需要考虑的因素包括：基于社会、行政、政治以及历史等方面。此外，政府还有权利向差饷缴纳人退还或宽减差饷。比如，经济状况较差时，政府可制定一些减免措施，降低居民税赋。

其二，地租。香港土地一般由政府以批租形式租出，承租人须向政府缴付地租，以换取租赁期内土地的占用和使用权。香港须评估地租的物业包括三类：新界和新九龙（界限街以北）的物业；1985年5月27日或以后获批土地契约的物业；获得在1985年5月27日或以后延期的不可续期契约的物业，业主须自契约续期日起，按应课差饷租值的3%缴付地租，实际数额根据应课差饷租值的变动而调整。香港回归及香港特别行政区政府成立后，针对1997年6月30日以后期满而没有续期权利的土地契约，规定由批租日起，新批土地契约的年期定为50年，除特殊用途契约及短期租约外，承租人除缴付地价外，还须由批租当日起每年缴纳地租，款额相当于批租土地应课差饷租值的3%。

估价署负责根据《地租条例》征收地租，而地政总署负责追收欠缴地租的执法行动。与差饷类似，地租也是每季首月向估价署预缴，如在限期届满仍未交缴，须征收附加费。若土地的地租或期后征收的附加费未有交缴地政总署可遵循法律程序收回土地。

上述内容参见表4-2-1所示。

表4-2-1 部分国家及中国香港房地产税征收情况

项目	名称	课税对象	纳税人	税基	税率	备注
美国	不动产税	土地、房屋等不动产	财产所有人。若所有人不明确，则实际使用人或控制人被视为纳税人	评估值的20%～100%	0.8%～3%	归在财产税项下，地方税
英国	市政税	居民住宅	年满18周岁的住房所有者或承租者	评估值	超额累进，各个郡的税级和边际税率均不相同，在0.67%～2%之间	仅对城市的房产征税，农村不征收房产税，地方税

（续表）

项目	名称	课税对象	纳税人	税基	税率	备注
日本	固定资产税	所有不动产	不动产产权所有人	评估价值	标准税率为1.4%，最高可设定为2.1%	地方税
	都市规划税	城市规划区域内土地、房屋	不动产产权所有人	计税价值	各市町村政府自行确定，上限为0.3%	地方税
韩国	财产税	土地、房屋、船舶等财产	财产所有者	住宅标准价值的60%；土地和建筑物标准价值的70%	累进税率，除高尔夫球场和别墅4%以外，其他为0.07%～0.5%不等	地方税
	综合不动产税	保有的住宅及占用的土地	价值较高的土地和住宅物业的产权人	以家庭为单位的房产价值总和	住宅：按住宅价值高低实行累进税率，在0.3%～7%之间；别墅、工厂建筑物、高尔夫球场用房、高级娱乐场所以及其他类似性质的房屋，采用三档比例税率，即0.3%、0.6%、5%	国税
中国香港	差饷	土地及地上建筑物、构筑物	物业的业主和使用人都有责任缴纳差饷	应课差饷租值（假设物业在指定估价依据日期作出租用途时，可取得的合理年租金）	理论上每年由立法会决定，实际上自1999年以来一直维持在5%	地方税
	地租	土地	土地占有人和使用人	应课差饷租值	3%	根据应课差饷租值的变动调整，地方税

（三）发达国家或地区征收房地产税的效果评估

1．美国房地产税效果评估

房地产税与房价：降低了房价波动。虽然美国的房产税实行了数百年，房地产税对房价影响的研究所得出的主要共识是，认为有利于降低价格运行的波动，而方向上的影响是不确定的。例如，Tigran（2016）采用2005—2014年美国都市统计区的样本数据，分析得出物业税率与房价波动具有负相关，即随着物业税税率的增加，房价波动下降。房地产税税率每增加0.5个百分点，房价的波动性下降0.5到5.5个百分点，并且这种关系是因果关系。提出的建议是，房地产税可作为抑制房价波动的重要工具。此外，Crowe等（2013）采用243个美国都市统计区的样本数据，分析得出房产税与房价波动存在负相关关系。

上述内容如图4-2-2所示。

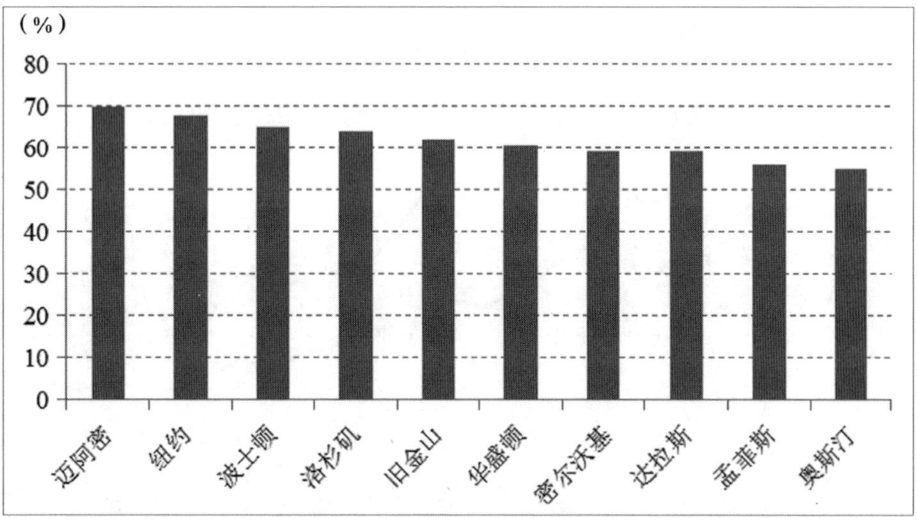

图4-2-2 美国大城市的房屋租赁率

数据来源：Zillow官方网站。

2. 日本地价税的效果评估

（1）1950—1990年：降低周期上涨的动力。孙执中在《战后日本税制》一书中指出，1950—1990年的40年间，日本全国平均的市街地价格指数上涨近340倍，年平均上涨率高达15.7%，远高于消费物价指数、名义工资和名义国民生产总值的增长。分阶段看，日本地价上涨在40年间经历了5次上涨周期，大约每隔十年一个上涨周期。每一次上涨周期前后几乎都伴随着相应的税制改革。税收政策虽然不能阻止下一次上升周期的到来，但每一波周期上涨的动能却越来越弱。

（2）20世纪90年代：加速房地产泡沫破灭。1991年，日本新征“地价税”，同时提高固定资产税的评估税额。

地价税出台前，日本经济形势一片向好。20世纪60年代以来，日本抓住了第三次科技革命机遇，经济发展进入快车道，并在60年代末期超过联邦德国成为第二大经济体。具体表现在：经济仍保持高速发展态势，1989年日本GDP增速仍高达6.8%；全球出口额占比一度非常接近美国，1990年日本贸易逆差占到了总逆差55.8%。上述内容参见图4–2–3所示。

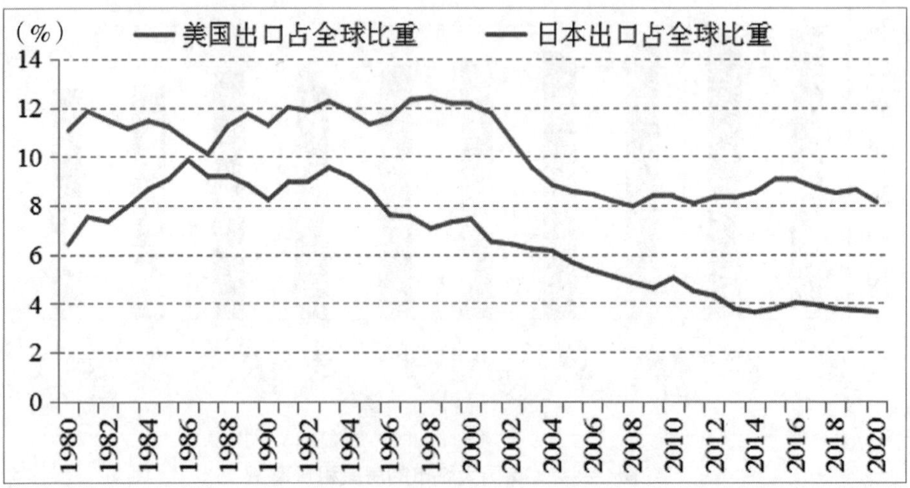

图4–2–3 美国、日本出口额在全球出口额的占比

数据来源：Wind。

地价税出台后，首都圈新房成交价跌量增。从成交价格看，地价税出台前的1990年，日本首都圈新建公寓成交价格已经开始回落；地价税出台后，销售价格连续下跌，由1992年的80万日元/平方米跌到2002年的51万日元/平方米，跌幅为36%，房地产泡沫破灭。从成交规模来看，房地产泡沫破灭后，首都圈新房成交反而规模大增，成交规模由1992年的26万套增加到1995年的85万套，翻了3倍多。

地价指数下跌至谷底。地价税出台后，住宅地价指数也是接连跳水，由1992年的123点一路下跌到2005年的73点，此后长时间内，地价指数保持低位运行。

上述内容如图4-2-4所示。

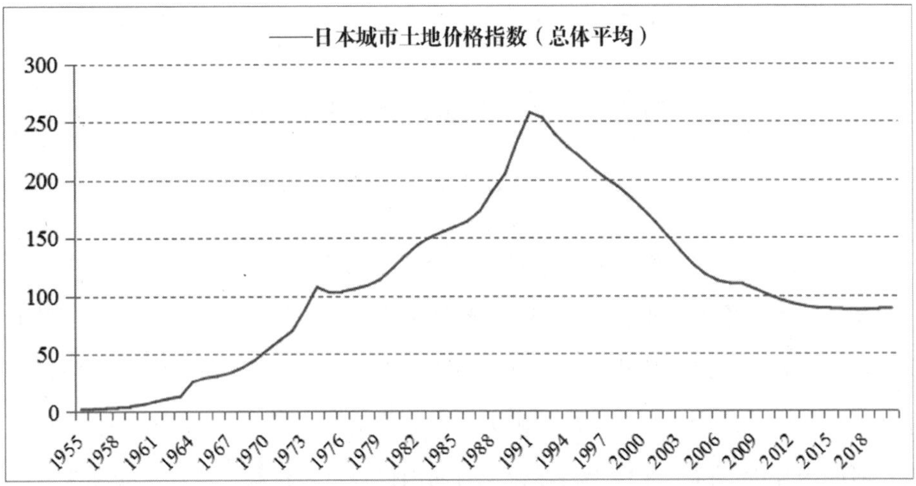

图4-2-4 1955—2020年日本住宅地价指数

数据来源：The Land of Institute of Japan。

住宅投资先升后降，长期低迷。住宅投资额由1992年的24万亿日元，涨到1996年的29.4万亿日元，然后一路回跌，直至2009年的13.4万亿日元，并在较长时间内处于低迷状态。如图4-2-5所示。

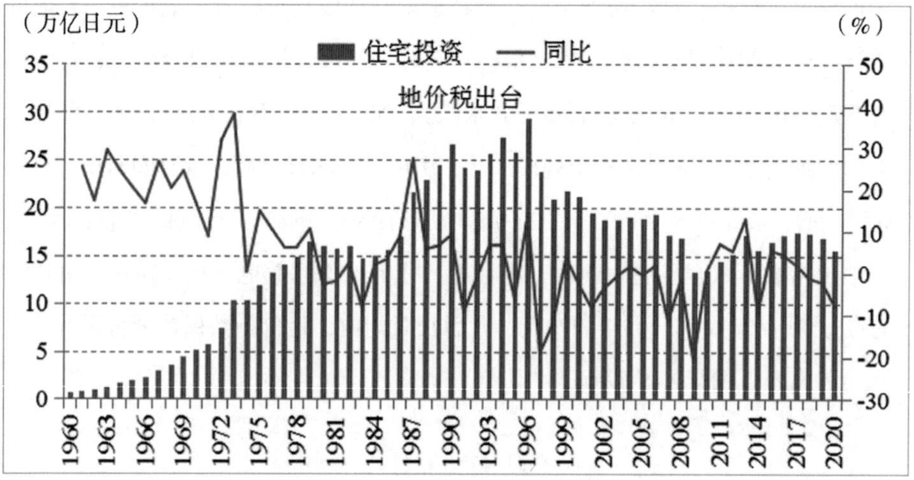

图4-2-5 1960—2020年日本住宅投资额

数据来源：Wind。

整体来看，20世纪90年代以前日本地价持续上涨，但上涨的动力逐步下降。1991年，日本房地产税出台正逢美日贸易战《广场协议》签订后，日元急剧升值压力下，工业出口迅速恶化，外向型经济遭遇滑铁卢等宏观经济背景。经济形势恶化后，地价税出台，房地产泡沫破灭，住宅价格一路下跌，住房投资和供应规模长时间内连续下降，住房价格在较长时间内保持低位运行。因此，长期来看，对土地持有环节征税有利于抑制价格的上涨空间，但不宜在经济下行压力较大的时期出台，应充分评估国民经济的整体承受力。

3. 中国香港房地产税效果评估

（1）差饷与房价指数。差饷按照物业的应课差饷租值再乘以一个百分率征收，该租值是假设物业在指定的估价依据日期空置出租时，估计可取得的合理年租而计算。差饷税率每年都由立法会根据当年的经济状况确定，但1999年起，差饷征收率一直没有变化，维持在5%，但不同时期其豁免力度会有所变化。2004—2007年，香港房地产业出现泡沫，政府减少差饷豁免力度，进一步增加房产持有成本，对房价的过快上涨有一定的抑制作用；2008年金融危机后，香港特区政府提高差饷豁免金融上限，也对刺激香港楼市产生一定作用。如图4-2-6所示。

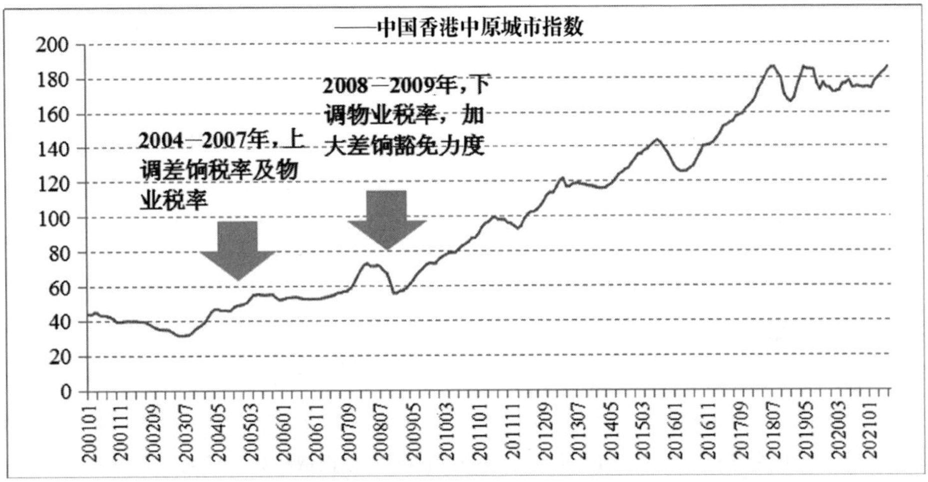

图4-2-6 2001—2021年香港中原城市指数

数据来源：wind。

（2）物业税与房价指数。从图4-2-7中可以看出，从2002—2003年物业税上调0.5个百分点，全港住宅售价指数从69.9下降到61.6。2003年，物业税率达到16%。将2004—2007年的4年间划为高物业税率期间，因为这个时期，香港房地产市场投资过热，政府维持物业税税率在16%，这一期间属于抑制投资投机需求的时期。2007年房价指数较2004年上涨幅度为33%。2008年金融危机时，政府将物业税降低了1个百分点，此后便长期维持在15%的低税率水平。因此，将2008—2015年期间划为低物业税率期间。在这一期间，虽然在2009年房价指数下跌，但2010年后便开始出现上涨，香港的房价指数在2015年较2008年上涨了146%，而且即使按照相同周期来算，2011年香港的房价指数较2008年也上涨了51%。从香港的实践来看，2004—2007年、2009—2015年均处于房地产市场的上行周期，但采取高物业税率的房地产市场周期上涨幅度要明显低于采取低物业税率的房地产市场周期。

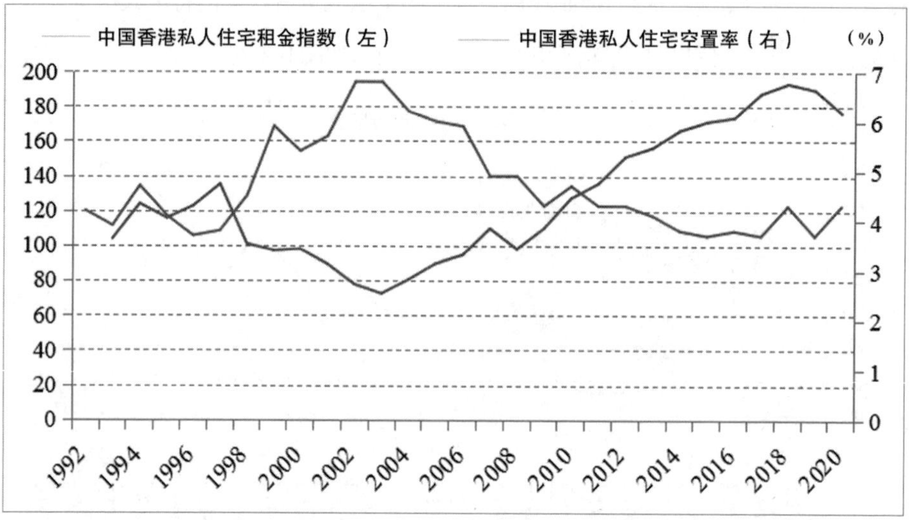

图4-2-7 1992—2020年香港私人住宅租金指数和私人住宅空置

注：以1999年为基期=100。
资料来源：香港特区政府网。

（3）差饷税与空置率、租金指数。香港通过增加持有成本，有利于减少空置加大供给，平抑租金上涨速度。由于全港所有物业都要缴纳差饷税，对于物业业主而言，差饷的征收增加了物业的持有成本，因此香港大多数物业的业主会尽量避免房屋空置，甚至在特殊时期，在约定由租户缴纳各项税费的情况下，以零租金的形式出租，以减轻持有负担。这加大了房屋租赁市场的供给量，进而有利于降低租金。

（四）结论与启示

效果1：短期见效慢，但长期降低了房价波动，抑制价格上涨动能。房地产税出台后，短期内房价仍可能上涨，随着投资者陆续撤出，市场住房供应量增加，房价会出现回落，并在较长一段时间内维持稳定。

效果2：投机成分越重，税收带来的影响越大。欧美国家房地产市场一直较为平稳，房地产投机现象不及日本、中国严重，因此，房地产税出台后，对房地产市场影响较小。

效果3：经济持续下行背景下会加速地产泡沫的破裂。从日韩经验看，房地产税在经济向好背景下出台，会起到稳定房价作用；在经济形势恶化背景下，可能加速房地产泡沫的破裂。特别是在中美贸易摩擦加剧，实体经济走弱的情况下要特别注意房地产泡沫扩大的潜在危机，以及泡沫破灭可能带来的经济危机。

三、重庆扩大房地产税实施范围的影响

（一）重庆实施房地产税政策试点效果

1．实施概况

作为国家首批个人住房房地产税改革试点城市，重庆市人民政府在2011年1月27日发布了《重庆市人民政府关于进行对部分个人住房征收房产税改革试点的暂行办法》和《重庆市个人住房房产税征收管理实施细则》（以下简称《实施细则》），并于2011年1月28日正式实施。《实施细则》强调，为发挥税收调节作用，抑制投资投机性购房，规定对在主城区个人拥有的独栋商品住宅、个人新购的高档住房，以及在重庆同时无户籍、无企业、无工作的个人（以下简称“三无”人员）新购的第二套（含二套）以上的普通商品住房征收房地产税。具体内容参见表4–2–2所示。

表4–2–2　2011年重庆个人房地产税征收细则

试点范围	主城九区	
征收对象	独栋商品住宅；新购高档住房	“三无”人员新购第二套（含）以上普通住房
计税依据	交易价格	
计税时间	从取得房产权的次月起，税款按年计征，不足一年的按月计算	
计税标准	国土房管部门公布的上两年新建商品住房均价	
税率	＜均价3倍：0.5% 均价3倍，均价4倍：1% ≥均价4倍：1.2%	0.50%

（续表）

试点范围	主城九区	
免征面积	按时间顺序对先购的一套应税住房计算时，扣除的免税面积为：试点前独栋商品住宅是180平方米；新购独栋商品住宅、高档住宅是100平方米	首套免税
应纳税额	应纳税额=应税建筑面积×建筑面积交易单价×税率	
免税条件	纳税人在重庆市具备有户籍、有企业、有工作任一条件的，从当年起免征税	

注：高档住房是指建筑面积交易单价达到上两年主城九区新建商品住房成交建筑面积均价2倍（含2倍）以上的住房。

第一次调整：2014年9月30日，重庆市地方税务局办公室发布了《重庆市地方税务局办公室关于个人住房房产税成品住宅装修费扣除的通知》。一方面确定了成品住宅装修费扣除标准，即对新购商品住房属于成品住宅的，按建筑面积交易单价统一扣除20%的装修费后，再确认是否属于应税住房，此举等同于提高了起征点，缩小了应税住宅范围；另一方面明确开展成品住宅全面清理，要求对往年按原规定已纳入应税住房的成品住宅，均按新规定重新确认是否属于应税住房。如不属应税住房的，往年已征税款不予退还；如属于应税住房的，从2014年起按新规定计税。

第二次调整：2017年1月13日，针对重庆主城房地产市场出现的异常现象，为遏制“炒房”牟利行为，引导合理市场预期，维护房地产市场平稳持续健康发展。重庆市政府发布了第311号政府令，对2011年实施的《重庆关于开展对部分个人住房征收房产税改革试点的暂行办法》和《重庆市个人住房房产税征收管理实施细则》进行了修订，将征收对象中“三无”人员征收房地税的范畴从二套房调整为首套房，新政从2017年1月14日起施行，这意味着在渝“三无”人员购房将不再扣除免征面积。

2. 效果评估

政策实施市场效果评估：持有成本增加在短期内抑制了成交量，精准性的政策效果尤其明显。重庆房地产税政策出台后前后的5年，高档住宅/别墅平均交易量较政策出台前的前5年平均交易量下跌了19%。2011年1月，重庆宣布对个人拥有的独栋商品住宅（存量及增量），对个人新购的高档住房（增量）征收房地产税，税率在0.5%～1.2%。2011年成为重庆高档住宅/别墅成交的分水岭，此后的几年，重庆新建高档住宅/别墅市场成交量的总体走势较为平稳。这表明，重庆针对高档住宅/别墅市场的存量及增量征收房地产税对市场预期形成了较为明显的影响。2011年政策出台后的5年，高档住宅/别墅平均交易量为146万平方米，较政策出台前的前4年的平均交易量下跌了19%。分析结果表明，持有成本的预期至少在短期内抑制了成交量，精准性的政策效果尤其明显，但政策的长期效应仍需检验。

（二）重庆扩大房地产税实施范围的影响

为深入研究全面放开后的房地产税对房地产市场的影响，在保障重庆市中低收入人群住房需求和目前实行的房地产税率不变的基础上，通过设定多种情景以定性分析和定量测算相结合的方式，模拟了房地产税征收对个人住房持有者可能产生的影响。

结合我国国情以及重庆试点情况，设定了以下两种房地产税可能的征收方案。

方案一

征收范围：个人拥有的本市范围内的各类商品住宅

纳税人：以户籍家庭为单位，对房屋所有权人进行征收

计税依据：评估价值

免税面积：人均免税面积45平方米

税率：实行分段累进税率

上述内容如表4-2-3所示。

表4–2–3 房地产税分段累进税率表（方案一）

持有房产面积	税率		备注
人均45平方米内	0%		税率制定以拥有面积为主
超出部分	普通住房	0.5%	
	高档住房	1.0%	
	别墅	1.2%	

注：1. 高档住房指成交单价超过均价2倍（含2倍）以上的住房。

2. 与户籍家庭外人员联名持有房产的按一套计算，面积按注明产权比例或平均分摊。

3. 按时间顺序对应税住房扣除免征面积。同天购置的，按房屋建筑面积由大到小扣除免征面积。

方案二

征收范围：个人拥有的本市范围内的各类商品住宅

纳税人：以户籍家庭为单位，对房屋所有权人进行征收

计税依据：评估价值

免税面积：首套普通住房免征；首套高档住房或别墅人均免税面积45平方米

税率：实行分段累进税率

上述内容如表4–2–4所示。

表4–2–4 房地产税分段累进税率表（方案二）

产品类型	首套	二套及以上	备注
普通住房	0%	0.5%	税率制定兼顾套数和面积
高档住房	0%（人均45平方米内）	1.0%	
	1.0%（超出部分）		
别墅	0%（人均45平方米内）	1.2%	
	1.2%（超出部分）		

注：1. 高档住房指成交单价超过均价2倍（含2倍）以上的住房。

2. 与户籍家庭外人员联名持有房产的按一套计算，面积按注明产权比例或平均分摊。

3. 按时间顺序对应税住房扣除免征面积。同天购置的，按房屋建筑面积由大到小扣除免征面积。

根据以上征税方案，通过设定家庭人口和不同档次房屋的家庭类型情景，定量测算房地产税征收后对各家庭税收支出的影响。设定的情景类型如下。

情景一：拥有一套90平方米普通住房的单身青年。

情景二：拥有一套90平方米普通住房的两口之家。

情景三：拥有两套90平方米普通住房的三口之家。

情景四：拥有一套90平方米普通住房（首套），一套140平方米高档住房的三口之家。

情景五：拥有一套90平方米普通住房（首套），一套200平方米别墅的三口之家。

依据两种征收方案，分别对以上情景家庭因房地产税征收产生的支出进行计算。上述内容如表4–2–5所示。

表4–2–5 不同征税方案下各情景家庭房地产税额（万元）

类型	方案一	方案二	差额
情景一	0.08	0.00	–0.08
情景二	0.00	0.00	0.00
情景三	0.08	0.17	0.09
情景四	0.47	0.69	0.27
情景五	1.56	2.01	0.45

在情景不变的情况下，对于拥有一套普通住房的单身青年，由于方案二对首套普通住房免征，所以不产生房地产税支出；对于拥有一套住房的两口之家，无论从免征面积还是免征套数看，两个方案均不需要对其进行征收房地产税；而对于其他三种情景，由于第一种方案免征面积随着家庭人数增加而增大，使得房地产税税额相较第二种方案更低。

在征税方案不变的情况下，随着家庭人口数量、拥有房屋套数、高档住房和别墅产品的增加，房地产税额均有不同程度的增加。

四、结论与建议

（一）结论

重庆房地产税征收方案试点和征收对象范围较小，计税依据采取全额缴纳的方式，在短期内起到了稳定房价、抑制高档住宅/别墅成交量的作用。

全面征收对个体持有住房的影响是，刚需基本不受影响，“刚改”受到的影响有限，家庭人口少、拥有两套以上普通住房或拥有高档住房的家庭受影响较大。从不同情景家庭的测算结果来看，拥有多套普通住房的家庭受房地产税影响相对较小，而拥有多套高档住房/别墅的家庭则受房地产税影响较大。

（二）建议

1. 税率及税基制定

要使房产税更好地发挥调控市场的作用，首先要解决的就是“窄税基”的问题，逐步向“宽税基、低税率”转变。目前上海和重庆的试点政策都对征税对象作了明确的界定，虽然是名义上的“个人房产税”，但受政策影响的居民并不多。因此在制定政策时，可以考虑将征税范围扩大，通过差别税率体现政策导向。同时，要解决房地产开发承担企业土地出让金和房产税双重负担的问题。土地出让金已经多年来成为地方财政的主要收入来源，所以短时间内房产税还无法完全替代土地出让金，一时间取消可能造成地方财政收入大幅波动，从而影响经济民生。可以在计算个人房产税税基的时候，将土地价值和住房价值分开计算，即将房产价值中属于土地的部分剥离出来作为已经缴纳过出让金的部分，在缴纳房产税时享受一定的税率优惠，剩余属于房屋价值的部分按正常的税率缴纳。以后在买卖房产的时候，也把价格标注为“土地价格+房屋价格”的形式，让购房者消费的时候可以为日后所要缴纳的房产税有更为准确的预期。

2．房产税资金使用

目前，房产税属于地方税种。从政策导向来看，改革后的房产税仍会纳入地方财政体系，其使用和去向要有明确的规定和限制，避免像土地财政时期，将土地出让的收入用作政府的“面子工程”，而应更多地投入民生建设，提供保障住房资金等。2008年国务院在《国务院办公厅关于促进房地产市场健康发展的若干意见》的第一部分就提出“加强经济适用住房建设，各地从实际情况出发，增加经济适用住房供给”。国家下定决心加大保障性住房建设，但地方政府资金短缺，仅靠中央拨款无法完成棚户区改造、廉租房公租房建设的繁重任务，甚至有已经开工建设但是由于资金不到位导致工期不断拖延的情况。个人房产税的征收如果可以全面铺开，便正好可以弥补地方政府资金不足的问题，将所得税收的一部分投入到当地的经济适用房和保障性住房的建设之中。

3．相关体系建设

第一，建立房地产评估体系。把房产价格中属于土地和属于房屋的部分进行剥离的问题要形成标准化和制度化，这就需要建立完备的房地产评估体系。评估者必须是专业化的人员或机构，以第三方的身份存在，行为要受到严格的监管，不能涉及房屋买卖过程中的任何利益，本着公平公正公开的原则对房屋的价值等各项指标进行评估。政府也要建立健全相关的法律法规和规范约束机制，对个人或机构的评估行为进行监督，避免产生新的投机机会，形成健康有序评估模式。

第二，实现信息联网共享。全国房产信息联网系统，是个人房产税征收范围扩大进入实践阶段前要完成的数据支撑。目前上海和重庆在实行个人房产税试点前已经建立了本地的房产信息联网系统，但是，其他很多城市在市辖区内的信息联网都没有完善。目前上海和重庆进行的试点个人房产税也是在居民新购住房时进行征收，这其中最重要的原因就是现阶段对居民住房的持有情况并没有充足掌握。所以，为了在真正意义上对房产保有阶段进行征税，也为了能在全国范围内推广征收个人住房房产税，就要从市域到省域进而到全国范围内一步步地建立起联网系统。

可以以城市范围内的联网系统为基础，把每个城市所建立的房产信息联网系统进行全国共享。有了系统和技术的支持，征收部门便可以掌握居民在全国范围内的房产持有情况，在最大程度上打击房产投资者的投机行为，保证税收公平。

第三，建立新型房产税征管体系。全国联网系统如果建立起来，为房产税的改革提供了数据支撑的同时，也为新型房产税征管体系的建立带来了便利。目前的营业用房的房产税主要采取纳税人上门申报的方式进行征收，这样的前提条件是以发票的开具实行监控，同时需要申报的纳税人并不多。如果全面征收个人房产税，几乎需要全民申报，如果还采取目前的征管方式，不仅工作量大、征收成本高，也无法进行有效的纳税监控。为解决这些问题，可以建立网络申报体系，与房产系统实行互联互通，将居民的住房持有情况实时导入，为纳税人的申报和税务部门的监管都提供便利。

参考文献

［1］贾康.房产税的作用、机理及改革方向、路径、要领的探讨［J］.北京工商大学学报（社会科学版），2012，27（02）:1–6.

［2］高波.中国房产税立法的逻辑［J］.河北学刊，2015，35（04）:143–147.

［3］易宪容.对房产税几个基本理论问题的澄清——兼与刘小兵、周天勇、何杨等教授商榷［J］.探索与争鸣，2018（04）:87–94.

［4］谢群松.财政分权:中国财产税改革的前景［J］.管理世界，2001（04）:96–105.

［5］夏杰长.我国开征物业税的效应与时机分析［J］.税务研究，2004（09）:22–24.

［6］朱润喜.开征物业税的动因及定位［J］.税务研究，2006（09）:38–40.

［7］丁成日.改革和发展中国房产税:理论问题与现实挑战［J］.财政研究，2006（01）:11–15.

［8］毛丰付，李言.我国房产税改革实践、功效与展望评述［J］.地方财政研究，2015（02）:18–23.

［9］韦志超，易纲.物业税改革与地方公共财政［J］.经济研究，2006（03）:15–24.

［10］胡洪曙.开征财产税后的地方财力缺口测算研究［J］.财贸经济，2011（10）:17–24.

［11］安体富，葛静，温磊.沪渝房产税改革试点的启示和完善建议［J］.涉外税务，2012（11）:18–23.

［12］李文.我国房产税收入数量测算及其充当地方税主体税种的可行性分析［J］.财贸经济，2014（09）:14–25.

［13］任强，侯一麟，马海涛.公共服务资本化与房产市值：对中国是否应当开征房产税的启示［J］.财贸经济，2017，38（12）:66–79.

［14］张雪峰，王雨阳.土地出让金、房产税率与政府抉择——基于中国31个省份的面板数据研究［J］.经济问题，2017（10）:55–59.

［15］殷继国.房产税立法的民生性［J］.华南师范大学学报（社会科学版），2016（04）:125–129+192.

［16］朱国钟，颜色.住房市场调控新政能够实现“居者有其屋”吗——一个动态一般均衡的理论分析［J］.经济学（季刊），2014，13（01）:103–126.

［17］高培勇.尽快启动直接税改革——由收入分配问题引发的思考［J］.涉外税务，2011（01）:16–19.

［18］郭琎，郑新业.完善财产税制，促进居民收入分配公平［J］.政治经济学评论，2015，6（02）:150–167.

［19］贾康.通过税制改革进一步调节收入分配［J］.经济研究参考，2018

(18):18-19.

[20] 倪红日. 新时代我国税制结构性调整改革的背景、进程与展望[J]. 国际税收, 2018(06):16-20.

[21] 陈创练, 戴明晓. 货币政策、杠杆周期与房地产市场价格波动[J]. 经济研究, 2018, 53(09):52-67.

[22] 叶贵, 朱科卫, 张继红. 房价与地价的因果关系研究——基于重庆的实证检验[J]. 中国土地科学, 2016, 30(06):62-70.

[23] 袁志刚, 宋铮. 城镇居民消费行为变异与我国经济增长[J]. 经济研究, 1999, (11):20-28.

[24] 郑思齐, 王寅啸. 房价上涨预期对住房需求的放大效应研究[J]. 中国物价, 2007(06):52-55.

[25] 袁晨, 陈雪莉. 经济基本面、城镇人口改变与中国住房价格[J]. 中国人口资源与环境, 2016, 26(S1):365-368.

[26] 郝前进, 陈杰. 到CBD距离、交通可达性与上海住宅价格的地理空间差异[J]. 世界经济文汇, 2007(01):22-35.

[27] 董藩, 丁宏, 赵安平. 通勤成本与轨道交通周边房价的空间分布——以北京地铁五号线周边住宅市场为例的实证分析[J]. 北京师范大学学报(社会科学版), 2009(04):137-143.

[28] 王岳龙. 地铁开通对房价影响的实证研究[J]. 经济评论, 2015(03):56-71.

[29] 范子英, 张航, 陈杰. 公共交通对住房市场的溢出效应与虹吸效应:以地铁为例[J]. 中国工业经济, 2018(05):99-117.

[30] 宋伟轩, 马雨竹, 陈艳如. 南京城区住宅售租价格时空分异与影响因素[J]. 地理科学进展, 2018, 37(09):1268-1276.

[31] 吴振华, 曹趁梅. 城镇化对房地产需求及房价影响研究——基于珠三角经济区2005—2016年的面板数据[J]. 价格理论与实践, 2018(10):157-160.

[32] 况伟大. 住房特性、物业税与房价[J]. 经济研究, 2009, 44(04):151-160.

[33] 周建军, 康妮, 鞠方. 物业税改革对房地产价格的影响——基于2002—2011年中国省际面板数据的实证研究[J]. 财经理论与实践, 2013, 34(06):76-80.

[34] 陈多长, 踪家峰. 房产税收与住宅资产价格:理论分析与政策评价[J]. 财贸研究, 2004(01):57-60.

[35] 白重恩. 公共财政与结构转变[J]. 中国财政, 2011(09):45-49.

[36] 杜雪君, 黄忠华, 吴次芳. 房地产价格、地方公共支出与房产税负关系研究——理论分析与基于中国数据的实证检验[J]. 数量经济技术经济研究, 2009, 26(01):109-119.

[37] 安体富, 王海勇. 重构我国房产税制的基本思路[J]. 税务研究, 2004(09):8-11.

[38] 任寿根. 房产税制度改革及其对房地产价格的影响——兼析中国房地产价格未来走向 [J] .财政研究，2005 (01) :37–39.

[39] 倪红日，谭敦阳. 开征物业税对地方政策财政收入的影响 [J] . 重庆工学院学报（社会科学版），2009，23 (02) :3–7.

[40] 毛丰付，李言. 房产税对房价的调控作用再探——基于 Carey 模型的经验分析 [J] . 贵州财经大学学报，2015 (06) :11–19.

[41] 张牧扬，陈杰，石薇. 交易环节税率差别对房价的影响——来自上海二手房数据的实证研究证据 [J] . 财政研究，2016 (02) :79–93.

[42] 代琳. 新型城镇化背景下房产税改革对房价的影响 [J] . 行政事业资产与财务，2014 (07) :31–32.

[43] 骆永民，伍文中. 房产税改革与房价变动的宏观经济效应——基于 DSGE 模型的数值模拟分析 [J] . 金融研究，2012 (05) :1–5.

[44] 陈林，伍海军. 国内双重差分法的研究现状与潜在问题 [J] . 数量经济技术经济研究，2015，32 (07) :133–148.

[45] 况伟大. 房产税、市场结构与房价 [J] . 经济理论与经济管理，2012 (01) :10–19.

[46] Hendershott P. *Equilibrium models in real estate research: a survey* [J] . *Journal of Real Estate Literature*, 1998, 6 (01) : 13–25.

[47] Linneman P, Wachter S. *The impacts of borrowing constraints on homeownership* [J] . *Real Estate Economics*, 1989, 17 (04) : 389–402.

[48] Haurin D R, Chung E C. *The demand for owner–occupied housing: Implications from intertemporal analysis* [J] . *Journal of housing economics*, 1998,7 (01) : 49–68.

[49] Barakova I, Bostic R W, Calem P S, et al. *Does credit quality matter for homeownership?* [J] *Journal of housing Economics*, 2003,12 (04) : 318–336.

[50] Hendershott P H, Slemrod J. *Taxes and the user cost of capital for owner–occupied housing* [J] *Real Estate Economics*, 1982, 10 (04) : 375–393.

[51] Poterba J M. *Tax subsidies to owner–occupied housing: an asset–market approach* [J] . *The quarterly journal of economics*, 1984, 99 (04) : 729–752.

[52] Himmelberg C, Mayer C, Sinai T. *Assessing high house prices: Bubbles, fundamentals and misperceptions* [J] . *Journal of Economic Perspectives*, 2005, 19 (04) : 67–92.

[53] Poterba J M, Weil D N, Shiller R. *House price dynamics: the role of tax policy and demography* [J] . *Brookings Papers on Economic Activity*, 1991, 1991 (02) : 143–203.

[54] Sutton G D. *Explaining changes in house prices* [J] . *BIS quarterly review*, 2002, 32: 46–60.

[55] Holly S, Jones N. *House prices since the 1940s: cointegration, demography and asymmetries* [J] . *Economic modelling*, 1997, 14 (04) : 549–565.

[56] Gallin J. *The long-run relationship between house prices and income: evidence from local housing markets* [J]. *Real Estate Economics*, 2006, 34 (03): 417-438.

[57] Mankiw N G, Weil D N. *The baby boom, the baby bust, and the housing market A reply to our critics* [J]. *Reg Sci Urban Econ*, 1989, 19 (02):235-258.

[58] Chen Y, Gibb K, Leishman C, et al. *The Impact of Population Ageing on House Prices: A Micro-simulation Approach* [J]. *Scottish Journal of Political Economy*, 2012, 59 (05): 523-542.

[59] Glaeser E L, Shapiro J M. *Cities and warfare: the impact of terrorism on urban form* [J]. *Journal of Urban Economics*, 2002, 51 (02):205-224.

[60] Glaeser E L, Gottlieb J D, Gyourko J. *Did credit market policies cause the housing bubble?* [J]. *Rappaport Institute Taubman Center Policy Brief*, 2010.

[61] Tiebout C M. *A Pure Theory of Local Expenditures* [J]. *Journal of Political Economy*, 1956, 64 (05):416-424.

[62] Alonso W. *Location and Land Use: Toward a General Theory of Land Rent* [J]. *Economic Geography*, 1964, 42 (03).

[63] Bowes D R, Ihlanfeldt K R. *Identifying the impacts of rail transit stations on residential property values* [J]. *Journal of Urban Economics*, 2001, 50 (01): 1-25.

[64] Simon H A. *The incidence of a tax on urban real property* [J]. *The Quarterly Journal of Economics*, 1943, 57 (03): 398-420.

[65] Dick Netzer. *Economics of the Property Tax* [M]. *Washington: Brookings Institute*, 1966.

[66] Mieszkowski P. *The property tax: An excise tax or a profits tax?* [J]. *Journal of Public Economics*, 1972, 1 (01): 73-96.

[67] Zodrow G R, Mieszkowski P M. *The new view of the property tax A reformulation* [J] .*Regional Science and Urban Economics*, 1986, 16 (03): 309-327.

[68] Hamilton B W. *Zoning and property taxation in a system of local governments* [J]. *Urban studies*, 1975, 12 (02): 205-211.

[69] Hamilton B W. *Capitalization of interjurisdictional differences in local tax prices* [J]. *The American Economic Review*, 1976, 66 (05): 743-753.

[70] Fischel W A. *Property Taxation and the Tiebout Model: Evidence for the Benefit View from Zoning and Voting* [J]. *Journal of Economic Literature*, 1992, 30 (01).

[71] Fischel W A. *Homevoters, Municipal Corporate Governance, and the Benefit View of the Property Tax* [J]. *National Tax Journal*, 2001, 54 (01): 157-173.

[72] Rosen H S, Fullerton D J. *A note on local tax rates, public benefit levels, and property values* [J] .*Journal of Political Economy*, 1977, 85 (02): 433-440.

[73] Krantz D P, Weaver R D, Alter T R. *Residential Property Tax Capitalization:*

Consistent Estimates Using Micro-Level Data [J]. *Land Economics*, 1982, 58 (04) :488-496.

[74] Case K E, Grant J H. *Property tax incidence in a multijurisdictional neoclassical model* [J]. *Public Finance Quarterly*, 1991, 19 (04) : 379-392.

[75] Mc Donald J F. *Incidence of the property tax on commercial real estate: the case of downtown Chicago* [J]. *National Tax Journal*, 1993: 109-120.

[76] Oates W E. *The effects of property taxes and local public spending on property values: An empirical study of tax capitalization and the Tiebout hypothesis* [J]. *Journal of political economy*, 1969, 77 (06) : 957-971.

[77] Matthew E, Elliott S . *Taxes, Spending, and Property Values: Supply Adjustment in a Tiebout-Oates Model* [J]. *Journal of Political Economy*, 1974, 82 (05) :941-954.

[78] Gustely R D. *Local taxes, expenditures and urban housing: A reassessment of the evidence* [J]. *Southern Economic Journal*, 1976: 659-665.

[79] King A T. *Estimating property tax capitalization: A critical comment* [J]. *Journal of Political Economy*, 1977, 85 (02) : 425-431.

[80] Dusansky R , Ingber M , Karatjas N . *The impact of property taxation on housing values and rents* [J]. *Journal of Urban Economics*, 1981, 10 (02) :0-255.

[81] Richardson D H, Thalheimer R. *Measuring the extent of property tax capitalization for single family residences* [J]. *Southern Economic Journal*, 1981: 674-689.

[82] Ihlanfeldt K R, Jackson J D. *Systematic Assessment Error and Intrajurisdiction Property Tax Capitalization* [J]. *Southern Economic Journal*, 1982, 49 (02).

[83] Fischel W A. *Municipal Corporations, Homeowners, and the Benefit View of the Property Tax* [J]. *Social Science Electronic Publishing*, 2000, 54 (1) :157-74.

天然气管网设施公平开放及价格监管研究

郭　琎

内容摘要： 长期以来，我国天然气产业呈“纵向一体化，横向无竞争”的市场结构。党的十八届三中全会后，我国分步推进油气管网设施独立运营、公平开放和天然气管道运输价格监管改革。在油气管网设施独立运营的背景下，确保管网设施所有权和运营权与其使用权相分离，进一步完善管网设施第三方公平准入制度建设和监管，以及加强管输服务价格监管的重要性愈发凸显。通过梳理欧美天然气管输环节改革经验，本研究提出：切实落实管网设施独立运营和公平开放，应遵循管网中立、鼓励竞争和监管独立原则；应明确独立管网运营商、管网设施用户、监管和监督机构的责任；从科学核定定价成本、提高价格监管激励性和优化价格结构三方面强化管输服务价格监管。

与其他化石能源相比，天然气在减少大气污染和控制温室气体排放方面独具优势。在能源需求刚性增长和能源体系清洁转型的双重压力下，我国天然气消费量迅猛增长。当前，我国天然气消费量已突破3000亿立方米，《能源生产和消费革命战略（2016—2030年）》要求2030年我国天然气消费占能源消费总量的比重达到15%左右。天然气生产地和消费地逆向分布，进口依赖度高的资源禀赋特点，促使我国形成了“西气东输、北气南下、海气登陆”的天然气供给格局，也对天然气管网设施的建设和运营提出较高要求。

本研究以我国跨省跨区的天然气长距离管输环节（以下简称“管输环节”）为研究对象。因其明显的自然垄断属性，管输环节改革——管网设施独立运营、公平开放，以及相应的自然垄断环节准入、价格、服务质量和运营安全等监管，是天然气市场化改革的关键。发达国家天然气市场化改革经验表明，通过剥离天然气生产、销售及贸易等业务，实现管网设施独立运营，严格执行第三方公平准入，以及对管输服务价格进行监管等，均是由政府主动实施的、能够支持市场竞争的体制安排（IEA[1]，2013）。在我国，管输环节改革将进一步推动形成上游资源多主体多渠道供应、中间统一管网高效集输、下游销售市场充分竞争的天然气市场体系。本研究就我国天然气管输环节改革的产业结构基础、历程和面临的挑战进行梳理分析，借鉴欧美相关改革经验要点，以期对我国油气管网设施独立运营后的公平开放和价格监管提供启示。

一、天然气管输环节的技术经济特性

天然气产业结构和基本业务包括天然气的生产、管输配送和销售三大基本板块。其中，天然气管输环节是具有自然垄断属性的产业组成部分。天然气管网设施投资建设具有巨大的沉没成本，整个管网设施由一个企业运营具有明显的规模经济性。一般来说，天然气管道运输服务具有成本次可加性。

（一）天然气产业结构

天然气产业结构和基本业务包括三大基本板块，即天然气的生产、管输配送和销售（如图4–3–1所示）。天然气的生产环节是指天然气的勘探开发、生产、集输和加工销售；管输配送环节是指通过大直径高压管道将天然气从生产地输往销售中心（管输），再通过小直径低压管线向当地终端用户供气（配送）；而销售环节则是指地方销售体系，是用地方分销网络将终端用户与管道连接起来的部分。天然气的主要用户群体为居民用户、商业用户、公建用户和工业大用户。

[1] IEA即国际能源署。

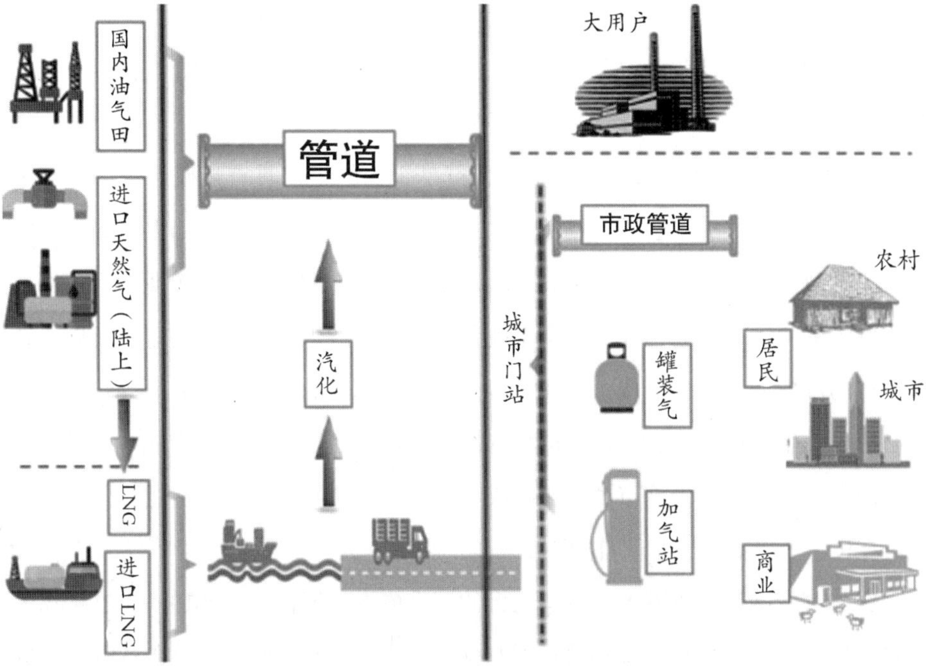

图4-3-1 天然气工业组织结构

资料来源：作者绘制。

（二）天然气管输环节具有自然垄断属性

1. 规模经济性

规模经济是描述或定义自然垄断的主要维度。Farrer（1902）认为，自然垄断行业是那些未曾发生过竞争和即使发生过竞争但最终失败的产业，自然垄断行业的经济特征如下：（1）该产业能够提供某种必需的产品或服务；（2）该产业所处的生产环境和地理条件具有天然优势；（3）产品无法贮存；（4）可靠和稳定的供给安排通常只能在垄断的条件下实现；（5）存在规模经济特征。Stiglitz and Walsh（2006）认为，当一个企业的平均生产成本在市场可容纳的产量范围内不断下降时，将形成自然垄断。Samuelson and Nordhaus（2010）认为自然垄断是指行业中只有一家企业能够有效率地进行生产。Pindyck and Rubinfeld（2013）认为，强大的规模经济效应将导致自然垄断。Mankiw（2018）认为，当满足市场需求的产出存在规模经济时，会形成自然垄断。

可以发现，自然垄断行业的基本特点是企业的生产具有规模经济性，即单一企业的平均生产成本会随市场范围内产量的增加而持续下降；而多个企业共同生产将导致各个企业的产量减少和平均成本上升。因此，由一家企业生产市场范围内所需的产品或服务，较由多个企业共同生产、产生竞争更有效率。此外，企业生产的规模经济性也形成了潜在竞争企业进入市场的壁垒。一方面，在位企业势必扩大其生产规模以满足整个市场的需求，从而实现最低的生产成本；另一方面，潜在竞争企业进入该市场的初始成本很高，无法与在位企业产生竞争。这就使得在位企业的垄断成为“自然”。

天然气管网设施投资建设具有巨大的沉没成本。据估计，2019—2025年我国天然气长输管道平均年投资额将超过1000亿元[1]。这无疑推高了潜在竞争企业进入天然气管输服务市场的成本。此外，整个天然气管网设施由一个企业运营具有明显的规模经济性（Ellig and Giberson，1993），可有效避免由多个企业提供管输服务而出现的重复建设、管网规格不同而不能互相接入，以及因利益保护而造成互联互通困难等一系列问题。

2. 成本次可加性

“成本次可加性”概念的提出拓展了自然垄断理论研究的范畴，将单一产品生产、多产品生产、规模经济和范围经济结合起来。“成本次可加性”是自然垄断形成的充分和必要条件。“成本次可加性”是指由一个企业提供整个产业的产品或服务时，生产成本小于多个企业分别生产这些产品或服务的成本之和。严格的成本次可加性强调，在满足整个市场的产量规模内，任一产出水平上都存在平均生产成本递减的情况。

[1] 资料来源：https://www.sohu.com/a/302606654_252400。

Baumol（1977）和Baumol et al.（1982）基于成本次可加性来定义自然垄断，认为如果在该行业所有产出范围内，企业的生产成本都具有成本次可加性，则该行业为自然垄断行业。Viscusi et al.（2010）认为，成本次可加性涉及全行业的产量是由单一企业生产时成本更低，还是引入一些厂商生产时成本更低；当单一企业生产时实现成本最小，则在全行业产量范围内企业的生产成本具有次可加性。

天然气管输服务的成本次可加性得以验证，并且拆分整个天然气管网系统、引入竞争带来的收益将会被由此导致的规模经济损失而抵消（Gordon et al., 2003）。

二、我国天然气管输环节改革历程

长期以来，我国天然气市场呈现巨型油气综合业务公司垄断下的"纵向一体化，横向无竞争"的产业组织结构。自党的十八届三中全会起，我国分步推进油气管网设施独立运营、公平开放和天然气管道运输价格改革。至2019年底，国家石油天然气管网集团有限公司（以下简称"国家管网集团"）成立，通过油气管网设施的所有权独立，实现了天然气管输环节和其上、下游业务的解绑，并构建公平开放大平台。2021年，国家发展改革委《天然气管道运输价格管理办法（暂行）》和《天然气管道运输定价成本监审办法（暂行）》征求意见公布，标志着我国天然气管道运输价格监管向科学化、精细化、制度化迈出实质性步伐。

（一）天然气管网设施独立运营改革

长期以来，我国天然气产业呈现巨型油气综合业务公司垄断下的"纵向一体化，横向无竞争"的产业组织结构，集天然气上下游、内外贸和产供销于一体的（石油）天然气公司之间形成了寡头竞争格局。从国内生产来看，陆上天然气开采主要由中石油完成，海上天然气开采主要由中海油完成。陆上天然气管道主要由中石油和中石化建设运营，中石油是跨省跨区长输管道的主要投资运营者。各地方燃气公司大多从这两家公司购买管道天然气，也有部分工业大用户直接从上游供气商处购买天然气。这一从生产到运输、配送和大宗销售的纵向一体化经营模式曾为我国天然气产业发展初期的气田开发、管道建设等大规模投资提供了保障（世界银行，2002）。但如今，这一产业组织结构已成为我国天然气市场化改革的桎梏。

近年来，在管道运营安全威胁、排他性供气协议和冬春气荒的催化下，对油气管网设施独立运营、公平开放的呼吁越来越强烈。一方面，随着产业相关技术基础或市场需求发生明显变化，产业中各环节的自然垄断属性或竞争属性也会发生改变（Waterson，1988）。这为剥离自然垄断环节和竞争性环节、建立可竞争市场提供了理论基础。另一方面，天然气管输环节和销售环节纵向一体化不具有范围经济性（Ellig and Giberson，1993）；而天然气管输环节横向一体化则有利于降低整个行业的管输成本，并增进上游市场竞争（董秀成等，2010）。

我国天然气管网设施运营机制改革以党的十八届三中全会为标志。《中共中央关于全面深化改革若干重大问题的决定》提出，“国有资本继续控股经营的自然垄断行业，实行以政企分开、政资分开、特许经营、政府监管为主要内容的改革，根据不同行业特点实行网运分开、放开竞争性业务，推进公共资源配置市场化”。2017年，中共中央国务院印发《关于深化石油天然气体制改革的若干意见》，对（石油）天然气管网运营机制提出改革要求，分步推进国有大型油气企业干线管道独立，实现管输和销售分开。2019年底，国家管网集团成立，将管网设施的所有权和运营权与其使用权分离，实现了油气管网设施的所有权独立。2021年，《天然气管道运输价格管理办法（暂行）》（征求意见稿）进一步要求，国家管网集团应当将管道运输业务与其他业务分离，实行财务独立核算。

（二）天然气管网设施公平开放改革

天然气管网设施独立运营引致了包括第三方公平准入，价格、投资激励和监管等一系列重要的问题。第三方准入是指包括生产商、消费者、运输商或贸易商在内的第三方利用管道运营商的运输能力和相关服务付费，输送其所拥有的天然气的权利。天然气管输环节第三方公平准入为所有市场主体使用管道运输服务提供了平等的机会，是天然气上、下游能够形成充分竞争格局的保障。

2014年起，以国家发展改革委、国家能源局为主导的相关部委先后颁布《天然气基础设施建设与运营管理办法》《油气管网设施公平开放监管办法》和相关配套办法，推进油气管网设施公平开放，并明确监管主体、职责和内容。其中，长输管网设施公平开放的监管主体为国家能源局，监管内容包括公平开放的基础条件、基本要求、信息公开、申请受理、合同履约、法律责任等市场监管，以及天然气管网运行、运输服务的安全监管。

2017年，中共中央国务院印发《关于深化石油天然气体制改革的若干意见》，要求完善油气管网公平接入机制，油气干线管道、省内和省际管网均向第三方市场主体公平开放，从而提升油气管道的集约输送和公平服务能力。2019年，《石油天然气管网运营机制改革实施意见》审议通过，明确将“组建国有资本控股、投资主体多元化的石油天然气管网公司，推动形成上游油气资源多主体多渠道供应、下游销售市场充分竞争的油气市场体系”。2020年5月，中共中央国务院《关于新时代加快完善社会主义市场经济体制的意见》强调，要推进油气管网设施对市场主体公平开放。

在市场主体落实第三方公平准入方面，国家管网集团按照国家有关规定构建公平开放大平台。2020年，国家管网集团按照《油气管网设施公平开放监管办法》的有关要求，在企业官网“公平开放”专栏设立托运商客户管理系统，并公开和滚动更新包括国家管网集团及所属企业基本情况、油气管网设施基础信息、储气库设施基础信息、LNG接收站设施基础信息、油气管道剩余能力、LNG接收站剩余能力、油气管道运输价格、LNG接收站服务价格等相关信息。以天然气管道为例，除服务信息暂缺外，管道运营企业信息、管道基础信息、管道剩余能力和管输服务价格均已公开。基于天然气管网设施满足“优先”运输后的剩余容量，建立“协商的第三方准入”机制。

（三）管输服务价格监管改革

价格监管的动因是自然垄断导致的市场失灵。天然气管输环节具有自然垄断属性，在缺乏有效监管的情况下，管道公司将利用其垄断地位，实行歧视性进入和垄断定价，从而攫取垄断利润。基于管输服务总成本，国际主流的价格监管方式有成本加成监管（或称为收益率监管）和激励性的价格上限制监管（IEA，2012）。

我国天然气管道运输服务价格监管采取成本加成的方式。在1984年之前，我国各条天然气管道的运输服务均实行统一定价。1984年后，各条天然气管道的运输服务价格按照"成本加成"的方法确定——管道建设和运营成本，加上12%的内部收益率（IEA，2012）。因此，运输服务费因管道所服务地区和管道直径、长度而不同；但各条管道的内部收益率由政府统一制定为12%。这一内部收益率高于OECD（经济与合作组织）国家的平均水平，被用于补贴天然气生产、进口和销售等方面的损失，增强了综合油气企业的竞争力（IEA，2012）。

天然气行业体制改革启动后，天然气管输环节也进行了相应的价格监管改革。2016年，国家发展改革委《天然气管道运输价格管理办法（试行）》和《天然气管道运输定价成本监审办法（试行）》（发改价格规〔2016〕2142号）的发布；2021年，国家发展改革委《天然气管道运输价格管理办法（暂行）》和《天然气管道运输定价成本监审办法（暂行）》征求意见的公布，对构建科学、合理、透明的管道运输价格监管体系具有基础性作用，标志着我国天然气管道运输价格监管向科学化、精细化、制度化迈出实质性步伐（杨娟和郭琎，2019）。改革后的天然气管道运输价格监管核心在于如下几方面。

第一，加强定价成本监审。一方面，要求国家管网集团建立符合定价成本监审要求的单独账目和成本核算方法，形成年度成本报告；建立健全内部关联方交易管理制度，按照公允水平确定内部关联方交易费用项目价格。另一方面，价格主管部门组织实施定价成本监审。

第二，提高价格监管科学性。价格监管不再以单条管道为对象，对每条管道单独定价，而是以覆盖不同地区（价区）的管道运输企业为监管对象。定价方法由运用建设项目财务评价原理定价，调整为按照“准许成本+合理收益”的原则定价。价格主管部门在核定准许成本的基础上，通过监管管道运输企业的准许收益，确定年度准许总收入，进而核定不同地区（价区）的管道运价率。管道运营企业根据价格主管部门制定的各地区（价区）运价率，以及管道入口、出口、距离等信息，计算确定管道运输的具体价格。

第三，实行成本和价格信息公开。采取价格主管部门和管道运营企业“双公开”的方式。价格主管部门及时公开定价成本监审结论和各地区（价区）运价率水平；管道运营企业主动公开运营成本、收入信息和具体管道运输价格。

2019年，《油气管网设施公平开放监管办法》提出，油气管网设施服务价格实行政府定价或政府指导价的，油气管网设施运营企业应当按照规定的价格政策向用户收取服务费用；实行市场化定价的，收费标准由供需双方协商确定。国家管网集团公开其管输服务价格如表4-3-1所示，价格区间为0.1103～0.4215元/千方·公里。

表4-3-1 天然气管输价格表（单位：元/千方·公里）

公司	管线	不含税价
川气东送天然气管道有限公司	川气东送管道	0.3508
榆济管道有限责任公司	榆济线	0.4003
联合管道西部分公司	西一线西段、西二线西段、涩宁兰线等	0.1299
西北联合管道有限公司	西三线等	0.1103
西气东输分公司	西一线东段、西二线东段、忠武线、长宁线等	0.2189
北方管道有限责任公司	秦沈线、大沈线、哈沈线、中沧线等	0.4215
西南管道有限责任公司	中贵线、西二线广南支干线等	0.3569
西南油气管道有限责任公司	中缅线	0.3702

资料来源：国家管网集团，油气管网设施公平开放信息公开——天然气管道，https://www.pipechina.com.cn/gpkf/gkxx/1172.html。

三、我国天然气管输环节改革面临的挑战

国家管网集团成立后，将之前从属于多家企业的油气管输环节集中于一体，对其实施以“准许成本+合理收益”为原则的价格监管。我国继续推进“X+1+X”的天然气市场化改革，面临天然气管网设施运营独立性或难以保障、公平开放制度尚不完善、管输服务价格监管仍需加强的挑战。

（一）天然气管网设施独立运营或未改变“纵向一体化”的产业组织结构

天然气管网设施独立运营的目的是，分离管网设施的所有权和运营权与其使用权，避免管输自然垄断环节的市场影响力向上、下游传导，确保各类市场主体能够公平、平等地获得使用天然气管网设施的权利。从而促进天然气上游环节多渠道供应，鼓励有条件进行天然气勘探、开发、进口等上游业务的企业进入市场。同时，通过提供更多的天然气资源选择，也促进天然气下游环节充分竞争。

国家管网集团成立后，“三桶油”仍占据主要的股权份额（参见表4-3-2所示）。其中，中石油因此前是跨省跨区长输管道的主要运营者，管道资产折为股权后占据29.9%的份额；其次为中石化14%；中海油主要进行海上天然气开采业务，其所占股权份额较少，为2.9%。与此同时，天然气上游开采环节仍然竞争不足，中石油占据最大的市场份额。2020年，中石油国内天然气产量达到1304亿立方米，占全国总产量的69%；中石化国内天然气产量突破300亿立方米，占全国总产量的16%[1]。这意味着，从天然气产业整体的组织结构来看，改革前的巨型油气综合业务公司无论在上游开采环节，或是中游管输环节仍占据优势地位。加之，目前天然气管网设施采取“协商的第三方准入”机制，天然气管网设施运营在一

[1] 资料来源：https://new.qq.com/omn/20210121/20210121A090WW00.html。

定程度上受到从事天然气上游开采、下游大宗销售业务的油气企业影响或控制。

表4-3-2 国家管网集团前十大股东

股东（发起人）	持股比例	股东（发起人）	持股比例
中国石油天然气股份有限公司	29.9%	中国石化天然气有限责任公司	4.5774%
中国国新控股有限责任公司	12.87%	国务院国有资产监督管理委员会	4.46%
中国诚通控股集团有限公司	12.87%	中海石油气电集团有限责任公司	2.9%
中国社会保障基金理事会	10%	丝路基金有限责任公司	2%
中国石油化工股份有限公司	9.4226%	中投国际有限责任公司	2%
中保投资基金有限公司	9%	其中："三桶油"	46.8%

资料来源：天眼查。

（二）天然气管网设施第三方公平准入规则尚不明确

从2014年至2019年，由于天然气产销一体化的产业结构未被打破，管网"独立运营"未能真正实现。由于一体化公司竞争下管网设施互联互通困难；第三方公平准入机制不完善；管道剩余容量的计算技术难以统一，分配机制不完善等多种原因，天然气管网的公平开放收效甚微，甚至出现排他性供气的现象。

国家管网集团成立后，成为油气行业独立管道运营商。并且，《油气管网设施公平开放监管办法》在明确管网设施公平开放的基本原则和强化相关监管措施的基础上，就管网设施的使用申请受理、信息公开、天然气计量计价方式改革等实践中影响公平开放的突出问题和关键因素进行了原则性的规定。目前，国家管网集团业务范围尚未明确界定；管网运营规则规范中的经济性和社会性安排或监管暂缺，包括第三方公平准入程序、管道容量和剩余容量分配、各市场主体的权利义务和相互关系等，将会导致第三方公平准入难以落到实处。

具体而言，包括但不限于以下几个方面。

第一，在国家管网集团业务范围方面，"独立管网运营商"为默认，但分业经营制度规定不彻底。没有明确其业务范围，也没有相应的规则（如授权或许可）来限制或排斥国家管网集团从事其他业务。尽管财务独立核算在一定程度上体现了管输环节的独立性，避免了“大”企业各业务板块之间的交叉补贴，但在“协商的第三方准入”机制下，管输自然垄断环节的市场影响力不可避免地延伸或关联到其他业务。

第二，在第三方公平准入机制方面，受我国天然气管网设施的运力和容量限制，现阶段采取“协商的第三方准入”，但对准入规则和程序尚无明确规定。基本机制为，明确油气托运商“申请制”和国家管网集团“集中或分散式受理”方式，国家管网集团公布合同条款、相关规则、技术要求等入网的基本条件，与用户就油气管网设施开放事宜达成一致，则在正式实施前签订服务合同。当前，托运商准入暂时停留在企业信息采集层面；对于受理规则和受理机制，包括受理的门槛或条件、受理的流程、受理的先后顺序等，尚未进行系统的设计和安排。

第三，在相关市场主体的权责规定方面，针对天然气承运商（即国家管网集团），在明确“优先”使用管道容量的基础上，剩余管道容量的分配机制、调度平衡和拥堵管理等规则仍待设计；管输服务质量和安全的制度性保障不足；与地方管网互联互通的方式尚未明确。针对天然气托运商，未说明其使用管道时应遵循的管道运营规范，如承担运输不平衡责任；对应于承运商“优先”使用的管道容量，天然气保供责任也尚未明确。

（三）天然气管输服务价格监管亟待强化

在天然气产销一体化的市场结构下，综合油气企业各板块运营“共担风险，共享收益”，管网建设的巨额投资可以由勘探、销售等业务板块的利润来补充。国家管网集团管输业务实行财务独立核算，油气管网投资、运行和维护等成本将全部从管输服务费中回收。相应地，需解决部分管网设施服务价格水平较低，价格结构不合理，难以弥补管道成本，以及为国家管网集团投资建设和运营维护管网设施提供激励等问题，这对管输服务价格监管提出了更高的要求。

在价格监管方式上，按照“准许成本+合理收益”的原则定价，满足我国现阶段油气管网设施建设高速发展的投资需求。但是，在监管机构与被监管企业之间存在信息不对称的现实情况下，企业易产生过度投资行为。而在价格监管激励性不足的情况下，“大”企业易出现“X-非效率”。由于缺少发现被监管企业“真实”成本信息的科学手段（如对标分析），现行价格监管制度对科学核定定价成本和收益率，从而制定合适的、具备激励相容效能的管输服务费率的支撑不足。在信息公开制度上，可能与国家管网集团成立时间较短有关，定价成本监审和价格监管相关信息公开落实不到位。除国家管网集团在其官网公开了具体管道的运输价格表外，企业和价格主管部门均没有公开相关成本、收入及定价成本监审的相关信息。最后，保障天然气运输质量和安全，并鼓励企业积极开展创新的社会性监管配套仍不充分。

在价格结构上，现行“一部制”定价的局限性随着天然气市场化改革的不断深入而愈发明显（崔媛媛等，2018）。一是不能体现天然气管网用户的差异性，尤其是对均衡供气用户和可中断用户实行相同的价格制度，不利于提高管网利用效率。二是在管网公平开放、管道容量交易的背景下，管输业务风险完全由管道运营企业承担，无法体现与用户合理分担的公平原则。

四、天然气管输环节改革的国际经验

天然气管输环节改革顺应天然气市场化改革的总体要求而不断推进，没有统一的改革路径，大体趋势是：天然气管网设施强制开放，制定监管法律法规以确保第三方公平准入和价格公平。此外，设立监管监督机构和独立监管部门是落实管网设施独立开放和实施有效价格监管的重要保障。

（一）分阶段推进管网设施独立运营和公平开放

天然气管网设施独立运营是落实第三方公平准入的必要条件。尽管政府制定了第三方公平准入机制，或实行第三方公平准入监管，但在纵向一体化的产业结构下，管道公司利用管道容量和价格等信息不对称，仍可实行歧视性进入。已有研究表明，严格的第三方公平准入监管可以在一定程度上抑制纵向一体化垄断的行为，而管网设施独立运营是避免歧视性准入更有效的途径（杨光和田磊，2016）。在强监管下，并不需要天然气管输环节所有权独立，美国、法国、德国等天然气管输环节为结构性独立。而英国和荷兰则采取管输环节所有权独立的形式。

管网设施独立运营和公平开放一般经过鼓励第三方准入，加强政府监管；强制第三方准入，运销分离；以及推进管输业务独立三个阶段（杨光和田磊，2016）。美国、英国、法国、德国、荷兰、新加坡等发达国家均已实现天然气管网设施的独立运营和公平开放（IEA，2019）。美国1978年颁布《天然气政策法案》，鼓励天然气管道公司提供公开准入运输服务；1985年，436号法令鼓励管道公司自愿拆分运输和销售业务，向所有用户公平、无歧视地提供公开准入运输服务；1992年636号法令要求，强制管道公司拆分运输和销售业务，组建独立的天然气销售子公司；天然气管道对第三方公平、平等开放。新加坡已完成天然气运输和供应、销售等竞争性环节的分离，天然气管道运输依照《天然气管网规定》（*Gas Network Code*）进行监管，确立了管网设施的非歧视性准入制度。日本引入天然气运输环节拆分，2017年的改革将天然气产业链细分重组为天然气生产业务、管输服务业务和零售业务三个板块；天然气公司的管道服务业务将于2022年前全面剥离。

欧盟于1998年颁布《天然气内部市场通用规则》，要求成员国将管输业务与天然气贸易脱钩，实行相互独立的管理；在输气、配气和储气业务上推行协商性或强制性第三方公平准入机制；2003年《天然气内部市场通用规则》进一步要求天然气管输业务与贸易的法律独立；2009年《天然气内部市场通用规则》则要求有效拆分天然气管输业务，形成天然气管输业务的财务独立、法律独立或结构性独立，甚至是所有权独立（吕淼，2019b）。英国1997年拆分私有化的BG公司，成立Centric和BG plc（后为国家管网公司，National Grid）两个公司分别经营天然气生产、销售和供应业务，以及天然气运输和存储业务（邓郁松，2017）。与英国类似，荷兰Gasunie Transport Services（GTS）为全国唯一的天然气管道运营商，不具有天然气开发和供应业务（IEA，2019）。法国燃气苏伊士集团的下属子公司GRT gaz管道公司是法国最大的天然气长输管道运营商，专门从事天然气运输业务（吕淼，2019b）。

（二）确立第三方公平准入制度

天然气管网设施的第三方公平准入制度包括以下内容。

一是界定天然气管道运营商的业务范围。天然气管道运营商彻底转变其传统“中间商”的角色，成为专门的天然气运输商，不再从事天然气贸易相关业务。英国早年天然气行业私有化改革失败，表明一体化公司的存在将阻碍市场竞争格局的形成。英国于1986年推动英国天然气集团（BG公司）私有化改革，由于保持了其上游（陆上天然气生产）、下游业务的完整性，加之BG公司与海上天然气生产商签有长期供气合同，天然气市场的竞争格局没有形成（邓郁松，2017）。目前，英国采用“许可证制度”，有效排斥了天然气管道公司从事天然气交易业务（谢青青和周淑慧，2015）。英国天然气相关企业可获得的证书共四类：天然气公共运输企业经营许可证（不含洲际运输业务）、天然气洲际运输企业经营许可证、天然气供应商供气许可证和天然气托运商管网使用许可证。其中，天然气公共运输企业经营许可证（不含洲际运输业务）和天然气洲际运输企业经营许可证与其他任一许可证存在互斥。

二是确立管网设施运营规范。天然气管网设施是天然气产业发展的必要基础设施，天然气运输必须遵守非歧视和公平的原则。1996年，英国《管网条例》（*Network Code*）正式实施，引入“监管的第三方准入”模式（强制准入）。政府明确了第三方进入管网的规则、程序以及管网使用者的责任和义务，并引入了管网日内进出气平衡的制度（邓郁松，2017）。政府所规定的条件是管道运营商提供管输服务的唯一依据，只要符合，管道运营商就有强制缔约的公平开放义务。在爱尔兰，2005年能源监管委员会颁布的《管网运营规范》规定了天然气管道运输的执行标准、容量分配制度、平衡规则、拥堵管理程序等，以及天然气托运商与管道公司之间的交易关系。天然气托运商需向能源监管委员会提交使用天然气管网运输的申请，能源监管委员会同意后，托运商与天然气管道公司（Gaslink）联系，取得管道注入、输出或运输天然气的容量权，并遵守《管网运营规范》（谢青青等，2015）。在美国，大多数管道公司履行“先到先服务”；当管道容量富余时，管道公司也将依据“价高者得”分配可中断管输容量（梁严等，2018）。

三是在管输环节中进一步引入竞争。一方面，天然气管道运营主体多元化发展，形成竞争。目前，美国规模最大的30家州际管道公司拥有约76%的州际天然气管道长度和61%的州际天然气管道容量；其中，Kinder Morgan、Enterprise（ETP）、ONEOK是美国最主要的管道运营商（IEA，2019；吕淼，2019a）。并且，同一管道公司可以在全美拥有和运营多个管道系统，同一地区也可以同时存在不同管道公司拥有和运营的、彼此之间非常接近的管道系统，管道公司可基于管网基础设施布局提升市场中心（IEA，2019）。德国天然气长输体系由包括意昂集团（E.ON）、德国气体联盟（VGN）和莱茵能源集团（RWE）等在内的14家管网公司运营（吕淼，2019b）。另一方面，积极发展管道容量市场及其二级市场，通过容量买卖引入竞争。基于天然气管道容量灵活性及可分割性特征，英美均建立二级管道容量市场。在一级市场，天然气管道公司向天然气运输商或托运商提供管道容量和运输服务。英国一级容量市场由管道运营商（National Grid）向运输商提供管道容量和集输服务。当管道容量有富余时，天然气运输商或托运商可在二级市场进行容量交易（谢青青和周淑慧，2015）。2000年，美国联邦能源管理委员会（FERC）通过637号法令，允许管道公司自愿采取拍卖的方式分配管输容量，该法令进一步解除了天然气运输和销售的捆绑，并在管输环节引入了市场化竞争机制（杨光和田磊，2016；梁严等，2018）。

（三）加强管输服务价格监管

基于天然气管输服务总成本，国际主流的价格监管方式有收益率监管和激励性监管（IEA，2012）。在收益率监管中，监管部门核定管网设施的固定资产投资成本、运营成本，以及合理的投资回报率。再据此计算管道公司应收取的年度费用，作为管道公司的年度允许收入。最后，这些费用将按照不同的方法体现在固定费用和变动费用中。美国早期和欧盟是采用成本加成监管的典型。在1992年之前，美国天然气管道公司允许获得覆盖历史成本加合理收益率的价格水平；其中，合理收益率由负债资本利率和自有资本利润率构成（金素，2006）。在收益率规制下，企业会尽可能通过增加投资影响资本基数，以获得更高的收益，从而鼓励天然气管道投资。FERC（美国联邦能源管理委员会）核定天然气管道运行和维护费、折旧、摊销、税费等成本及合理收益率，并通过组织价格听证会来确保管输服务价格的公平性和合理性（吕淼，2019a）。

在激励性监管中，成本对标与激励性措施，如创新、价格、收入等结合较为普遍。成本对标将寻找或构建合理的管网标杆，将其与实际的管网投资运营绩效进行比较，不仅对绩效不佳的管道公司提供正向激励，也鼓励绩效较高的管道公司继续维持、甚至是进一步提高绩效水平；结合其他激励性措施，如价格上限监管，助力于监管效能提升（WB，2010）。美国后期采用价格上限监管，英国则是采用成本对标和价格上限监管的典型国家。

1992年636号法令颁布后，美国天然气管输服务价格规制采用价格上限监管，同时规定最低价格（IEA，2019）。管道公司向FERC提出管输服务价格提案，FERC在审查后批准管道有效使用期内的最低和最高管输服务价格。实际管输服务价格可根据具体情况由管道公司进行调整，或与管道用户协议，价格浮动幅度或水平不超过所规定的限值即可。管道公司可以在该周期内通过提高运营效率获得更高的利润。如果天然气管道运输的实际回报率低于当前公用事业可接受的回报率，管道公司将有权向FERC提出提高管输服务价格的申请；而当管输服务价格被视为不公正或不合理时，托运商或FERC也将有权提出质疑和诉讼。

英国天然气行业的成本对标分析采用普通最小二乘法估计管道公司的劳动生产率和全要素生产率，将其与标杆水平进行比较。1998年BG（英国天然气集团）

拆分之前，根据其历史成本进行预测，作为未来成本节约的标杆；BG拆分之后，在各个管道公司之间进行比较。管道投资的资本成本与美国进行对标（Parker, et al., 2006）。Ofgem（英国天然气电力市场办公室）对天然气管道运输价格实行价格上限制监管，其监管的对象是天然气管道公司的管输服务价格而不是利润。2010年，英国政府部门BEIS（Department for Business, Energy & Industrial Strategy）和监管机构Ofgem认为，在节能减排的低碳发展要求下，需要改变价格上限的监管模式，以促进能源网络运营企业提供安全、可靠、有效、绿色、智能的服务（Ofgem, 2010a）。Ofgem提出RIIO（收入–激励–创新– 产出）监管模式，并于2013年在天然气和电力的输送和配送环节开始应用，其首个监管周期为8年，第二个监管周期改为5年。在RIIO监管模式下，管道公司的收入（Revenue, R）将通过激励有效输送服务（Incentives, I）、实现技术创新和商业创新（Innovation, I）及达到产出目标（Outputs, O）来获得（Ofgem, 2010b）。RIIO监管模式采用价格上限RPI–X的监管框架，侧重于对“产出（Output）”，而不是“投入（Input）”的监管。RIIO监管模式下的价格规制框架，将通过更高的潜在回报率和更宽松的监管环境等措施来激励管道公司：开展创新活动，以低成本应对可持续供应和低碳供应的挑战；注重投资的有效性或价值，以确保满足消费者的即时需求和未来需求；更好地提供安全、可靠、有效、绿色、智能的天然气输送服务。

在价格结构上，管输服务价格通常由固定费用（管道容量费用）和变动费用（运输气量费用）构成。其中，通过固定费用回收管道相关的长期资本成本，是天然气管输服务总成本的主要构成部分；而变动费用则覆盖实际使用管道产生的运营成本，占天然气管输服务总成本的10%左右（IEA, 2012）。

（四）建立监督机构和独立监管部门

落实监管政策需要数量大、种类多的机构，核心包括监督机构和独立监管部门（马拉谢夫，2005）。监督机构一般整合进行政管理机构中，行使监督、协调和质询监管部门，则提出监管建议，推进改革，完善监管的职能。而独立监管部门，即专门的能源监管部门或天然气（电力）监管部门，不仅能够具备数量充足、专业构成合理、经验丰富的人才队伍，稳定、充足、独立的收入来源，以及在需要时聘请外部顾问的能力；从部门利益理论的角度，也能够克服政府和以往国家垄断的天然气公司之间根深蒂固的利益往来（IEA，2012）。

大部分OECD（经济与合作组织）国家对于采取独立监管模式有助于建立高效的监管体系已经达成共识。他们认为，独立监管能够避免政治对于监管职能和监管执行的不当干预，确保监管由高水平的专业人士实施，确保监管政策和监管环境的稳定和可预期（宦国渝等，2005）。

在美国，联邦能源管理委员会（FERC）监管州际天然气管道（输气管道），州内和市内的天然气管道（输气管道和配气管道）则由州和市的公用事业委员会监管。在全国层面，由于地方政府和州政府均无法对州际天然气管道进行监管，1938年，《天然气法》（*Natural Gas Act*）的通过标志着联邦政府直接参与州际天然气管道的监管，强制要求天然气管道运输服务收取“公正且合理”的费率。监管机构为美国联邦电力委员会（FPC），其后为FERC。FERC的监管目标包括防止歧视性或优先性准入、低效率投资和不公平定价，保障高质量服务，为所有市场参与者提供公平、合理的竞争环境，尽可能引进市场竞争来代替传统监管。FERC的上级监督机构为总统行政办公室管理和预算局下设的信息和监管事务办公室（马拉谢夫，2005）。

英国天然气管道运输于1986年完成私有化改革，并随之建立独立的监管机构——天然气供应办公室（Ofgas），取代国有垄断经营时期的中央燃气管理局（Central Gas Authority）。1999年，电力监管办公室（Offer）和天然气供应办公室（Ofgas）合并后，成立天然气电力市场办公室（Ofgem）。该机构是非政府的国家独立监管机构，以保护电力和天然气消费者的利益为目标，主要职责包括：促进电力和天然气的供应安全和供应可持续性；促进电力和天然气市场发展，并进行市场监管和竞争监管；实施政府规划。在英国，内阁办公室内设的改善监管委员会起到监督机构的作用（马拉谢夫，2005）。

五、经验借鉴和启示

进一步推动形成上游资源多主体多渠道供应、中间统一管网高效集输、下游销售市场充分竞争的天然气市场体系，逐步打造“全国一张网”，提升油气资源配置效率，需要进一步完善天然气管网设施第三方公平准入制度，强化管输环节价格监管，切实落实管网设施独立运营和公平开放。

（一）落实管网设施公平开放的基本原则

管网中立原则。国家管网集团作为独立的油气管网设施运营商，其中立性是第三方公平准入制度确立的保障。具体而言，一是在明确独立管网运营商经营范围的基础上，通过政策法规规定、政府授权约束或许可制度设计等方式确保其管网投资建设、运输调度等业务与油气交易业务及其他业务相互排斥，从而避免天然气管网设施的准入歧视，也避免管输自然垄断环节的市场影响力向其他业务领域延伸。二是由协商准入向强制准入过渡。天然气管网设施作为必要基础设施，应履行普遍服务职责，天然气供应商、居民或组织等消费者拥有无差别、无歧视地获取管网设施运输服务的权利。与协商的第三方准入模式相比，天然气管网设施的强制准入更能体现这一公平性。随着我国天然气管网设施投资建设的推进，应由协商准入模式向强制准入过渡。

鼓励竞争原则。管网设施独立运营和公平开放是天然气市场化改革的关键步骤，也只有在“X+1+X”的天然气市场结构下才具有实际意义。一是在天然气产业链上、下游等竞争性环节鼓励竞争，形成多元化的天然气供应商和用户。这不仅是对管网设施独立运营和公平开放的客观要求，也是其市场主体基础。二是在自然垄断的管输环节引入比较竞争机制。基于现有的管输服务地域划分，可引入区域比较竞争来构建可竞争市场。在容量分配上，除合同（协商）交易外，可设计容量拍卖、容量市场及其二级市场等交易和分配机制。

监管独立原则。经济性监管涉及“消费者-立法机构-监管机构-被监管企业”之间的多重委托代理关系，重在平衡利益关系，保护消费者权益。基于天然气管网设施的自然垄断特性，第三方公平准入和管输服务价格均需要政府监管以纠正市场失灵，而独立的监管体系保证了监管的公平性、权威性和有效性。监管独立要求成立独立的监管机构，依法赋予其监管职能，并制定完备的监管规则，使监管公平公正。“独立”有两方面含义：一是监管机构独立于行政部门，即“政监分离”，监管机构能够独立决策而免于政府机构干预，确保其职能不与政府行政管理职能混淆，而是由专业人士处理监管问题。二是监管机构独立于被监管企业，避免监管决策受到利益集团影响而有失公允。构建包括监管机构和监督机构在内的独立监管架构，监管机构和监督机构由中央政府领导，以保障决策独立，在各省份相应设立省级监管机构。

（二）明确管网设施公平开放的主体责任

明确独立管网运营商和管网设施用户的责任。管网设施公平开放涉及运营商和用户两类市场主体。对于独立管网运营商，在提供管输服务时，切实落实管网设施向第三方公平、平等开放；遵守管输服务准入、价格、质量和安全等方面的监管规定。在现阶段，与管网设施用户就运输标准、容量分配、平衡规则、气质要求、拥堵管理和结算方式等做出约定和承诺；待强制准入推行后，按照政府所规定的条件和要求，向第三方公平、平等开放管网设施。按规定及时公开管输服务受理程序、受理结果和剩余管道容量等信息。在接受监管时，向监管机构定期报送和提供真实、可信的材料，配合监管审查。

对于管网设施用户，如实提交管网设施使用申请，并遵守合同规定和管网运营规范，与独立管网运营商就运输标准、容量分配、平衡规则、气质要求、拥堵管理和结算方式等做出约定和承诺。

明确监管和监督机构的责任。明确监管立法，界定监管目标；监管机构的组织、职责、履职程序、监督和问责机制；垄断企业的义务等。监管机构在实施监管职能时，依法制定管道运营规范、第三方准入程序和价格监管办法，以及相应的实施细则；对市场主体的行为进行审查，对诉讼进行裁判，对违规违法行为进行相应处罚；在管网设施容量有限、气源紧张的条件下或面临重大应急情况时，厘清天然气保供责任。监管机构应确保监管专业、透明和公开，按事件或定期公开监管报告。监督机构对各部门的监管职能进行协调或整合、对监管决策进行质询、对监管绩效进行评估，并提出完善监管的建议。

（三）强化管输环节价格监管

科学核定定价成本。由于监管机构与被监管企业之间的信息不对称，监管机构难以掌握天然气管网投资和运行的真实成本，定价成本监审较为困难。在《天然气管道运输定价成本监审办法（试行）》的基础上，进一步明确定价成本的细分类别和核算标准，以反映成本发生的原因和用途，为判断成本是否计入价格及其合理性提供基础；并且，逐步向制定天然气行业的管制会计准则过渡。建立成本信息的报送、审核和披露制度，对独立管网运营商的投资、运行成本及经营信息实施全方位监管。独立管网运营商按要求报送管网建设投资项目不定期、财务年度定期的成本信息，并对相关材料的真实性和有效性做出承诺。监管机构在各年度，以及定、调价时进行定价成本评估和监审，同时发布定价成本评估报告和定价成本监审报告。

提高价格监管激励性。在现行“准许成本+合理收益”的定价原则下，细化定价参数确定方法和调价周期，引入利润分配机制，并与天然气运输服务质量和安全监管相协调，通过提供经济性激励促使独立管网运营商安全、高效运营。目前，国家管网集团按地域划分服务范围，为引入对标分析和区域比较竞争打下了基础。通过对各地区管网运营企业的投资、运营成本和绩效进行对标分析，不仅能够减少成本信息的不对称，使监管机构尽可能掌握真实成本信息；结合区域比较竞争，创造竞争性市场或压力，也能够为各地区企业提供竞争激励；此外，通过对标分析掌握天然气管网设施平均的投资、运营成本和绩效，为确定公允回报，即“合理收益”，以及核定下一定价周期的价格提供支撑。鼓励部分已实行政府指导价的管网设施率先探索上限制监管。

优化价格结构。天然气管输服务价格逐步向“两部制”定价过渡，适时引入峰谷分时价格制度。对天然气管网设施用户而言，价格制度应起到兼顾公平负担和高效需求引导的作用。不同类型的用户有不同的用气特点和输气需求，如输气是否可中断、负荷是否均衡等，“两部制”定价能够反映不同用户的输气成本，峰谷分时价格能够激励用户平抑负荷峰谷、优化用气需求，削峰填谷。对独立管网运营商而言，价格制度应优化资源配置和覆盖成本。一方面，使管输容量得到充分利用，缓解调峰供气矛盾，提高管网运营效率；另一方面，管网设施的固定成本可以全部或部分通过容量费回收，能够降低运营风险，保障投资的预期收益。

参考文献

［1］ 崔媛媛等. 中国天然气两部制管输价格研究［J］. 国际石油经济，2018（11）：30–42.

［2］ 邓郁松. 英国天然气市场重构历程与启示［J］. 国际石油经济，2017（02）：29–33.

［3］ 董秀成等. 基于库诺特模型的天然气管道一体化研究［J］. 中国石油大学学报（自然科学版），2010（06）：168–172.

［4］ 宦国渝，何晓明，李晓东. OECD国家促进天然气行业竞争及监管改革的经验［J］. 国际石油经济，2005（02）：38–41.

［5］ 金素. 规制理论在中国天然气产业改革中的应用 ［D］. 厦门：厦门大学硕士论文，2006.

［6］ 梁严，郭海涛，王发展，周淑慧. 美国天然气管网设施管输容量分配探析［J］. 国际石油经济，2018（07）：44–52.

［7］ 吕淼. 美国天然气管网基础设施运营与监管经验［J］. 能源，2019a（07）：65–69.

［8］ 吕淼. 欧洲天然气管网基础设施运营与监管［J］. 能源，2019b（09）：66–71.

［9］ 尼克·马拉谢夫. OECD成员国监管政策的演变［R］. OECD研究报告，2005.

［10］ 世界银行. 中国：天然气长距离运输和城市配气的经济监管［R］. 世界银行研究报告，2002.

［11］ 谢青青，王芸，曹跃. 爱尔兰天然气管网第三方准入制度细则研究［J］. 上海煤气，2015（03）：36–40.

［12］ 谢青青，周淑慧. 英国天然气管网第三方准入制度研究［J］. 石油工业技术监督，2015（02）：15–19.

［13］ 杨光，田磊. 天然气管道开放的国际经验及启示［J］. 国际石油经济，2016（04）：37–40.

［14］ 杨娟，郭琎. 我国垄断行业改革进展与深化思路［J］. 宏观经济管理，2019（05）：38–44.

［15］ Baumol, W. J., *On the proper cost tests for natural monopoly in a multi-product industry*［J］. *American Economic Review*, 1977 (67): 809–822.

［16］ Baumol, W. J., J. C. Panzar, R. D. *Willig, Contestable Market and the Theory of Industry Structure*［M］. 1982.

［17］ Ellig, J. and M. Giberson. *Scale, scope, and regulation in the Texas gas transmission industry*［J］. *Journal of Regulatory Economics*, 1993 (5): 79–90.

［18］ Farrer, T. H., *The State in Its Relation to Trade* ［M］. 1902.

［19］ Gordon, D. V., K. Gunsch, C. V. Pawluk. *A natural monopoly in natural gas transmission* ［J］. *Energy Economics*, 2003 (25): 473−485.

［20］ IEA. *Gas pricing and regulation: China' s challenges and experience* ［R］. 2012.

［21］ IEA. *Partner Countries Series* - *Developing a Natural Gas Trading Hub in Asia* ［R］. 2013.

［22］ IEA. *Gas market liberalization reform: Key insights into international practices and the implications for China* ［R］. 2019.

［23］ Mankiw, N. G. *Principles of Microeconomics* ［M］. 2018.

［24］ Ofgem, RIIO: *A new way to regulate energy networks* ［R］. 2010a.

［25］ Ofgem, *Handbook for implementing the RIIO model* ［M］. 2010b.

［26］ Parker, D., Dassler, T., Saal, D.S., *Performance benchmarking in utility regulation: Principles and the UK' s experience* ［R］. *Chapter 6 of International Handbook in Economic Regulation*. 2006.

［27］ Pindyck R. S. and D. L. *Rubinfeld, Microeconomics* ［M］. 2013.

［28］ Samuelso, P. A. and W. D. *Nordhaus, Microeconomics* ［M］. 2010.

［29］ Stiglitz, J. E. and C. E. *Walsh, Economics* ［M］. 2006.

［30］ Viscusi, W. K., J. E. *Harrington and J. M. Vernon, Economic of Regulation and Antitrust* ［M］. 2010.

［31］ Waterson, M. *Regulation of the Firm and Natural Monopoly* ［M］. 1988.

［32］ World Bank (WB). *Benchmarking local government performance on rural sanitation: Learning from Himachal Pradesh, India* ［R］. 2010.

美日欧重要农产品价格调控的经验及对我国的启示

吕云龙

内容摘要：近年来，随着我国重要农产品市场运行环境的变化，价格调控面临新形势，我国迈入中高收入国家行列，重要农产品需求价格弹性明显下降，极端天气和复杂疫情多发频发，供给大幅波动给稳定价格带来更多冲击性挑战，部分商品对外依存度攀升，国际农产品价格输入性风险在加大，全球流动性趋向宽松，加剧农产品价格波动。美国、日本、欧盟经过近几十年的发展，逐渐形成了较为完善的农产品价格调控机制，有力稳定了农产品市场价格。美日欧农产品价格调控政策经历了从自由放任到政府直接干预、再到间接干预和市场化调控的历程，具体调控工具主要包括直接调控工具和市场化调控工具。借鉴美日欧农产品价格调控机制经验，建议明确不同种类商品的具体调控机制，健全民生商品的储备调节机制，完善重要农产品进口的逆周期调节机制，优化重要农产品的批发零售体制，建立统一权威的价格信息数据收集和发布机制，推动农业适度规模经营，构建以绿箱政策为主的农业补贴政策体系。

一、我国重要农产品价格调控面临的形势

近年来，国际国内形势发生了深刻变化，重要农产品价格面临的形势更加错综复杂，各种传统因素和非传统因素叠加交织，对农产品价格调控提出了更高要求。

（一）我国迈入中高收入国家行列，重要农产品需求价格弹性明显下降

我国2019年人均GDP已经超过1万美元，全国居民人均可支配收入超过3万元人民币（城镇4.2万元、农村1.6万元），居民人均消费支出规模达到2.2万元。按照世界银行划分的收入标准，我国居民收入水平已处于中高收入阶段，城乡居民消费正由生存型消费向发展享受型消费过渡，对猪肉、蔬菜、水果、食用油等重要农产品的需求更加多样化，需求的价格弹性进一步下降，供给减少时会放大价格波动。近年来，我国城乡居民消费结构升级使以生存需求为目标的粮食需求量减少，对农副产品提出了更加绿色更高品质的供应要求，出现了结构性供求矛盾，劳动力成本上升，绿色化供应成本抬升，部分地区改善型的中高端农副产品价格上涨带动整体价格稳中上涨。

（二）极端天气和复杂疫情多发频发，供给大幅波动给稳定价格带来更多冲击性挑战

根据中国气象局气候变化中心发布的《中国气候变化蓝皮书（2019）》，气候系统的综合观测和多项关键指标表明，我国气候系统变暖趋势进一步持续，极端天气事件趋多趋强，气候风险水平呈显著上升态势，表现为暴雨过程频繁，登陆台风多，高温日数连创新高。各类极端天气及相关次生灾害，给我国农副商品的产供销体系带来了巨大影响，显著扩大了全年的供给缺口。每年台风季高温多

雨，蔬菜价格总会呈现“过山车”走势，2019年的水果价格大幅上涨也与南北方相继遭灾减产密切相关。突发恶性动物疫情明显增多，尤其是2018年7月开始席卷全国生猪生产省份的非洲猪瘟，导致2019年生猪和猪肉价格持续大幅走高，精瘦肉零售价格同比涨幅一度超过110%，给稳定物价总水平和普通居民生活带来了较大的冲击性影响。2003年暴发的“非典”疫情和2020年暴发的新冠肺炎疫情，科学研究表明，都属于源自动物传染人，然后在人际间广泛传播的重特大疫情，对于经济产生冲击性影响，短期导致医疗保健、食品、农资商品价格产生大幅异动，市场出现脱销、断供，加剧了消费者恐慌心理和局部抢购行为，抬升了生产经营企业的产销成本，从而也给稳定物价总水平带来较大的不确定性影响。

（三）部分商品对外依存度攀升，国际农产品价格输入性风险在加大

随着农副产品贸易全球化加快和我国对外开放程度不断提高，国内外市场连通性增强，国内外农副商品市场的价格联动显著增强，同时也为更好保障供应安全带来了挑战。全球主要农副产品出口国的贸易政策变动和因自然灾害或疫情减产情况等导致国际市场农副产品价格大幅波动，给我国稳定国内重要农产品价格带来了不小的输入性风险。据测算，2020年大豆进口依存度接近90%，2010—2020年大豆的国内价格与国际价格的相关系数超过0.9。尤其是近两年，受中美经贸摩擦影响，国际市场大豆期货价格波动剧烈，向国内豆油、豆粕价格传导的时间明显缩短且共振频率增大，对食用油和禽畜饲料都产生了相当影响。从传统意义来讲，猪肉本来是自给率很高、对外依存度很低的商品，但是受非洲猪瘟疫情影响，为了弥补短期产生的较大供给缺口，我国猪肉进口快速增长，2020年同比增加一倍多，已达439万吨，占国内消费量的比重超过10%。受我国猪肉进口需求量暴增的影响，美国、欧洲、东南亚等生猪饲养大国放量生产猪肉，国际市场猪肉贸易价格大幅抬升，随着我国进口依存度提升，也会向国内市场传导。不只是大豆、猪肉，其他作为重要原材料的农副产品，一旦供给因不可抗力出现“硬”缺口，也会出现类似依存度短期扩大、输入性影响增大的情况，同时还需要考虑

国际汇率、原油等影响农用物资价格变化的其他因素。

（四）全球流动性趋向宽松，加剧农产品价格波动

近年来，随着越来越多农副商品相关生产流通企业集团上市，同时期货市场农副商品期货、期权品种的拓展，资本获得了更多渠道进入农副产品生产、经营、批发、零售等各个环节，并通过加减持股票（含基金）、套期保值、期现货市场联动操作等方式谋求溢价收益，客观上增强了农副商品的金融属性，同时也放大了农副商品期现货价格的波动率。尤其是随着部分农副商品国际和国内市场连通性增强，部分国际基金（国际ABCD四大粮商，即美国ADM、美国邦吉、美国嘉吉、法国路易达孚，其股东不少是国际基金）同时在国内外期现货市场进行跨市套利的案例不在少数。特别是2008年国际金融危机以来，各国为刺激经济采取超常规货币政策，全球市场流动性一度过剩，推涨了国际农副产品的期货价格。同时，国内各地农产品现货电子盘交易和金融衍生品一度发展过热，部分重要农产品相继成为热钱炒作对象，一些投机者利用资金操控现货库存的进出库节奏，同步做期货盘，通过高杠杆博取巨额利益，导致农产品价格出现大幅异动。近5年来，玉米等主粮库存高企、产能过剩成为了加速食品价格回落的因素，于是“去库存”成为深化农业供给侧结构性改革的举措之一。同时，伴随国际社会开启货币政策常态化进程，一度趋向收缩流动性，国内外大宗农副产品价格进入下跌周期。但是，2018年以来，非洲猪瘟疫情成为国际金融资本炒作的新热点，伴随我国生猪和猪肉供给产生了“硬”缺口，可以观测到大量资金进入生猪生产流通环节，以能繁母猪、产品畜、饲料、冻猪肉等为标的的资金炒作也纷纷出现，牧原等主要猪业龙头股市值大幅飙升，肉类相关股票基金等衍生品也获得追捧。在现货领域也出现“炒猪团”“囤猪”等非理性操作，放大了局部市场的供给缺口，扰动生猪和猪肉市场价格波动。无独有偶，2019年上半年的水果价格持续大幅上涨，虽然有灾害导致供给严重下降的因素，但也与苹果期货等库存相对集中、盘面规模较小容易被资金操纵有关，投机资本收购苹果囤积以抬高市场价

格等操作，都使得短期内苹果价格超出了季节性波动范围，产生了明显的金融泡沫。这些都值得在未来调控过程中予以警惕。

二、美日欧重要农产品价格调控的历史沿革以及主要模式

美国、日本、欧盟经过近几十年的发展，逐渐形成了较为完善的农产品价格调控机制。

（一）从放任自由到政府直接干预

在第一次世界经济危机以前，发达国家信奉自由市场，因此极少对经济进行干预。相应地，在农产品的市场价格领域也没有进行直接调控。然而，在1929年发生经济危机后，西方国家才开始普遍意识到，设计一套逆周期措施以平抑价格波动是十分重要的。1933年，美国制定了本国第一个综合性的农业法案——《农业调整法案》，该法案旨在稳定农业生产以及农业收入水平，以保持农业长期稳定发展，并为实现这一目标提出强制性贷款制度、最低保护价和补贴等一系列调控政策。1962年，欧洲签订《建立农产品统一市场的折中协议》，这一举措是实行共同农业政策的开端，主要目标是迅速恢复农业生产力水平和保障粮食安全，并为欧共体共同农业政策的实施提供资金支持，成立“欧洲农业指导和保障基金”。1946年，日本以保证粮食生产和调整农业劳动力结构为调整目标，出台了《食物紧急措施法》，同时颁布了《农地调整法》实施土地改革，《农业协同组合法》恢复日本农协。

（二）逐步转向间接干预和市场化调控

20世纪70年代之后，调控措施逐步转向间接干预和市场化调控。由于农产品大量过剩，在1985年和1990年的两部农业法案中，美国开始下调其目标价格，通过实施出口提高计划、开展全球食品援助计划等，试图向国际社会提供多余食

品以拓展其销路。此外，这一时期的农业法案突出强调农业可持续性，对土地保护、地下水污染治理力度加大，并实施生态脆弱区的退耕计划。2003年，欧盟在共同农业政策改革中将目标设定为：发展绿色、无污染的农业生产模式，提升农产品生产质量，降低财政预算、保障农民收入，促进市场化改革、促进农村区域发展。1999年，日本新基本法主要有四大目标：确定保障主粮供给（核心目标）、引入农业多功能性、注重农业的可持续性、注重农村发展。

三、美日欧重要农产品价格调控的政策工具比较

（一）直接调控工具

1. 价格干预政策

美国政府主要通过公共储备吞吐来调节农产品市场价格，以此稳定农场主的收入。但是，储备调节政策在发挥作用的同时对市场存在扭曲作用，且实施成本过高。因此，储备的调控功能逐步减弱。在1996年的农业法案中规定，联邦政府仅持有包括玉米、小麦、大米和高粱等四类农产品400万吨用于对外援助。

欧盟早期主要采用农产品价格支持政策，价格支持也是共同农业政策的核心。价格支持政策由“干预价格”“目标价格”“门槛价格”三个政策性价格组成，虽然在最新的政策体系中逐渐淡化价格支持政策，但是这些政策曾经在欧盟农产品市场调控政策的历史上发挥过重要作用。

日本对其指定肉食（猪肉和牛肉）实行价格安定带制度，主要由农畜产振兴机构（ALIC）负责调控，旨在维持消费者价格稳定和稳定肉类生产。当市场价格高于安定上位价格时，ALIC则会负责出售其储备的猪肉或牛肉，同时减免进口关税。当市场价格低于安定基准价格时，ALIC首先对猪肉和牛肉加工企业以补贴或行政干预的方式促进其增加储备，同时ALIC也会直接入市收购以稳定价格。

日本农畜产业振兴机构对其安定带上下限价格有着明确的计算方法，其公式为：

安定价格=基准生产价格×生产成本变化率×胴体换算系数×浮动系数

其中各指标含义如下。

基准生产价格：为基准期间的平均农户销售价格，其中猪肉取过去 5 年的平均农户销售价格，牛肉取过去 7 年的平均农户销售价格。

生产成本变化率：基准期内生产成本的年度变化情况，具体计算公式为如下。

如计算：2016年猪肉生产成本变化率=（2016年当年生产成本预估值）/（2010—2014年生产成本平均值）

再相应地计算：2016年牛肉生产成本变化率=2016年当年生产成本预估值/（2008—2014年生产成本平均值）

胴体换算系数：猪或牛农户销售价格和胴体批发价格之间回归所得的系数，猪肉取最近5年数据计算，牛肉取最近7年数据计算。

浮动系数：决定价格带之间距离的重要参数，猪肉取值为±15%，牛肉取值为±13%。浮动系数取正值以确定安定上位价格，取负值以确定安定基准价格。

上述内容如图4-4-1所示。

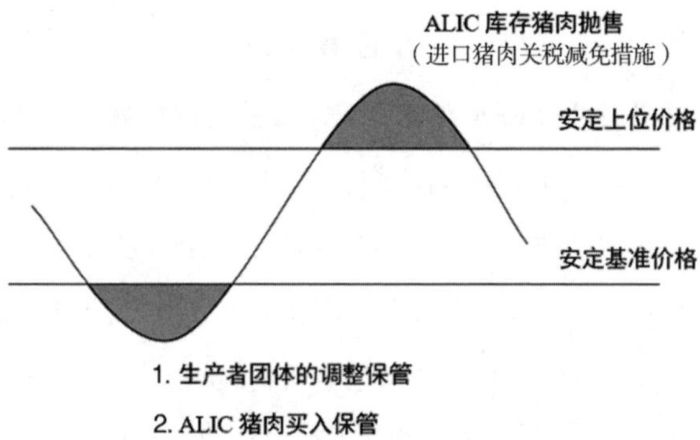

图4-4-1　日本的价格安定带制度

数据来源：日本农林水产省。

从政策实施的实际情况来看，猪肉价格相对平稳，大部分时间均在政府调控安定带范围内。如图4-4-2所示，同时参考专栏1的内容。

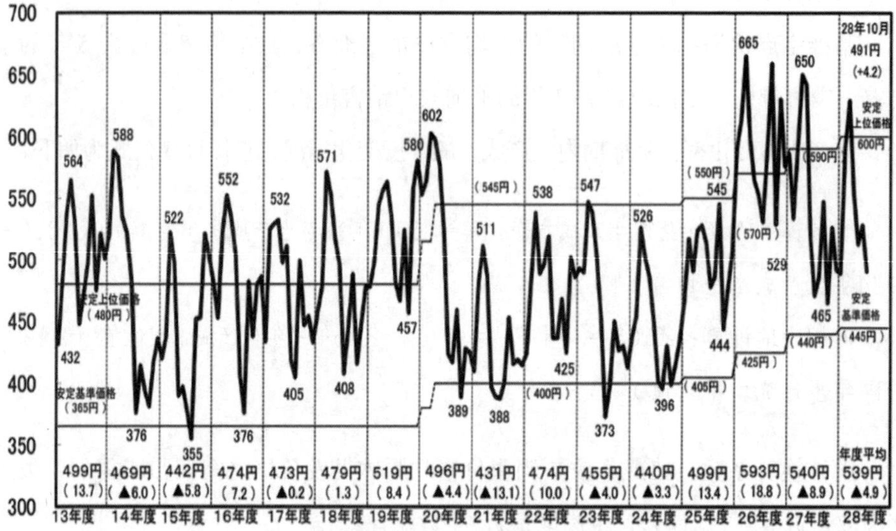

图4-4-2 日本价格安定带制度运行情况

注：选自日文文献原图。

数据来源：日本农林水产省。

专栏一 中日猪周期对比

我国猪肉价格具有明显的周期性波动，且呈现出周期短、波动幅度大的特征。2006年以来，我国经历了4轮猪周期。如图4-4-3所示。

第一轮猪周期是2006年年中—2010年6月，历时4年左右，上行期涨幅为135.3%，下行期跌幅为43.3%。此轮猪周期主要受内生动力以及高致病性猪蓝耳病、甲型H_1N_1（猪流感）疫情等外部因素共同推动。

第二轮猪周期是2010年6月—2014年4月，历时约4年，上行期涨幅为104.6%，下行期跌幅为43.5%。此轮猪周期主要受内生动力推动，外部因素干扰较少。

第三轮周期是2014年4月—2018年5月，历时4年，上行期涨幅为76.6%，下行期跌幅为47.7%。此轮猪周期主要受环保政策、爆发猪丹毒疫情推动。

第四轮周期为2018年5月—至今，已历时2年半，上行期涨幅为253.2%，价格上涨幅度为历次猪周期之最，当前猪肉价格仍处高位，预计2021年后进入下行周期。本轮猪周期受到非洲猪瘟、环保限产政策、猪周期内生上涨动能、规模化养殖等多重因素影响。

综上，我国每轮猪周期持续4年左右，上行期平均涨幅超过100%，下行期平均跌幅在45%左右。

图4-4-3　2006年以来22省份猪肉平均价格走势（单位：元/千克）

数据来源：中国畜牧业信息网。

日本猪肉价格同样存在周期性波动，但是呈现出周期长、波动幅度小的特征。1995年以来，日本经历了三次猪周期。第一轮猪周期是1995年12月—2001年8月，历时5年8个月，上行期涨幅为11.02%，下行期跌幅为6.9%。第二轮猪周期是2001年8月—2012年5月，历时10年9个月，上行期涨幅为16.4%，下行期跌幅为12.0%。第三轮猪周期是2012年5月—至今，上行期历时6年2个月，涨幅为21.6%。可以发现，日本猪周期明显拉长，波动幅度也远远小于我国。如图4-4-4

所示。

图4-4-4　1995年以来日本猪肉价格走势（猪肩肉，单位：日元/克）

数据来源：日本农林水产省。

2. 直接补贴政策

（1）美国。利用贷款价格保障农户短期融资，形成差额支付补贴。当实际销售的市场价格高于贷款价格，则需要归还农民的借款；当市场销售价格低于政府划定的贷款价格时，生产者可以选择不归还贷款，而把抵押物的所有权转让给商品信贷公司。利用直接支付和反周期支付保障农民收入。农场面积大于10英亩的农场可以参与目标价格保障计划。目标价格的设置高于贷款价格，如果市场价格低于目标价格水平，政府为保证生产者收入达到目标价格水平，需要向生产者进行直接支付，并且当市场价格低于有效价格时，还能够获得反周期支付收入补贴。在预算吃紧、价格持续下跌的双重压力下，2014年美国对2008年农业法案中商品计划做了较大的调整。在农业补贴政策方面，设立价格损失保障和农业风险保障项目，取消农业直接补贴、反周期支付和平均作物收入选择补贴，农民可选择其中一种参加。2018年美国农业法将继续实施价格损失保障项目和农业风险保障项目。

（2）欧盟。欧盟为了能实现在WTO谈判中的承诺，不断减少对市场价格的直接干预，转而将直接补贴政策作为农业生产者收入支持的重要工具。早期欧盟补贴政策十分复杂，并且多与生产挂钩，但2006年以后开始改变。原欧盟十五国开始实施将生产者补贴与农业生产相分离的脱钩补贴，即单一支付补贴。新的补贴方式更加重视不同规模和资源禀赋存在差异的农业生产者之间的收入公平问题。

（3）日本。生产者补给金制度。随着日本牛肉、乳品市场的开放，日本国内牛肉和乳制品价格受到巨大冲击，价格持续走低。为了防止本国肉牛和奶牛养殖者利益受损，日本开始对其肉牛和乳牛养殖者实施生产者补给金制度。该制度为生产者设定了保证基准价和合理化目标价格进行生产者补给金支付。如果肉牛平均售价位于保证基准价格和合理化目标价格之间，按照保证基准价格和肉牛平均售价之间的价差发放生产者补给金，这部分费用由国家承担，农畜产业振兴机构（ALIC）负责发放。如果市场价格高于保证基准价格，养殖户不会得到补贴。

3．国际贸易政策

（1）美国。关税和关税配额。美国主要通过使用关税和关税配额限制农产品进口。虽然美国进口平均关税较低，但是配额外关税水平很高，平均农产品配额外关税超过40%，个别农产品配额外关税甚至超过100%，限制进口可以保证国内农产品价格处在一个较为合理的水平。

（2）欧盟。欧盟所实施的贸易调控政策工具主要有关税、关税配额、特别保护和非关税措施。近年来，欧盟贸易调控政策更为隐蔽，逐渐转向通过非关税措施进行市场调节。

（3）日本。对于进口依存度较高的农产品，日本政府实行政府进口转售制度，以避免国际农产品价格波动对国内价格的冲击，同时还将转售中的盈利作为其农业补贴政策的资金来源。

（二）市场化调控工具

1. 农业保险支持

（1）美国。美国农产品保险的险种主体有五类：收入保险、单产保险、实际产量历史保险、团体风险保险和多风险农作物保险。此外，针对特定农产品还设有特定产品的保险品种：棉花的收入保险计划、白菜收入保险计划和山核桃收入保险计划等。

（2）欧盟。欧盟主要保险品种包括：灾害保险和产量保险。由于欧盟成员国在地理区位上的差异，其气象和自然条件差异较大，因此欧盟成员国在各自农业保险的设置上会根据其面临的风险差异而有所不同。

（3）日本。由于日本自然灾害频发，其农业生产受到气候和自然等不确定因素影响较大。因此，在1938年就出台了《农业保险法》，1947年颁布了《农业灾害补偿法》，成为农业政策性保险实施的法律依据。

2. 金融衍生品市场的利用

（1）美国。美国利用期货期权对农业经营风险进行分散，在农产品市场稳定、保障农民收入方面发挥着重要作用。早在1848年，美国82位粮食贸易商在芝加哥组建了芝加哥期货交易所，进行大豆、豆油、玉米、小麦等农产品的期货交易。此外，原糖、棉花在纽约NYBOT交易所（即纽约期货交易所）交易。目前，美国期货市场有近30种农产品期货合约和20多种期权合约。

（2）欧盟。当前欧洲地区交易的农产品期货中，以伦敦国际金融期货期权交易所（LIFFE）的品种为主，如制粉小麦、可可、罗布斯塔咖啡、油菜籽、白糖等。

（3）日本。目前日本较大的农产品期货交易市场主要包括东京谷物商品交易所、关西商品交易所、福冈商品交易所。期货市场上的农产品主要包括大豆、玉米、红小豆、粗糖、大米、咖啡豆、马铃薯等。2012年以前，多数日本农产品期货均在东京谷物商品交易所进行。2012年以后东京谷物交易所面临解散，大豆、玉米、红小豆、粗糖等期货交易转移至东京工业品交易所。2011年开始的大米期货交易则转移至关西商品交易所进行。

四、美日欧重要农产品价格调控经验对我国的启示

（一）我国农产品价格调控政策选择面临的约束条件

1. 约束之一：区域性生产与全国性消费的特征

近年来，我国农业供给侧结构性改革深入推进，粮食、油料、生猪、部分蔬菜等重要农副产品生产进一步向优势产区集中，“区域性生产、全国性消费”的特征越发突出。例如，13个粮食主产区的粮食产量占全国粮食总产量在75%以上；生猪生产日益向几大主产区集中；秋冬反季节蔬菜种植向南方产区集中，强化了冬季“南菜北运”格局。客观上，农副产品产区更加集中导致灾害风险的分散能力有所降低，主产区一旦遭遇疫情或灾害性天气，因灾大幅减产即可能导致价格大幅波动，如若叠加资本炒作，生产集中度高的产品价格波动幅度会更大。近年，猪肉、鲜菜鲜果都先后碰到甚至多次出现这种情况。

2. 约束之二：小生产与大市场之间的矛盾

分散小农生产与大市场的矛盾，一直以来都是造成重要农产品供给不稳定和价格较大幅波动的结构性原因。我国农业基础设施依然薄弱，中低产田占比仍然较高，农资装备水平还不够高，综合机械化水平不到70%，社会化服务体系不健全，抗灾避疫的能力不够强，“靠天吃饭”的局面没有得到根本性改善。近年来虽然农业组织方式有所改进，但产业龙头企业、专业合作组织等新型主体发育仍然迟缓。在重要农产品市场流通体制改革不断推进，农副产品市场化程度明显提高的情况下，小农生产需要面对更加复杂多变的市场挑战，生产不稳定性进一步加大，部分品种价格大起大落时有发生。

（二）进一步完善我国农产品价格调控的政策建议

1. 明确不同种类商品的具体调控机制

增加猪肉零售价格作为生猪和猪肉价格调控的主要指标。当前我国生猪调控预案将猪粮比价作为主要预警指标，但是，一方面近年来人工成本、经营成本迅速上涨，粮价难以完全反映养殖成本；另一方面仅盯住猪粮比忽略了历史价格，很难降低波动幅度。建议将猪肉零售价格作为预警指标，设置猪肉零售指导价格，指导价格设定公式中既包含过去4年养殖户平均出售价格（考虑到过去几轮猪周期平均持续时间在4年左右，所以取过去4年平均价格），也包括生产成本变动率。生产成本应包括饲料成本、人工成本等。考虑到成本差异等因素，猪肉零售指导价格设定应因地制宜。此外，政府收储吞吐力度较小，缓解猪肉价格波动能力有限，应加强政府、协会和企业等协调合作，同时加大财政支持力度，扩大政府收储能力。

蔬果蛋奶等商品以超过以往5年季节性波动率的涨（跌）幅为预警标准。根据分析，鲜菜、鲜果、禽蛋、奶类的种养殖的周期相对较短，季节性波动特征比较明显，不妨适当提高对价格波动的容忍度，而以过往5年同期价格波动率的均值作为参照。如果累计15个工作日超过同期波动率均值的15%则启动预警，如果连续1个月超过同期波动率均值的25%，则需及时启动价格调控机制，恢复生产，修复供给缺口。

设置粮油“上有顶、下有底”的价格稳定带。在口粮现有最低收购价基础上，设立口粮价格上限调控标准。大米、面粉等口粮价格连续1个月持续上涨，累计涨幅超过过往5年同期平均水平25%时（或上游收购价高于最低收购价25%），需密切监控市场动向。必要时及时采取抛储等措施，防止粮价持续过度上涨。鉴于玉米取消了最低收购价，且主要用于饲料粮，适当拓宽价格波动容忍区间，暂不设上下限制。但对于局部市场的断供、区域价差过高（或过低）情况，应及时预警。对于食用油，以上游原材料价格波动幅度作为预警标准，当连续15个工作日大豆价格累计涨（跌）幅超过20%，油菜籽价格累计涨（跌）幅超过15%，有必要采取有效措施防止价格大起大落。

2. 健全民生商品的储备调节机制

目前，应进一步健全重要民生商品的物资储备体系，完善重要民生商品的储备调节机制，进而在关键时期有利于扩大投放规模，保证市场供应充足和价格稳定。

一是探索多元化市场化储备模式。鼓励各省份批发零售市场等大型骨干市场和商超连锁加大货源储备；依托农民合作社、种菜大户等开展生产基地就地储备，支持产地地窖、冷藏库等仓储设施建设，实现“藏菜于农”“先储后运”，在降低农民种植风险的同时保障市民消费需求；通过公开招标等方式择优选择并依托农产品骨干生产流通企业承储。平常时期正常轮换，应急时按指令投放，发挥好储备蔬菜对市场的调节作用。

二是构建科学高效的储备信息管理系统。结合我国物资储备发展现状，统一标准和规则，满足大数据应用对基础设施建设和数据采集的要求，以推动物资储备流程标准化为切入点，构建储备信息管理系统，提升动态管理水平。

三是科学把握投放节奏。结合民生商品市场出现供应偏紧乃至断档缺货、价格显著上涨等情况，合理把握投放节奏和力度，在重要时间节点适时、多渠道地集中投放农副产品、医用物资、农用物资，保持总量动态平衡，增加市场供应，保持民生商品的价格在合理范围内。

四是建立储备资金保障体系。明确规定每年从国家财政收入中提取一定比例作为国家储备资金积累。收储物资的资金可通过财政拨款、贷款贴息等方式给予保证。储备物资在出库、轮换中出现的资金盈亏也应由国家掌控，缴纳盈余，弥补亏损。在储备加强的趋势下，财政应确保仓库运行资金逐年增长。各地也要加强对民生商品储备的政策支持力度。如果已落实储备补助资金的城市要据实兑现，尚未落实的要限期到位，有条件的城市要对储备过程中发生的合理仓储费用、对企业建设和改造储备相关设施所需资金给予适当的补助，对企业开展储备及相关设施建设给予信贷贴息支持。

3. 完善重要农产品进口的逆周期调节机制

完善重要农产品的进口调节机制，为实现保供稳价奠定基础。

一是开拓多元化进口渠道。对于大豆等进口依存度较高的农产品，加强与巴西、阿根廷、加拿大和“一带一路”主要油脂油料生产国家的合作，积极开拓和培育新的大豆供应国家和地区，通过大量海外屯田、并购、合作经营、长期租赁等方式，扩大海外粮食生产能力和控制能力，丰富进口渠道，构建更加多元的进口大豆供应体系。

二是充分发挥进口调节尤其是非关税贸易壁垒措施的作用。加强对国内外检验检疫标准的研究，借鉴国际经验，构建进口农产品的技术性贸易措施，发挥技术手段对进出口的调节作用。建立相关部门之间的沟通协调机制，在农产品进口可能对国内产业造成影响，或者国内农副产品市场出现明显缺口需要扩大进口产品时，执行相关法律法规和检查手续，从而充分发挥进出口市场化调节作用。

三是全面增强农副商品“走出去”和“运回来”能力。鼓励各类企业根据市场规律，有序开展农业对外合作，通过大量海外屯田、并购、合作经营、长期租赁等方式，扩大海外粮食生产能力和控制能力，在实践中逐步增强对国际粮食市场生产、流通和仓储等环节的掌控能力，促进优质农产品“运回来”。对于在海外生产的、国内需求较大的一些优质、有机农副产品，可通过税收、配额、跨国原材料采购等方式，理顺优质农副产品运回的体制机制，逐步构建我国的重要农产品及其上游农副产品的全球大循环体系。

四是提升重要国际农产品的定价权和影响力。夯实国内农产品期货市场体系，完善大宗商品市场准入制度，促进期货市场和现货市场有效关联，更好发挥价格发现和套期保值功能，优化交易者构成结构，大力吸引实体企业和规范中介机构参与交易，加强与国际规则对接。着力推动以大连商品期货交易所、上海期货商品交易所、郑州商品期货交易所为代表的国内大型交易所的国际化步伐，加大产品体系创新力度，加快交割仓库全球布局，完善期货交易平台规则体系，完善和拓展交易平台功能，发挥我国大宗农产品消费中心的影响力，逐步实现由国内定价中心向亚太区域性定价中心、全球定价中心的战略转变。

4. 优化重要农产品的批发零售体制

一是健全完善异地产销协作机制。各省应加强与供货地政府、流通企业和农合组织沟通联系，加大调运力度，稳定市场供应。建立大型流通企业产销对接和调运机制，鼓励大型超市、连锁经营企业、批发市场直接与周边产地建立长期产销合作关系，创新“互联网+菜篮子”“超市+平台+基地”“市民+平台+基地”等线上线下交易模式，进一步减少产销中间环节，降低交易成本，进一步保障新鲜蔬菜等农产品的货源供应。

二是不断探索农副产品的流通模式。围绕拓宽流通渠道、促进产销对接、破解买难卖难目标，利用知名农业品牌营销、农村电商销售、网络直播、主播带货、短视频营销、节日新消费市场培育、“农产品+”展会创新等多种营销手段，不断探索创新农产品市场营销模式。同时，积极推进社区智慧微菜场建设，发展社区生鲜网店，引导农产品流通企业拓展产销一体化运营模式和线上线下销售渠道，提高保供稳价水平。

三是加快改善流通设施条件。鼓励社会资本积极参与建设惠民生鲜超市、搭建农副产品电商销售平台，积极打造公益性与市场化相结合的流通设施。同时，加快建设和改造农产品批发市场，积极地将本地农产品批发市场建设成为一个配送能力更强、供应品项更全、智能化效率更高的城市农产品物流配送中心。

四是加大对特殊人群和困难群众的消费补助。做好政策衔接，注重发挥社会救助、价格补助等政策合力，缓解重要民生商品价格上涨对困难群众的影响。各级民政、社会保障、退役军人事务等部门要确保及时足额发放价格补助到困难群众手中。完善基本生活必需品价格上涨与困难群众生活补助联动机制，密切关注城镇低收入居民基本生活费用价格指数变化，一旦达到启动条件后立即上涨补助额度。高度关注大中专院校学生食堂猪肉供应和饭菜价格，在原材料、用工等运营成本短期内快速上涨时，通过高校食堂饭菜价格平抑基金稳定饭菜价格。

5. 建立统一权威的价格信息数据收集和发布机制

提高监测精准度和及时性。针对粮油、蔬菜、肉蛋等农副产品，以及农药、肥料、种子等农资产品的价格变化情况开展监测，重点监测农副产品批发市场商品供应量变化情况和重点超市商品供应情况。在特殊时期，加强监测密度和节奏。利用信息化、大数据等科技手段，整合社会信息资源，加快建立集中、权威、统一的重要农产品供给、需求、成本、储备、库存、进出口、批发零售价格等产供销全产业链信息发布平台，对重要农产品价格信息的采集、发布以及预警等过程进行协同管理，实现重要农产品及上游农副商品公共信息数据的兼容与共享，彻底改变多部门企事业单位分散收集、发布市场价格信息的混乱格局，建立健全统一、协同的上下游价格搜集和发布联动机制，为提高重要农产品的科学性和精准性提供重要支撑。建立农产品供需月度、年度报告公开发布制度，借助先进科技装备及时预警自然灾害、降水量分布、病虫害疫情等冲击性情况，使生产者和消费者及时了解和掌握国内、国际不同品种农产品市场供求和价格变化情况，为引导全社会种养殖安排提供公共服务。

6. 推动农业适度规模经营

通过土地流转、土地托管、合作经营和订单农业等形式，培育种植大户、家庭农场、合作社等经营主体，提高规模效益。把发展农民专业合作社作为实现农业适度规模经营的重要途径，通过项目扶持、典型带动和规范引导，积极培育发展农民专业合作社，实施标准化生产，打造农产品品牌，充分发挥农民专业合作社推动土地规模经营的辐射效应，推动传统农业向农业集约化、规模化的发展和转变。

7. 构建以绿箱政策为主的农业补贴政策体系

优化简化补贴门类，补贴目标由农业生产转向农民收入。中国的农业补贴政策是在不同时期陆续出台的，不仅呈现小而散、碎片化的特征，而且具有显著的增产导向，被WTO（世界贸易组织）视为黄箱政策约束范围。一方面，应当对农业补贴政策体系进行优化和简化，将一般性的农业补贴明确为农民收入补贴，与产量、品种等指标脱钩，使之成为符合WTO规则的绿箱政策。注重发挥市场形成价格作用，将直接价格支持政策改为加大对轮作休耕、绿色发展、环境保护、人员培训等方面的“绿箱”补贴政策。另一方面，改进补贴方式，应采用更加市场化商业化的方式来实现补贴目标，逐步引导农业生产向高品质高附加值的方向发展。

参考文献

[1] 毕玉琦，张立中. 国际农产品价格调控相关政策及经验借鉴［J］. 江苏农业科学，2018，46（18）:351-357.

[2] 卞靖. 蔬菜价格调控:国内实践与国际经验［J］. 当代经济管理，2013，35（10）:63-67.

[3] 程国强，朱满德.中国粮食宏观调控的现实状态与政策框架［J］. 改革，2013（01）:18-34.

[4] 程国强. 中国粮食调控：目标、机制与政策［M］. 北京：中国发展出版社，2012.

[5] 费文俊，王秀东. 美国2014年农业法案调整对我国粮食补贴政策的启示［J］. 中国食物与营养，2015，21（05）:18-21.

[6] 冯海发. 对建立我国粮食目标价格制度的思考［J］. 农业经济问题，2014，35（08）:4-6.

[7] 贺伟，朱善利. 我国粮食托市收购政策研究［J］. 中国软科学，2011（09）:10-17.

[8] 侯石安. 粮食安全与财政补贴政策的优化［J］. 管理世界，2008（11）:172-173.

[9] 胡小平，范传棋，高洪洋. 改革开放40年中国粮食价格调控的回顾与展望［J］. 四川师范大学学报（社会科学版），2018，45（06）:23-29.

[10] 胡小平. 粮食价格与粮食储备的宏观调控［J］. 经济研究，1999（02）:51-57.

[11] 孔维升，麻吉亮. 欧盟农产品市场调控政策研究［J］. 中国食物与营养，2017，23（10）:50-54.

[12] 孔维升. 我国农产品市场调控政策研究［D］. 北京：中国农业科学院博士论文，2016.

[13] 刘慧，赵一夫. 农产品价格调控的国际借鉴及启示［J］. 经济纵横，2014（07）:105-108.

[14] 刘中显. 国际农产品价格调控的新动向及其启示［J］. 价格理论与实践，2013（04）:49-50.

[15] 牟爱州. 美国、日本农产品价格调控机制分析及经验借鉴［J］. 世界农业，2016（05）:110-114+158.

[16] 田聪颖，肖海峰. 农产品目标价格补贴政策的国际比较与启示［J］. 经济纵横，2016（01）:123-128.

[17] 王士海，李先德. 粮食最低收购价政策托市效应研究［J］. 农业技术经济，2012（04）:105-111.

[18] 许荣，肖海峰. 美国新农业法案中农业补贴政策的改革及启示［J］. 华中农业大学学报（社会科学版），2020（02）:135-142+169.

[19] 詹琳，蒋和平. 粮食目标价格制度改革的困局与突破 [J]. 农业经济问题，2015，36 (02) :14-20+110.

[20] 郑川. 我国农产品价格政策的历史演进和当代效果评价 [D]. 北京：中央财经大学博士论文，2019.

[21] 郑风田. 我国粮食价格政策改革取向辨析——我国主粮价格前景展望 [J]. 价格理论与实践，2015 (01) :15-17.

[22] 钟甫宁. 世界粮食危机引发的思考 [J]. 农业经济问题，2009 (04) :4-9+110.

[23] 朱治国. 对产区粮食购销企业库存居高不下的思考 [J]. 管理世界，2002 (09) :106-113.

[24] Angus D, Guy L. *Competitive Storage and Commodity Price Dynamics* [J]. *Journal of Political Economy*, University of Chicago Press, 1996, 104 (05), 896-923.

[25] Cafiero C, Eugenio S A B H, Juan R A B H, et al. *Maximum Likelihood Estimation of the Standard Commodity Storage Model: Evidence from Sugar Prices* [J]. *American Journal of Agricultural Economics*, 2014, 97 (01) :122-136.

[26] FAO. *Approaches to world food security* [J]. *Food and Agricultural Organization Economic and Social Development working Paper*, No. 32, 1983.

[27] Gardner B L. *Optimal stockpiling of grain* [J]. *Optimal Stockpiling of Grain*, 1980, 47 (02) : 552-553.

[28] Gouel C. *Optimal food price stabilization policy* [J]. *European Economic Review*, 2013a, 57:11 8-134.

[29] Helmberger P, Weaver R. *Welfare Implications of Commodity Storage under Uncertainty* [J]. *American Journal of Agricultural Economics*, 1977, 59 (04) :639-651.

[30] Massell B F. *Price Stabilization and Welfare* [J]. *Quarterly Journal of Economics*, 1969, 83 (02) :284-298.

[31] Stiglitz N J E. *Optimal Commodity Stock-Piling Rules* [J]. *Oxford Economic Papers (New Series)*, 1982, 34 (03) :403-427.

[32] Turnovsky S J. *Price Expectations and the Welfare Gains from Price Stabilization* [J]. *American Journal of Agricultural Economics*, 1974, 56 (04) :706-716.

[33] Turnovsky S J. *The Distribution of Welfare Gains From Price Stabilization: The Case of Multiplicative Disturbances* [J]. *International Economic Review*, 1976, 17 (01) : 133-148.

[34] Waugh F V. *Does the consumer benefit from price in stability?* [J]. *Quarterly Journal of Economics*, 1944, 58 (04) : 602-614.

[35] Williams J C. *The Welfare Effects of the Introduction of Storage* [J]. *Quarterly Journal of Economics*, 1984, 99 (01) :169-192.

[36] Wright B D. *Dynamic Perspectives on Agricultural Policy Issues* [J]. *CUDARE Working Papers*, 1993.

第五部分 市场风险

“十四五”时期防范重大市场风险研究

刘志成

内容摘要：“十四五”时期宏观经济运行面临债务压力加大、流动性持续宽松、通胀新特征明显、疫情不确定性强等新形势，金融市场波动加剧、市场主体风险联动、宏观调控难度加大、外部环境更趋复杂等成为影响重大市场风险形势的关键变量。在此背景下，宏观经济运行面临消费低迷和投资不足、进出口供应链受阻、中美博弈长期化、全球债务进一步失衡等风险，股市、债市、楼市和汇市也面临着不同形式的潜在风险。需提升风险预警、风险化解和风险应对三方面能力，同时完善宏观经济政策，从保持经济稳定发展的角度夯实风险防控的基础。

党中央、国务院始终高度重视防风险工作。2008年国际金融危机爆发以来，防风险一直是经济工作的一项重点任务。2017年中央经济工作会议把防范化解重大风险作为全面建成小康社会的三大攻坚战之一。近年来，针对我国债务杠杆高企、金融市场波动加剧、房地产与实体经济失衡等方面的问题，中央分别就防控地方政府债务风险、金融市场风险、房地产市场风险等作出了一系列决策部署，取得了显著成效，为经济平稳运行提供了有力保障。总体看，“十四五”时期仍将是重大市场风险暴露的窗口期。随着国内外形势变化，国内重点市场风险的形成机制、引爆点、传导渠道也都表现出了一些新变化。深入研究我国市场风险的新特征，提出化解的总体思路与政策组合，有利于合理运用宏观经济政策维护经济稳定增长，守住不发生系统性和区域性风险的底线。

一、加强重大市场风险监测预警分析意义重大

当前，世界正处于百年未有之大变局。国际上，民粹主义在主要国家持续蔓延，美国在全球范围内挑起经贸摩擦的影响不断深化，关税增加和贸易争端加剧或导致国际投资和贸易陷入长期低迷，贸易对经济增长的促进作用难以充分发挥。2020年初暴发的新冠肺炎疫情对各国经济的影响进一步深化，市场主体信心不足，导致各国国内投资和资本品需求疲弱。2020年除中国外，全球主要经济体经济陷入负增长，世界经济出现了较为严重的衰退。从国内看，我国面临较为复杂的内外部环境，有效投资和居民消费增长动力相对疲弱，经济增长的压力难以消除，总体杠杆率仍然处于较高水平，部分地方财政压力较大，金融监管对金融创新和金融市场形势变化的适应性还有待提升。在此背景下，研究市场风险产生的机理和成因，明确风险在不同部门和不同市场之间传导和扩散机制，分析其对宏观经济的影响，对于“十四五”时期有效防范市场风险具有重要意义。

第一，全面梳理主要市场风险的表现、源头和成因，有利于推进风险防控工作科学化、精细化，真正做到有的放矢、对症下药，防止个别风险演化为综合风险。通过对主要市场风险的研究，有利于找到各个市场中潜在的风险点，识别主要风险的传导路径和作用机制。通过科学区分短期风险和长期风险，区分源自国内的风险和源于国外的风险，区分静态风险和动态风险，区分一般风险和尾部风险，区分源于制度设计和政策制订的风险、源于市场主体预期和选择的风险，有利于明确当前市场风险的主要类型和主要来源，采取针对性、精细化的应对措施，防范风险跨市场、跨领域蔓延。

第二，系统研究风险在不同市场间传导与扩散及其对国民经济不同部门的影响有利于科学谋划、综合施策，避免顾此失彼。各个市场的风险往往不是孤立出现的，很可能是相互交织并形成一个风险综合体。研究各种市场风险爆发的共同

根源，分析各种风险之间可能出现的共振和叠加，有利于更加透彻地分析市场风险的形成机理，更加全面地评估市场风险可能产生的影响，形成化解风险的综合性应对措施，守住不发生系统性和区域性风险的底线。

第三，提高风险的动态监测、实时预警能力，有利于把风险化解在源头，真正做到“图之于未萌，虑之于未有”。在科学识别风险基础上，通过收集大量数据资料，参考历史上发生的风险事件和损失情况，结合经济学的演绎和推理，运用概率论和数理统计方法，可以估计和预测风险发生的概率和损失程度。有效的风险监测和预警有利于政策制订者发现各种风险苗头，及时进行风险提示，采取针对性举措消除风险隐患，就可能出现的风险做好应急预案，做到防患于未然。

二、“十四五”时期重大市场风险形成的国内外背景

“十四五”时期，国内外宏观经济形势、金融市场运行以及经济发展的社会环境都出现了一些新的变化。充分认识重大市场风险形成的国内外背景有利于准确把握经济、金融乃至社会和政治领域影响风险演化的关键变量。

（一）主要经济体债务压力持续加大

当前全球债务正经历过去半个世纪以来规模最大、速度最快、范围最广的增长，主要经济体均有较突出的债务风险点，疫情冲击下新一轮债务危机爆发风险持续攀升。

一是全球债务总规模和宏观杠杆率大幅上升。疫情暴发以来，各国债务持续增长。据国际金融协会数据，2020年一季度全球债务总规模达创纪录的258万亿美元，为全球GDP的3.31倍。其中，发达国家为185.4万亿美元，为其GDP的3.92倍；发展中国家为72.6万亿美元，为其GDP的2.30倍。预计2021年末全球债务总规模可能超过275万亿美元。从债务增量看，2020年二季度各国为筹措资金应对疫情纷纷扩大举债规模，债券发行总额达12.5万亿美元，远高于2019年季度平均额

5.5万亿美元。据国际货币基金组织数据，截至2020年7月发达经济体政府部门债务已升至全球GDP的128%，超过1946年“二战”后的峰值。

上述内容参见图5–1–1所示。

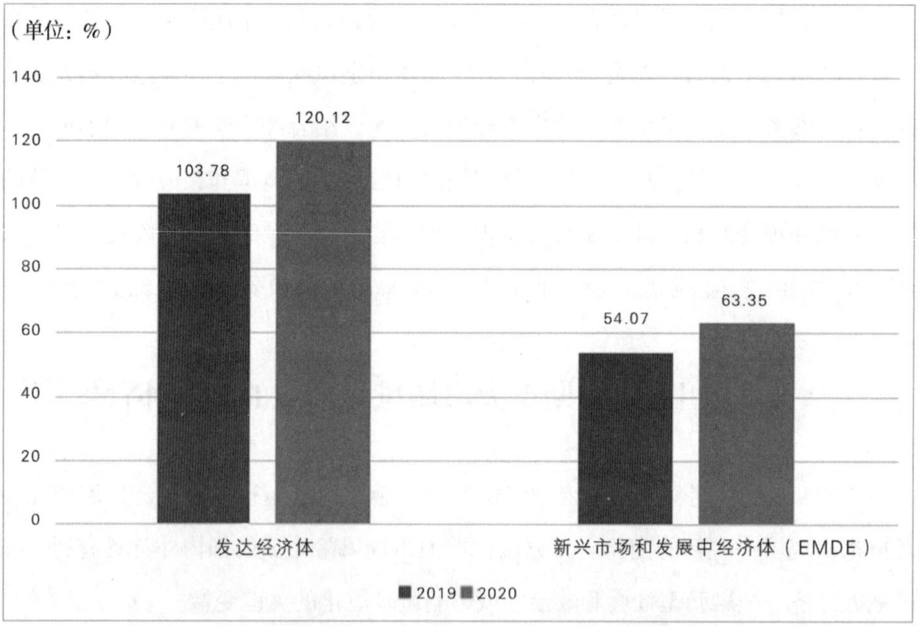

图5–1–1 一般政府总债务占GDP比重变化趋势

数据来源：国际货币基金组织。

二是主要经济体债务风险点凸显。欧洲主权债务违约风险高企。2019年底有11个欧盟成员国公共债务与GDP之比超过欧盟60%的警戒线，最高的希腊达到176.6%。新冠疫情反弹和英国脱欧可能进一步加剧欧洲各国债务风险。美国非金融企业债务违约风险突出。2021—2025年美国每年非金融企业债务到期金额均超5000亿美元，疫情冲击可能加速引爆违约潮。据国际金融协会数据，2020年二季度违约企业债券面值达创纪录的940亿美元，其中75%来自美国。新兴市场国家主权债务违约风险突出。2020年底，新兴市场国家有约3.7万亿美元债务到期，其中外币债务占近17%。由于整体融资环境不佳，相关债务难以通过借新还旧模式展期，资本外流引发的货币贬值可能进一步加重其债务偿还负担。近期主权国家信用评级恶化是债务风险上升的直接反映，2020年上半年惠誉已下调33个国家主权评级，并将40个国家或主权实体的信用评级展望定为负面。这一趋势或诱发相关国家融资成本上升与信用评级下调的恶性循环。

三是全球疫情持续将加大债务风险爆发的可能性。由于病毒变异的不确定性强，全球疫情仍存在再次暴发的可能。随着疫情持续，诱发新一轮债务危机的风险因素仍在积累。一方面，疫情产防控生的额外支出使各国债务增速普遍过高，全球经济陷入历史性衰退全面削弱政府、企业和家庭部门还本付息能力。另一方面，疫情期间，国际金融市场风险事件步频发，波动更加频繁，市场脆弱性加剧，突发事件引发局部危机的可能性大幅上升。

（二）主要经济体政策利率保持在低位

随着疫情在全球暴发，各国宏观经济都遭受严重冲击，为应对经济下行压力，几乎所有国家的货币当局都下调了政策利率。预计未来一段时期，全球主要经济体利率都将长期保持在低位。

一是疫情暴发后部分国家快速大幅下调政策利率。2020年，新冠肺炎疫情在全球暴发后，具备一定政策空间的大型经济体基本上都大幅下调了政策利率。发达经济体方面，2020年3月，美联储分两次下调基准利率150个基点至0.25%，英国分两次下调基准利率65个基点至0.1%。欧元区和日本分别保持0.0%和–0.1%的基准利率不变。发展中经济体方面，俄罗斯和巴西2021年一季度末基准利率分别较2019年底下调175个基点。从当前利率水平看，发达国家基本上都处于零利率或接近零利率的水平，部分经济体实施了负利率政策；发展中国家利率也都处于历史低位。

上述内容参见图5–1–2所示。

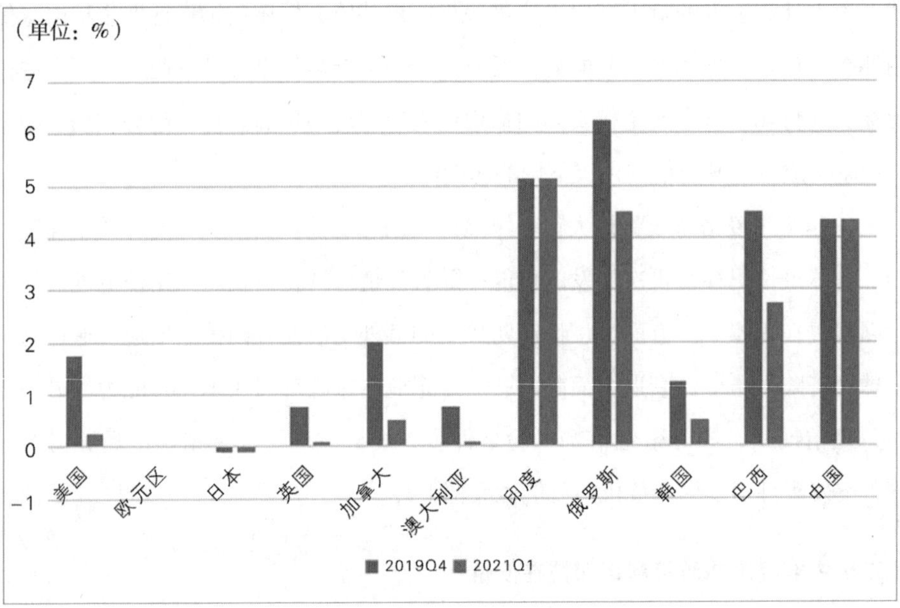

图5–1–2 部分经济体基准利率对比

数据来源：WIND资讯。

二是部分新兴经济体加入量化宽松政策阵营。巴西、印尼等新兴市场也陆续打破常规，实施量化宽松政策，在政策利率未达下限情况下，由中央银行直接进入二级市场购买债券，丰富了流动性释放方式，加大了货币宽松力度。以巴西为例，疫情暴发后巴西中央银行资产负债表规模从3.5万亿雷亚尔左右快速增长，膨胀幅度一度达到20%左右，最大规模接近4.2万亿雷亚尔，极大地支撑了巴西货币政策扩张的力度。

三是美联储大幅度调整其货币政策框架。主要经济体货币政策框架调整，低利率政策长期化改变价格运行的货币环境。2020年9月，美联储在大幅度降低政策利率、启动无限量化宽松计划的基础上调整货币政策框架，把通胀目标调整为追求2%的平均通胀率，为持久的货币宽松创造了条件。相关国家货币政策框架的调整是历史性的，“低利率+量化宽松”政策或将长期化，影响价格运行的货币环境持续宽松。在这一政策导向之下，美联储资产负债表规模持续膨胀，在2021年一季度末达到7.69万亿美元。考虑到美经济复苏前景不明，在新的政策框架下，预计短期内难以启动缩表进程。如图5-1-3所示。

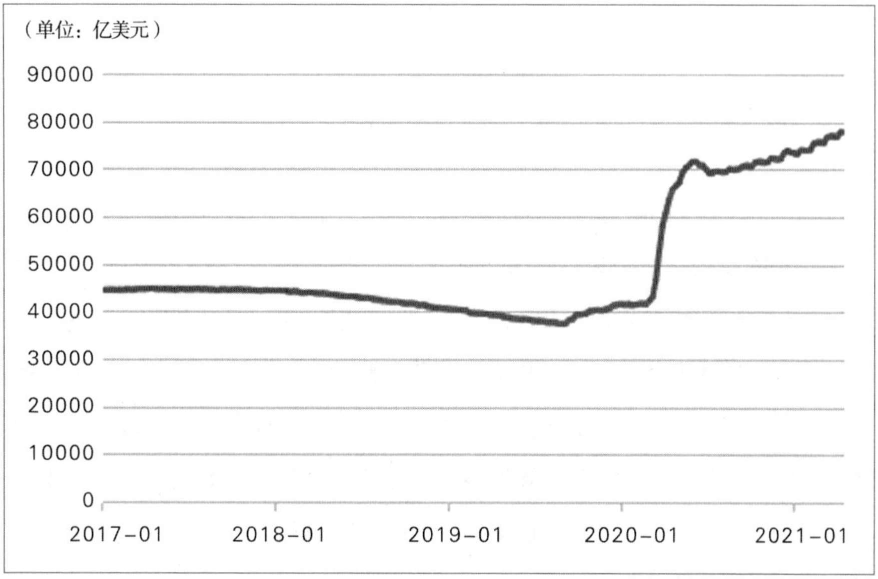

图5-1-3 美联储资产负债表规模

数据来源：美联储。

（三）全球通胀运行呈现阶段性新特征

疫情背景下，各国经济增长、贸易流通和宏观政策都出现了阶段性新变化，全球通胀运行逻辑与疫情暴发前有明显不同。

一是疫情拖累全球经济陷入萧条，通货膨胀缺乏需求支撑。2020年全球经济负增长，尽管2021年出现恢复性增长，但全球经济总量仅能达到2019年水平。未来经济复苏的前景将在很大程度上取决于疫情的传播与防控进程。考虑到全球新增确诊病例仍处于高位，欧洲二次疫情形势严峻，而疫苗研发和应用前景还不明朗，未来经济增长仍面临巨大不确定性。受各国大规模刺激政策影响，全球供给复苏将快于需求复苏，需求对价格总水平上行的支撑将严重不足。

二是逆全球化与疫情相互交织，国际分工和贸易受阻推动贸易品价格回升。近年来，多边主义和国际经贸体系遭遇挑战，逆全球化抬头，国际分工和贸易面临新障碍，全球产业链脆弱性凸显。疫情下的封锁政策进一步抬高了市场壁垒，部分重要工业原材料和零部件的生产和运输受到较大影响，加剧了产业链割裂的趋势。受此影响，要素全球化配置效率下降，跨区域流动成本上升。贸易品生产效率提升、成本下降的趋势可能被中断甚至逆转，主要贸易品价格或将回升。

三是疫情导致接触密集型服务成本上升，相关服务价格上升恐难避免。受疫情影响，部分服务成本大幅上升，尤其是一些聚集式、接触型服务成本上升幅度更大。主要包括几个方面：一是消毒杀菌、检验检测、防护装备、设备购置方面的成本增长较快；二是员工旅行后因隔离造成的直接成本以及因缺岗导致的间接成本上升；三是保持社交距离导致服务接纳能力下降，服务顾客的平均成本上升。后疫情时期这种成本上涨将逐渐固化，随着需求逐渐向常态恢复，相关服务类价格可能持续上涨。

四是美元波动可能进一步加剧，影响价格总水平的国际金融环境出现新变化。由于美国货币政策持续宽松，疫情防控不力，经济增长预期悲观，加之美国奉行的单边主义政策削弱了美元信誉，强势美元的基础正在动摇。美元流动性持续宽松或将推动大宗商品价格进一步上涨，对国际贸易和投资的影响也将加速显现，部分国家可能面临输入性通胀压力。

（四）全球疫情防控工作仍面临巨大挑战

当前，新冠疫苗研制和生产已取得显著进展，但受经济利益、大国关系、地缘政治以及意识形态等方面因素影响，全球疫苗分配和接种不平等问题日渐凸显。

一是发达国家和发展中国家疫苗采购和接种能力差距巨大。从疫苗采购情况看，少数发达国家囤积了远超其全部人口所需的疫苗，而发展中国家存在严重的疫苗短缺。根据美国杜克大学全球创新中心数据，截至2021年4月2日各国已确认的疫苗采购总量为86.3亿剂，其中，美国、欧盟、日本、英国和加拿大采购量合计41.3亿剂，占全部采购量的47.9%，但上述五大经济体人口仅占全球的13.1%。按每人接种两剂计算，美国、欧盟、日本、英国和加拿大采购量分别是其需求量的1.8倍、2.1倍、1.2倍、3.4倍和4.2倍，其采购量较需求量合计多出21.2亿剂。相比较而言，广大发展中国家的疫苗采购量还严重不足，尤其是非洲国家，尽管接受了世界卫生组织新冠肺炎疫苗实施计划（COVAX）的援助，但仍存在巨大的疫苗缺口。从疫苗接种情况看，发达国家接种进度较快，发展中国家进展缓慢，相当一部分国家尚未开始接种。发达国家除囤积了大量疫苗外，其公共卫生服务能力也显著优于发展中国家。万德资讯数据显示，截至2021年3月底全球新冠接种已达5.99亿剂次，其中排名前10的国家和地区接种了所有新冠疫苗的四分之三。从每百人接种量看，以色列排名第一达到115.9剂，美国和英国分别达到44.9剂和52.5剂，欧盟国家平均在17剂左右。发展中国家接种进展缓慢，多数非洲国家接种率不足1%。

二是“疫苗不平等”催生全球“免疫鸿沟”，加大疫情长期化和复杂化风险。国家之间疫苗获取和接种的巨大差距可能催生全球“免疫鸿沟”，不仅会使发展中国家因疫情遭受更多生命财产损失，可能还会加剧病毒变异风险，使全球疫情防控更加复杂、更加困难。一方面，不公平的疫苗分配将削弱疫苗遏制疫情传播的效果，防控能力较弱的发展中国家将因此遭受更大损失。美国东北大学MOBS实验室的一项研究指出，若最初的30亿剂新冠疫苗按人口比例分配给所有国家，将能够避免61%的新冠死亡病例；若50个高收入国家获得了前20亿剂疫苗，则只能避免33%的死亡。那些无法避免的死亡病例将更多发生在发展中国家。另一方面，“疫苗不平等”将极大地延后实现群体免疫时间，加大病毒变异风险。全球抗疫的成功取决于世界各国的成功，如果不能有效根除病毒，疫情始终存在反复的风险。联合国秘书长古特雷斯认为，如果病毒在南半球蔓延，它将会不断地变异，新变种病毒可能更具传染力、更致命，还可能威胁到现有疫苗及诊断方式的有效性。

三、影响“十四五”时期重点市场风险的关键变量

在全球经济金融形势出现重大变化的情况下，国内重点市场风险也将呈现出新的特点，流动性泛滥、高债务率等因素可能成为影响市场风险的关键变量。准确把握这些新特点是有效识别和应对“十四五”时期重大市场风险的重要前提。

（一）流动性泛滥加剧金融市场波动风险

全球高债务背景下，美日欧长期流动性泛滥，加之利率持续处于低位，资本市场泡沫化风险加剧。一旦出现大范围债务违约，国际资本市场可能出现动荡，并对国内产生冲击，恶化内外部金融环境。

一是人民币汇率波动幅度可能扩大。危机下美元流动性泛滥，未来一旦美联储推出非常规货币政策，短期内若叠加经常账户差额转逆，将增大人民币汇率贬值压力。而当前中美利差扩大又支撑人民币升值，多重因素导致人民币汇率走势不确定性加大。随着国际资本流动和主要经济体货币政策调整，美元主导的全球货币体系面临挑战，主要国家汇率波动也可能进一步加剧，加大对外贸易和投资的不确定性。

二是股票及债券等金融资产价格动荡。全球债务风险若爆发，初期可能出现资本和金融账户资金大量流出，出现类似2020年3月美国发生美元流动性危机期间，陆港通北上资金曾两周净流出701亿元，同期上证、深证、中小板综指跌幅均超10%的情况。考虑到我国经济增速和资产收益率均相对较高，危机缓解后量化宽松带来的过剩流动性可能大量流入，从而加剧金融资产价格动荡，出现类似2020年二季度证券投资项下外资净增持境内上市证券规模逾600亿美元，当年7月甚至同比增加140%的情况。复杂的经济金融环境还可能导致国内股票、债券等金融资产价格大幅下跌，加剧弱资质金融机构违约风险，进而引发风险在不同市场主体之间传导、共振。

三是大宗商品价格波动加大。若债务风险爆发将对宏观经济产生巨大冲击，全球经济低迷可能导致大宗商品需求减少、价格下跌，而非常规货币政策释放的过剩流动性又可能推高大宗商品价格，出现类似2008年金融危机前后国际大宗商品价格暴涨暴跌的情况。当时代表大宗商品整体价格的CRB商品指数2007年末至2008年7月仅半年的涨幅高达32%，而2008年7月至2008年末仅半年的跌幅又高达56%。大宗商品价格暴涨暴跌将冲击宏观经济运行的正常秩序。

（二）高债务率可能导致企业和中小银行风险联动

一是全球债务高企可能导致部分国家经济陷入衰退，通过外需削减从而影响我国企业的偿债能力。债务累积会增大还本付息压力并挤占经济增长动能，如美国2020年二季度财政收入6566亿美元中高达5850亿美元须用于利息支出。经济增速疲软背景下，实体经济投资回报率下降，新增债务用于非生产性支出比例上升，为维持特定水平经济增速所需的新增债务规模持续扩大，加剧全球增长压力。经济低迷可能从供应链需求侧冲击我国出口依存度高的企业。我国非金融企业杠杆率已从2019年底的151.3%攀升至2020年6月末的164.4%，规模以上工业企业每百元资产实现营业收入78.8元，同比减少9.6元，应收账款平均回收期56.6天，同比增加8.8天，高杠杆下的营业收入下滑和应收账款回款延期都将加大债务违约风险。

二是全球债务高企或通过影响我国企业流动性而增大其违约风险。全球债务风险如果进一步积累，资本流出和悲观情绪传染或导致国内企业股票债券价格下跌，增大其通过股权债权再融资难度；全球供应链上的企业可能因供应链上下游违约而影响现金回款；在我国2019年外债债务率达77.8%背景下，美元流动性与美元汇率波动将影响我国企业的境外美元再融资，可能因资金不足或资本出境受阻致使规模已达9000亿美元左右的中资美元债部分违约。

三是企业和居民部门的债务违约或增大中小银行破产风险。企业违约连带产生的失业问题还将推高居民部门的贷款违约风险，共同导致银行坏账率上升。由于中小银行盈利能力弱且资本金难以有效补充，地方政府兜底预期一旦被打破，可能将风险传导至其他中小银行。

（三）调控政策面临多重困境加剧宏观经济复杂局面

一是复杂的外部环境影响我国货币政策独立性。全球债务危机若爆发，西方国家很可能进一步加大非常规货币政策力度，货币政策效果可能弱化，负面效应也将凸显，影响国内宏观调控和金融改革开放的政策选择。一方面，全球低利率环境下，国内货币政策空间将被严重压缩，国际经济政策协调的难度进一步加大，严重影响国内宏观调控效果。另一方面，人民币汇率波动或将加剧，国内资本存在外流可能，维持充足的外汇储备面临一定挑战，我国资本市场开放和金融改革进程可能受到影响。美联储实施零利率甚至负利率政策后，如我国央行不跟随降息将导致中美利差扩大，根据利率平价理论，中美利差扩大将推高人民币即期汇率升值的压力，同时全球过剩流动性可能在中美利差扩大的情况下流入我国意图逐利。根据蒙代尔不可能三角理论，若需实现人民币汇率基本稳定和防范资本账户下热钱迅速进出套利两个目标，我国货币政策的独立性将受到掣肘。

二是延缓我国去杠杆进程。全球债务危机若爆发，可能造成我国企业和中小银行债务违约风险联动，此时去杠杆速度如过快，则可能出现“债务-通缩”陷阱，即过度负债后去杠杆导致货币紧缩，尚未偿还的名义债务规模更大，且投资消费意愿下降，导致经济进一步衰退。

三是增大我国保证外汇储备充足的挑战。全球债务危机若爆发，经常账户货物贸易差额可能因外需不振而缩小甚至转逆，外商直接投资实际使用金额可能因全球经济疲软影响而萎缩，证券项下的国际资本可能因境外流动性不足而抽离外逃，偿付我国企业外币债务所需外汇可能上升，纾解人民币贬值压力相关政策所需外汇数额可能增大，以上因素都可能损耗已有的外汇储备。

（四）政策利率波动与债务风险可能恶化我国外部环境

一是通过实体渠道影响全球产业链和国际贸易，导致外部需求萎缩。债务问题一旦爆发，危机可能从金融领域持续向实体经济传导。相关国家企业可能失去订单甚至破产倒闭，导致失业率上升，家庭支出减少，私人部门投资和消费低迷，社会总需求不断萎缩。国外经济低迷将对国内企业的外部需求产生严重影响。一方面，国外企业破产倒闭或停工停产，将导致全球产业链中断或萎缩，影响我国重要中间品、原材料和矿产资源进口，对国内企业生产活动造成影响。另一方面，国外投资和消费需求下滑，将导致外部需求减少，国内外向型企业的订单可能受到严重影响。外需萎缩还可能通过乘数效应进一步放大其对国内经济的负面影响。

二是通过地缘政治和安全渠道对我国国际投资和海外资产安全带来负面影响。在全球民粹主义蔓延的背景下，一旦主权国家出现债务违约，经济或金融危机可能加剧相关国家的政党和族群对立，进而演变为地缘政治问题，甚至是安全问题，从而影响我国的对外投资和海外存量资产安全。一方面，地缘政治风险将加大我国海外投资难度，影响项目建设和运营，甚至加大人员安全风险。另一方面，危机导致经济长期低迷将影响海外投资项目的经济收益，拉长回报周期。相关国家货币贬值也会导致海外资产减值损失。

四、“十四五”时期国内重点市场风险表现

综合考虑宏观经济和金融市场发展演变的趋势，以及“十四五”时期的经济发展前景，“十四五”时期国内重点市场风险可能有以下表现。

（一）宏观层面市场风险的总体表现

从重点市场运行的宏观经济背景看，“十四五”时期疫情影响、国际经贸博弈、宏观政策环境都有可能成为宏观层面市场风险的主要表现。

一是消费萎缩和投资不足的风险。在国内疫情防控已建立常态化机制的情况下，国际疫情的蔓延仍然可能给国内带来输入性风险。全球性人员往来和货物流动短期内难以完全恢复正常。考虑到大量消费需要线下沟通，在全球疫情得到有

效防控之前消费可能持续低迷。从国内看，尽管生产恢复较快，但消费复苏明显滞后。后疫情时代，消费者习惯的恢复仍需要较长时间，可能将造成传统服务业和商品消费需求的大幅萎缩，企业面临流动性困境将收缩投资，地方政府的基建投资受疫情防控影响进度较慢，也将导致投资不足。股市下跌带来的负财富效应和对未来经济不景气的预期也将导致消费萎缩和投资意愿削弱。

二是进出口供应链受阻的贸易风险。疫情蔓延可能从生产资料供应、资本供给和最终消费三方面对全球供应链产生极大冲击。虽然我国正逐步恢复正常经济秩序，但许多工厂面临订单大幅下滑和进口原材料缺乏的困境，国外疫情反复可能会对全球产业链造成持久的负面影响。疫情在欧美等发达国家尚未缓解，一些发展中国家也难以有效阻断疫情蔓延，全球抗疫行动难以在短期内彻底结束，进出口供应链受阻的情况很难迅速恢复正常。

三是中美博弈长期化的政治风险。美国拜登政府成立后，中美之间的战略博弈将出现新的变化。尽管发生直接冲突的可能性下降，但美国朝野的主流意见是中国构成了挑战美国地位的国家安全威胁。美国仍将采用贸易战和科技战等手段对中国进行遏制。从中期来看，疫情缓解之后中美之间仍存在战略博弈扩大化的政治风险。

四是全球债务进一步失衡的风险。疫情导致全球主要经济体可能采用积极财政政策救市，同时也将进一步加大政府的负债，加剧全球债务失衡。部分国家的政府债务不断增加，最终将无法维系，未来可能触发更大的系统性债务危机。国际货币基金组织数据表明，2020年底发达经济体一般政府总债务占GDP比重达到120.12%的历史峰值，较上年高出16.34个百分点；新兴市场和发展中经济体（EMDE）一般政府总债务占GDP比重达到63.35%，较上年高出9.28个百分点。“十四五”时期，预计发达经济体和新兴市场经济体将花费数年时间进行财政收支和政府债务调整，以渐进方式推进政府部门的去杠杆。目前，我国宏观杠杆率也处于较高的阶段，疫情为我国去杠杆进程增添了难度，我国为维护经济稳定增长也可能被迫增加债务，债务失衡的风险将加剧。

（二）个别市场的风险表现

从股市、债市、楼市、汇市、大宗商品等不同市场的风险表现及根源看，主要市场的风险有了新的表现形式和特征，风险演化也出现了一些新趋势。

1. 股市潜在重大风险点

我国股票市场经历了20多年的发展，规模不断扩大，社会关注度持续提升，与其他市场的关联性不断增强，股市风险也逐渐成为诱发宏观经济风险的潜在根源。尽管2015年股灾发生以后市场风险不断释放，总体估值渐趋合理，股市短期风险已经不高。但是，我国股市具有投机性较强、波动幅度大的特点，“十四五”时期，在特定情景模式下，股市仍然存在爆发重大市场风险的可能。从国内股市重大风险暴发的经验来看，股市风险的形成往往经历了持续、大幅度、非理性的上涨，未来5年在国内货币持续宽松、高回报资产日渐稀缺的大背景下，股市有可能两次成为投机资金聚焦的场所。尽管以下重大市场风险诱发因素并不必然出现，但须未雨绸缪，防范于未然。

一是基本面持续恶化的风险。如果未来我国经济潜在增速持续下行，那么上市公司将承受较大的经营压力。企业当期利润下滑和利润增速预期恶化都可能带来股市下行风险。从收入端来看，未来随着经济增速下行导致居民收入增速进一步放缓，预计消费增速维持逐步下跌的趋势；出口受全球增长动能放缓、全球化红利消退的影响，对经济增长的贡献逐步回落，甚至可能转为负值；制造业面临全球疫情的冲击，如果疫情难以有效控制，制造业投资增速进一步下滑；房地产行业在“房住不炒”的政策基调下难以寄予厚望，固定资产投资在2021年之后可能恢复趋势性下行；而基建受财政压力约束，也难以长期保持高增速，因此“十四五”中后期GDP增速预计将逐步下行，带动企业增速也下滑。而成本端，人口结构过拐点导致人力成本攀升，企业借新还旧下财务费用刚性增加，进一步挤压企业利润。长期来看，股市主要还是由基本面因素决定，企业盈利能力的下滑可能会给股市带来调整压力。

二是杠杆资金卷土重来的风险。杠杆资金是股市风险积累的重要根源。在2015年股灾中，股价上升伴随着杠杆快速上升，两融余额和买入额占A股成交比例屡创新高。机构投资者、私募基金和散户通过两融、场外配资、借钱炒股、“优先+劣后”产品结构设计等方式加杠杆，一些银行资金和理财产品也通过各种方式流入股市。融资融券作为一种稳定市场的制度设计，不仅没有达到其初衷，反而助推了股市的快速上涨和下跌。2015年7月，融资融券余额的规模峰值高达2.27万亿元，是2014年初的6倍。由于我国股市散户影响力较大，机构也存在较严重的追涨杀跌行为，融资融券的发展并不平衡，在某些时期强化了股市的“单边市”特征。场外配资也是股市杠杆资金的重要来源。从场外配资的形式看，主要有系统分仓模式、人工分仓模式、互联网平台模式、私募基金配资模式以及员工持股计划带杠杆模式等。场外配资的特点是规模受控制、杠杆比例高。据中国证监会披露，2015年6月底仅恒生HOMS系统形成的杠杆资金规模就高达4400亿元。由于监管真空存在，配资公司基本上不受资本充足率、资本准备金等监管要求的限制，配资杠杆比例一般可达1：4，高的可达1：10。在股市的杠杆资金中，两融资金是显性的，通过政策较容易控制，但场外配资、结构性产品和各种金融创新产品是隐性的，其危害也更大，需重点加以防范。

三是短期内急涨急跌的风险。股市任何一次重大风险的爆发都源自短期内快速、大幅度的上涨。从风险爆发的逻辑看，有暴涨就有暴跌。从国际经验看，20世纪80年代末日经225指数从21217点（1988年1月初）上涨到38915点（1989年12月底）花了两年时间，从38915点下跌到21862点（1990年12月初）则只花了不到一年时间。世纪之交，美国纳斯达克指数从1419点（1998年10月）上涨到5048点（2000年3月）只花了不到一年半时间同，然后用差不多相同的时间从5048点下跌到1423点（2001年9月）。而我国股市在过去约十年内就经历了两次暴涨暴跌的过程，2005年到2007年两年多的时间内上证综指上涨超过5倍，2014年到2015年一年时间内上证综指上涨达150%，而两次暴涨之后都经历了暴跌。如果以散户为主的投资者结构不出现大的变化，市场监管制度不能大踏步改善，未来5年股市仍有可能再次出现短期内暴涨暴跌的风险。

四是政策应对失误的风险。当股市潜在的重大市场风险爆发时，政府的应对方式和应对措施是决定风险是否会进一步蔓延的关键因素。在应对股市剧烈波动中，人民日报、新华社等权威媒体的评论性文章、暂停新股发行、降低印花税、通过降息或降准扩大货币供应等政策是我国政府常用的救市政策。在2015年股市波动过程中，还采用了直接入市、建立熔断机制等方式对股市进行干预。从政策效果看，有的政策对救市效果显著，有的政策效果平平，还有一些政策适得其反。从救市的时点和举措看，政府的应对措施都有很大的改进空间。首先，2015年股灾源于监管部门清理场外配资，但监管部门在决策前对其影响估计不足，在市场出现强烈反应后又未采取必要措施，导致股市出现崩跌。其次，股市暴跌过程中，权威媒体、主流媒体失声，缺乏对市场的有效引导。再次，救市过程中主要金融监管部门之间的协调机制缺失，缺乏应急预案，导致股灾暴发之初行动迟缓，救市资金入市未能把握好最佳时机。最后，在研究不充分、对其影响认识不到位的情况下，仓促出台熔断机制，引发新一轮暴跌。从当前监管机构的监管理念、监管能力和监管实践的结果看，未来一段时期仍需进一步加强监管能力建设，防范政策应对失误放大股市波动的风险。

2．债市潜在重大风险点

目前，我国债券市场是仅次于美图和日本的全球第三大债券市场。债市规模的扩张对于提高直接融资规模、降低企业融资成本意义重大。但随着近年来债市违约主体不断增加，违约规模不断扩大，我国债券市场正从零风险的“刚性兑付时代”向“风险定价时代”切换，未来债券市场面临的风险不容小觑。总体看来，债市面临的重大风险有如下几个方面。

一是信用风险。从企业经营状况看，经济下行压力下，企业营收难有改观，而人力成本攀升、债务滚动下财务费用刚性增长都将挤压企业利润，现金流状况恶化。从金融政策看，目前非金融企业杠杆率较高，去杠杆的一个重要方式就是将非金融企业部门的杠杆向政府和居民部门转移，这将导致企业部门外部信用支持力度减弱，进而恶化企业现金流。不仅如此，在违约事件大幅增加情况下，信用债市场出现评级下调潮，市场调整风险也在加大。受此影响，市场情绪趋向负面，债券市场的发行也受到波及。这对盈利能力较差尤其是需要债务滚动来维持日常经营的企业来说，外部融资力度减弱加大了其资金链断裂的风险。

二是流动性风险。从国内看，各类资产价格竞相走高，利率水平处于相对低位，通胀上行的可能性仍然存在，人民币阶段性贬值压力仍将存在，货币政策宽松空间有限。中国的M_2增速与名义GDP增速缺口在2%～3%，但并没有引发持续的高通胀，主要是因为房地产市场作为池子吸收了大量的流动性。随着近期房地产市场逐步恢复至常态，成交量下滑，房价全局性上涨的概率不大，房地产吸收流动性的功能弱化。在这种情况下，持续宽松释放的流动性会加剧债市风险积聚的可能性。从外部看，目前全球政策利率处于低位，未来各国仍面临货币政策正常化的压力，这也会对国内的流动性扩张形成制约。在债市收益率不断下行的背景下，一旦流动性收紧，债市风险可能会集中暴露。

三是杠杆风险。在上一轮债券牛市中，杠杆资金发挥了重要作用。债市加杠杆的主要方式是“回购养券”，即将投资者手中的债券通过回购的方式质押出去借入资金，利用借入资金买入债券后，将新购入债券再通过回购质押出去借入更多资金。如此循环，可让投资者购入数倍于自有本金的债券量，建立起很高的杠杆率。2015年底基金公司回购净借入的资金规模高达4.2万亿元。高杠杆在推动牛市的同时，也极大地推高了债市风险。债市如果像2015年股市那样无序降杠杆，不仅会导致债券收益率快速上行，甚至会对整个金融体系带来难以忽视的冲击。

四是债市体制风险。尽管近年来我国债券市场发展迅猛，但仍存在诸多体制性弊端。一旦这些体制问题造成的潜在矛盾爆发，可能会给债市带来重大风险。一方面，承销银行角色重叠引发的利益冲突给债市带来道德风险。在目前的债券市场中银行除担任承销商外，银行资管可能成为所承销债券的购买方，发行人往往还是银行的贷款客户。债券发行过程中银行角色重叠导致其存在严重的利益冲突和道德风险。在企业资金链紧张的情况下，银行往往要求企业发债后优先偿还其贷款。当企业可能违约时，银行往往利用其信息优势通过抽贷、停贷、冻结资产等方式保障其权益，而一般投资人则没有相应的保障措施。当市场风险加剧时，银行的道德风险可能引发投资者担忧，导致债市急跌，新债券发行难度加大。另一方面，发行方付费的评级体制导致评级机构在风险爆发时推波助澜。随着风险加剧，评级公司为确保其声誉，可能会大规模调降融资企业信用评级。一旦出现大规模降级，将对市场预期和投资者信心产生负面影响，还会导致一大批债券被从公募基金投资准入范围内移除，引发大规模抛售，造成流动性风险。评级下降后部分企业再融资难度加大，可能造成企业资金紧张，影响其生产经营，严重时还会成为企业违约的导火索。

3. 房市潜在重大风险点

我国房地产市场的结构性特征较为明显，部分城市存在着高价格、高库存、高杠杆的特征，与其他部门特别是金融体系的关联系亦在提高，特别是一线城市房价呈现高度的金融化。房地产市场的风险值得重点警惕。

一是高价格风险。20世纪末我国开启房地产市场化改革以来，房地产价格虽有一定的波动，但是整体呈现趋势向上、价格不断攀升的上升周期。2015年底去库存政策推出以来在部分城市造成了新一轮的房价上涨，是21世纪以来房价持续上涨的一个缩影。从国际比较看，深圳房价已高过日本首都圈，而深圳人均GDP则只有日本首都圈的三分之一。高价格是房市的首要风险。由于房地产价格持续上行且维持高位，房地产部门相对于其他部门的收入和利益具有比较优势，这使得过多的资源配置在房地产部门，整个宏观经济可能呈现房地产化，而私人部门可能逐步地走向产业空心化。经济房地产化和产业空心化不利于宏观经济的长期可持续发展。同时，房地产部门与银行等金融部门紧密相联，房地产市场需求不足和价格下行将使得金融体系面临重大的风险。

二是高库存风险。尽管去库存政策在一些城市取得了立竿见影的效果，但未来5年房市高库存风险在部分城市仍然存在。一方面，部分城市去库存的效果并不明显。受经济增速放缓、人口外迁等因素影响，部分区域房地产库存依然高企。一些人口大量流出的城市，其房地产价格水平依然低迷，即便在房价下跌的背景下，部分地级市和县城房价依然房屋销售乏力。不少城市的房地产去化周期超过两年，甚至有部分城市随着人口不断流出房屋库存出现了刚性化特征。受房屋成交低迷影响，一些城市土地招拍挂都难以成交，土地出让收入受到严重影响，财政支出能力受限，部分城市地方政府债务有暴露的苗头。另一方面，在部分去库存较快的城市，房地产开发投资增速回升可能导致库存再次回升。房地产“去库存”是一个动态过程，去化周期受销售量和新增供应量等因素影响较大。部分土地出让较多的城市未来新增供应量可能大幅回升，一旦销售速度下降，房地产去化周期可能再次回升。

三是高杠杆风险。在去库存推进过程中，大部分城市降低了首付比例，导致购房杠杆提升，而一些非正规的创新性金融产品进一步加大了楼市杠杆。按照目前部分城市购买首套房最低30%的首付计算，杠杆率为3.33。在此基础上，若通过其他金融工具减少一半首付，购房杠杆将再放大一倍。杠杆率快速攀升和房地产贷款大幅增长，加剧局部市场泡沫，推高房地产市场的区域性风险，还挤占了信贷资金，使得房地产企业面临巨大的内生财务脆弱性，一旦下游需求不畅、回款不力，就可能很快陷入偿付风险而引发信用违约。

四是需求放缓、透支和转移的风险。近年来，外出务工农民工增速持续下滑，外出务工农民工增速的快速下滑反映出人口城镇化速度放缓，这将大大降低城镇住房的增量需求。同时，房市需求的增长部分源于需求的透支和转移。由于我国住房需求有明显的单边转移特点，即三四线居民是一二线城市住房需求的重要来源，而一二线城市居民一般不会去三四线城市买房，住房需求的透支和转移将进一步加大三四线城市的风险。

4. 汇市潜在重大风险点

外汇市场是国内经济与全球经济的连通器，汇市的稳定关系到我国对外开放政策收益的可持续性问题，关系到我国能否继续通过提升全球竞争力，也关系到“一带一路”建设能否顺利实施。当前，人民币正面临着从持续升值预期转向双向波动的窗口期，人民币国际化面临着向纵深推进的爬坡期，外汇储备也面临着从持续增长到涨跌互见的转换期。这决定了未来5年，我国外汇市场可能会面临过去一段时期不曾有过的重大风险。这些风险未必会快速显现，但其潜在影响需引起重视。

一是资本大量外流的风险。适度的国际资本流动是一国经济活力的重要体现，但大规模的单向国际资本流动，尤其是大规模资本外流往往会给经济带来负面影响，极端情况下甚至会诱发债务危机和金融危机。随着国际金融形势变化，我国面临的资本外流压力也在加大。未来，我国资本外流的存在多种渠道。对外直接投资方面，2014年我国首次成为资本净输出国。随着“一带一路”建设加快进行和国际产能及装备制造合作加快推进，我国对外投资增速将进一步加快，资本净输出国的地位也将强化。偿还外债方面，2010年以来，受人民币升值和美元低利率政策影响，中资企业海外发债步伐明显加快。随着人民币出现双向波动，海外发债的强劲势头快速逆转，部分企业在特定时期可能提前偿还债务。此外，在外汇管制加强的情况下，部分企业还通过虚假服务贸易、地下钱庄等多种方式将资金汇往国外。未来5年，需要加强对资本外流的监控和防范。

二是外汇储备跌破安全线的风险。2015年我国外汇储备3.33万亿美元，较2014年底下降5127亿美元，1992年以来首次出现年度下降。4个季度的降幅分别为1130亿美元、362亿美元、1197亿美元和1838亿美元，呈加速态势。2011年IMF提出了考核一国外汇储备合理水平的一揽子综合指标。该指标认为，一国外汇储备应相当于该国30%的短期外债、10%～15%的其他证券负债（高、低比例分别对应固定和浮动汇率制）、5%～10%的出口和5%～10%的广义货币（M_2）总和的100%～150%。考虑到我国目前实行有管理的浮动汇率制，汇率灵活性越来越强，我们取不同指标比例的中间值，得出我国外汇储备合理规模的上限为31906亿美元，下限为21271亿美元。如果考虑到债务、货币存量和贸易额的增长，外汇储备的合理规模也会相应增长。从当前储备规模看，我国外汇储备规模相对充足，但一旦出现长时间下滑可能会导致外汇储备不足，外汇储备快速减少需引起重视。

五、“十四五”时期防范国内重点市场风险的对策建议

针对“十四五”时期我国可能出现的重大市场风险，需要从事前、事中、事后不同时期，监测、预警、防范、应对等不同环节加强风险防控，坚决守住不发生区域性系统性金融风险的底线。

一是加强预研预判，提升风险预警能力。要加强主要金融部门和重点金融机构的风险预警。综合经济部门和相关职能部门应加强风险的事前防范，政府部门应督促主要金融部门和重点金融机构建立部门风险识别和预警系统，要在科学识别风险的基础上，借鉴国际机构的成熟方法，结合国内实际情况，以数据资料为参照，参考历史上发生的风险事件和损失情况，通过经济学的演绎和推理，运用概率论和数理统计方法，估计和预测风险发生的概率和损失程度。在此基础上，建立风险预警的指标体系，及时发现风险苗头。利用相关指标和评估结果加强风险预警，真正做到“图之于未萌，虑之于未有”。在外部风险加剧的情况下，要密切跟踪高风险国家汇率、外汇储备、到期债务、贸易余额等重点指标变动情况，加强对各类危机信号的监测分析，重点跟踪阿根廷、南非、土耳其等高风险国家。加强形势分析研判，建立风险预警模型，及时提醒市场主体规避风险。围绕国际贸易、投资、金融等重点领域，形成应对潜在风险的应急预案。

二是采取针对性举措，提升风险化解能力。要加强风险的事前防范，努力化解风险、消除风险。要全面梳理主要市场风险的表现、源头和成因，明确系统性风险的风险源和可能的引爆点，着力推进风险防控工作科学化、精细化，真正做到有的放矢、对症下药。一旦发现风险苗头，各部门要采取针对性、精细化的应对措施，力争把风险化解在源头处，不让个别风险演化为综合风险，不让局部风险演化为区域性或系统性风险。“十四五”时期，尤其要加强市场主体风险防控，引导企业通过多种方式防范贸易和投资风险。密切关注相关国家汇率波动

情况，做好跟踪收汇，及时调整付款方式。对存在拒收和拖欠风险的订单，加强与买方沟通，控制出货节奏，提前制定应对措施。对外投资要及时规避违约风险高、货币贬值幅度大的国家，已开展的投资项目可通过多种方式合理对冲汇率风险。适时推进人民币国际化，结合相关国家获取外汇、稳定币值的需求，逐步推行人民币计价结算。

三是完善体制机制，提升风险应对能力。加快提升风险的应对处置能力，用市场化手段科学化解市场风险。风险的不确定性和复杂性决定其随时都可能转化成危机，一旦风险转化为危机事件，必须积极处置。应该在世界银行对各国建议的应对系统性风险政策框架基础上，按照国际惯例和经验，相关部门应该对可能爆发的系统性风险应急机制进行实战演练，形成应对预案，预备协调机制，明确处置办法。首先，应明确系统性风险处置过程中各部门的授权以及部门间的权利义务关系，形成“责权清晰、程序规范”的市场风险应对机制。其次，要做好各部门局部风险隔离处置的预备方案，避免局部市场风险发生后，向其他市场和其他部门传染和蔓延，产生系统性风险。此外，要构建好风险承担机制，遵循市场法则，让市场主体根据自身的行为承担风险爆发带来的损失，逐步建立起通过破产清算、债务重组等市场化的方式来处置危机的有效机制，防止政府无限救助和刚性兑付带来的市场道德缺失所导致的系统性市场风险。尤其是对于可能爆发的债务危机，要抓好事前防范和金融监管，从源头控制债务风险。由于债务易升难降，事后的应对举措效果不佳且成本较高，且考虑到金融创新往往快于金融监管能力的提升，适当过度监管有其合理性。由于全球债务危机若爆发可能对我国企业和中小企业债务产生联动风险，因此关键还需加强事前防范，尤需从源头防控我国宏观杠杆率进一步过快攀升，严控影子银行和地方政府债务规模。

四是完善宏观经济政策，从保持经济稳定发展的角度夯实风险防控的基础。要统筹宏观调控目标，避免以极端方式处理已有债务。债务问题的有序解决必须避免两种极端，一是不能通过高通胀稀释债务，二是不能用衰退型去杠杆的方式过快处理债务，尤需防范各部门同时削减债务导致总需求萎缩而使经济陷入衰退和通缩，应在削减债务和维持增长之间达到平衡。参考过去几十年历次债务危机的处理经验，政府部门可适当增加债务以对冲私人部门的债务削减，并需着力提升国家整体资产负债表的稳健性。要健全资本流动宏观审慎管理，阻遏金融市场大幅波动。完善支付清算、监管平台等跨境金融基础设施，提升对港股通和债券通北上资金、大额结售汇等高频跨境收付和外汇买卖等跨国资本流动的跟踪和监管能力。在人民币汇率更加市场化的情况下应健全可根据资本流动形势灵活调整的宏观审慎管理框架，加强对投机资本大幅流入流出的管制。要积极推动全球经济政策协调，帮助新兴市场国家渡过难关。积极参与引领新的全球治理机制建设，建立健全多边政策协调机制，提升各国经济政策协同性，进一步提升我国在国际规则制订中的制度性话语权。发挥好国际组织作用，在加强国际协调的同时，对新兴市场国家提供必要帮助。积极推动国际社会对新兴市场提供必要的金融支持，对重债穷国暂停偿还债务，在危机得到有效控制之前延长债务偿还期限，呼吁私人债权人积极参与债务减免和延期偿还相关行动。我国在力所能及的范围内，可通过物资援助、公共卫生合作等方式积极支持相关国家抗击疫情。

参考文献

[1] CF40研究部. 防范金融系统性风险 确保房地产软着陆[N]. 21世纪经济报道，2014-09-15.

[2] 陈道富. 新常态下金融风险防控[J]. 北方金融，2016(01).

[3] 陈欣. 后疫情时代中国资本市场:风险、机遇与展望[J]. 理论与评论，2020(02):70-78.

[4] 邓永恒. 中国房地产市场风险：现状与未来[J]. 清华金融评论，2017(02):45-48.

[5] 方意，贾妍妍. 新冠肺炎疫情冲击下全球外汇市场风险传染与中国金融风险防控[OL].当代经济科学公众号.

[6] 贺力平. 新冠肺炎疫情后各国主权债务风险及其前景[J]. 国际商务研究，2021,42(01):13-22.

[7] 李波. 以完善宏观审慎政策框架为核心 推进新一轮金融监管体制改革[J]. 新金融评论，2016(01).

[8] 廖岷，孙涛. 对当前中国金融系统性风险问题的实证研究[J]. 新金融评论，2014(05).

[9] 刘志成. 谨防大宗商品市场"中国需求"催生"中国溢价"[R]. 2020，中国宏观经济研究院内部报告.

[10] 马晓河等. "十三五"时期经济社会发展的主要风险和应对机制研究[R]. 2014，中国宏观经济研究院内部报告.

[11] 王瑞文. 浅谈国内金融市场风险的应对与防范[J]. 中国商论，2020(03):57-58.

[12] 吴念鲁，杨海平. 经济金融风险传染的防范与治理——基于资产负债表视角的分析[J]. 西南金融，2016(02).

[13] 谢志超，曾忠东. 美国金融危机对我国金融市场传染效应研究：基于VAR系统方法的检验[J]. 四川大学学报(哲学社会科学版)，2012(01).

[14] 张浩. 我国信用债市场风险的特征、影响及对策研究[J]. 南方金融，2018(01):57-67.

[15] 张泉泉. 系统性金融风险的诱因和防范：金融与财政联动视角[J]. 改革，2014(10):74-83.

[16] Alessi, L and C Detken. *Quasi real time early warning indicators for costly asset price boom/bust cycles: A role for global liquidity. European Journal of Political Economy*, vol 27(I), 2011.

[17] Bussi è re, M and M Fratzscher. *Towards a new early warning system of financial crises.*

Journal of International Money and Finance, vol 25(6), 2006.

[18] Group of Ten. 2001. *Consolidation in the Financial Sector. Available at www.bis.org/ publ*/gten05.html.

[19] Hart O. and Zingales L. *How to Avoid a New Financial Crisis* ［R］. *Working Papar*， 2009

[20] Knight, Hyneman F. Risk, *Uncertainty and Profit* [M] . *Houghton Mifflin Company*, 1921.

国际金融市场震荡对我国的潜在冲击与应对——基于金融CGE模型的分析

梁 俊

内容摘要：本文构建了一个考虑资本市场的多部门金融可计算一般均衡模型，编制了中国金融社会核算矩阵，并基于模型定量评估了国际金融市场震荡对我国宏观经济潜在的金融冲击、贸易冲击和实体冲击的影响。发现如果只有金融冲击，没有贸易冲击和实体冲击，尽管会产生一定结构性扭曲，但经济总体受到的影响有限；如果同时发生金融冲击、贸易冲击和实体冲击，我国不仅结构性扭曲会更加严重，而且经济总量也会受到明显负面影响；当同时出现严重的金融冲击、贸易冲击和实体冲击时，如果缺乏有效的政策应对，经济系统会出现恶性失衡甚至崩溃。为有效防范化解国际金融市场震荡带来的冲击，需要提高金融市场监管的有效性，预留必要政策空间，推进市场风险适度释放，加强国际宏观政策协调。

一、引言

2020年3月，受新冠疫情扩散和原油价格暴跌影响，国际金融市场一度出现剧烈震荡，美股恐慌指数（VIX指数）升至82.69，达到2008年以来的最大值，标普500指数10天内出现4次熔断，随之引发的流动性危机还造成其他金融资产大面积抛售，并引发我国股市短期剧烈波动。由于银行风险管理持续加强，以及主要央行“开闸放水”进行救助，这次国际金融市场震荡最终没有演化为全球性的金融危机。当前全球债务规模空前庞大，股市泡沫不断累积，全球金融与实体经济加速背离，政策空间极限收缩，一旦出现疫情恶化、大宗商品价格剧烈波动、大规模债务违约等风险事件，可能导致资产泡沫破裂和债务崩盘，再度引发剧烈的国际金融市场震荡并可能演化为全球性金融危机。尽管我国政策空间相对于主要发达国家更加充裕，但剧烈的国际金融市场震荡一旦发生，可能通过多个渠道冲击我国市场，给我国经济社会的发展和稳定带来巨大的挑战。通过有效的方法，分析国际金融市场震荡对我国潜在的冲击，并针对性地提出应对之策无疑具有重要意义。

本文弥补了现有研究的不足，构建了一个多部门的考虑了资本市场的金融可计算一般均衡（Computable General Equilibrium，CGE）模型，编制了我国的金融社会核算矩阵（Social Accounting Matrix，SAM），就国际金融市场震荡对我国宏观经济潜在的金融冲击、贸易冲击和实体冲击进行了定量评估，并针对性地提出了对策建议。

二、文献综述

与本文最相关的文献主要是用金融CGE模型分析金融危机的冲击及应对政策有效性的文献。总体来看，研究发现金融危机对不同国家的冲击是不一样的，与国外联系更紧密（外贸、投资、金融方面）的国家，受到的冲击更大；良好的政策能起到稳定金融系统的作用，尽管可能存在一定副作用。从我国来看，2008年全球金融危机对我国的直接影响总体较小，但间接影响较大，为了恢复经济需要采取积极的政策应对，但应注意通胀、出口下滑等负面影响，同时应注意区域差异。

从国外的研究来看，Lewis（2009）通过一个CGE模型评估了银行系统的稳定性，这个模型包括异质性的银行以及资本需求，假定金融市场是不完善的，存在违约，市场主体在模型中与多个金融市场相联系。作者用该模型分析了牙买加金融系统的脆弱性，发现即使一国金融系统不健全，也可以通过良好的政策实现金融市场的良好秩序。Sturr和Walmsley（2011）模拟了全球金融危机对国际贸易的冲击，研究显示，金融危机在短期会使所有国家受损，但长期来看，美国和欧盟等经济体实际GDP的持久下降，而其他一些国家和地区的出口品需求将回升，从而收回部分损失，并且金融危机对我国的影响是有限的。Meng等（2015）使用一个多国CGE模型分析了全球金融危机对新兴市场国家的影响，以及政策反应的有效性，通过模拟结果发现，全球性金融危机对各国经济都有冲击，尤其对与其他国家贸易、投资和金融联系密切的国家冲击明显。金融危机对所有产业都有冲击，但是对与投资密切相关的产业和产品价格弹性高的产业（如采矿、金属、汽车、电子产品）影响最大。政府支出增加能减轻金融危机的负面冲击，但政策有效性很大程度上取决于投资者和消费者信心的恢复程度。这一类研究还有Willenbockel和Robinson（2009）、Shaikh（2009）、Twimukye等（2010）、Breisinger等（2011）等。

从国内研究来看，李猛（2009）通过一个动态金融CGE模型，分析了增加公共消费的财政政策、增加公共投资和减少间接税的财政政策与利率浮动等金融自由化政策对我国经济恢复的贡献。研究发现应对石油价格上涨的积极财政政策在短期内的宏观经济效果是比较明显的。但由于投资增长的下降将直接减少经济增长中的关键因素——资本存量，从而将影响中国经济系统长期的增长潜力。孙翊和王铮（2010）构建了一个多地区CGE模型，分析了我国为应对全球金融危机而实施的大规模投资政策对东中西部的不同影响。研究发现，如果政策的目标指向是“扩内需”，那么在部署投资计划时，需要谨慎对待重工业部门的投资，而优先考虑加大对农业、轻工业和建筑业的投资。如果投资政策的目标指向是“促增长”，那么下一步的投资重点应该向农业、采选业和商业运输业有所倾斜。如果政策目标指向是“保就业”，那么投资重点应该集中于农业、其他服务业和电力蒸汽业。范小云等（2015）通过一个包含银行部门的金融CGE模型分析了国际金融危机对我国短期、中期和长期影响，并分析了应对措施的有效性。研究结果表明，大规模投资对增加企业收入、促进GDP 增长等效果明显，减税政策能明显改善居民福利，虽然调整利率同样可以促进经济的恢复但效果并不十分明显。应对金融危机的刺激政策存在着引发通货膨胀、不能有效刺激出口等风险，所以需要相关后续配套政策对宏观经济进行进一步调整。

从现有的通过金融CGE模型研究金融危机冲击的文献来看，存在两个不足。一方面，尚未有文献在一个统一的金融CGE模型框架内同时刻画金融危机的三种冲击（金融冲击、贸易冲击、实体冲击）对我国宏观经济的影响；另一方面，较少有文献构建出合理的机制来模拟资本市场的影响。基于此，本文试图构建一个包括资本市场的金融CGE模型，并尝试在一个框架内，同时分析国际金融市场震荡[1]的三种冲击对我国宏观经济的影响。

三、金融CGE模型的构建与参数设置

本部分首先构建一个考虑了资本市场的金融CGE模型，接着编制相应的金融SAM表，随后对相应参数进行校准和计算。

（一）金融CGE模型的构建

本文的金融CGE模型包括三类生产活动和三类产品。三类生产活动指第一产业、第二产业和第三产业的生产活动，三类产品指农产品、工业品和服务，后三者与前三者一一对应。模型包括5个经济部门：家庭、企业、政府、银行和国外；模型涉及四类共8个市场：分别是商品市场（农产品、工业品、服务）、要素市场（资本、劳动力）、国际市场、金融市场（银行资金市场、固定资产投资市场）。本文金融CGE模型设置基于范小云等（2015）的金融CGE模型和张欣（2020）的开放经济宏观CGE模型。最主要的创新是在银行的间接融资渠道之外，构建了企业和家庭之间的直接融资渠道，从而为分析国际金融市场震荡对国内资本市场的冲击提供了可能。如图5–2–1所示。

[1] 本文假定金融危机是金融市场震荡最严重的表现形式。

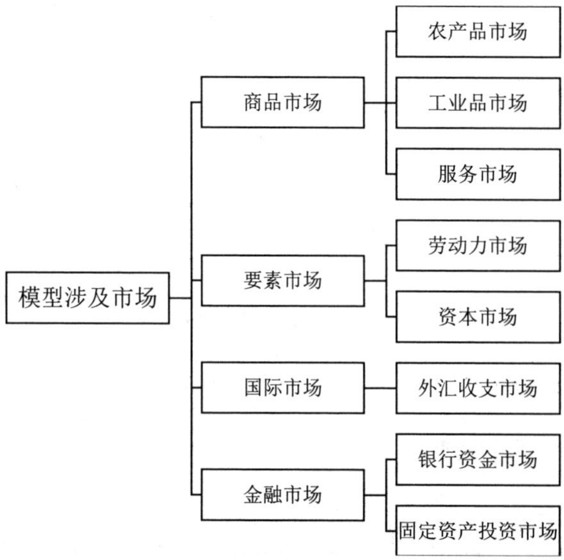

图5-2-1 CGE模型涉及的市场

本模型共包括7个模块，分别是：生产模块、居民模块、企业模块、政府模块、金融模块、市场均衡模块和宏观闭合模块。以下分别对7个模块的构建进行介绍。

1．生产模块

本模型的生产函数由两层嵌套函数组成（参见图5-2-2所示），其中最高一层（生产第二层）生产函数符合CES（Constant Elasticity Substitution，恒替代弹性）形式，产出变量是生产活动产出QA，投入变量是增加值QVA和中间投入QINTA，该生产函数如下。

$$QA_a = \alpha_a^A \left[\delta_a^A QVA_a^{\rho_a^A} + \left(1-\delta_a^A\right) QINTA_a^{\rho_a^A} \right]^{\frac{1}{\rho_a^A}},\ a \in A \tag{1}$$

求解生产者的成本最小化问题，可以得到如下一阶条件和价格方程。

$$\frac{PVA_a}{PINTA_a} = \frac{\delta_a^A}{1-\delta_a^A}\left(\frac{QINTA_a}{QVA_a}\right)^{1-\rho_a^A},\ a \in A \tag{2}$$

$$\left(1-ta_a\right)\cdot PA_a \cdot QA_a = PVA_a \cdot QVA_a + PINTA_a \cdot QINTA_a,\ a \in A \tag{3}$$

式中，A是生产活动的集合；PA、PVA和PINTA分别表示生产活动的价格、增加值部分的汇总价格和中间投入的总价格；QA、QVA和QINTA表示生产活动的数量、增加值部分的汇总数量和中间投入的总量；α表示生产活动的全要素生产率；δ表示CES函数的份额参数；ρ =1−1/ε，其中ε是CES函数的替代弹性，ta表示生产税的税率（假定增值税包含在内）。

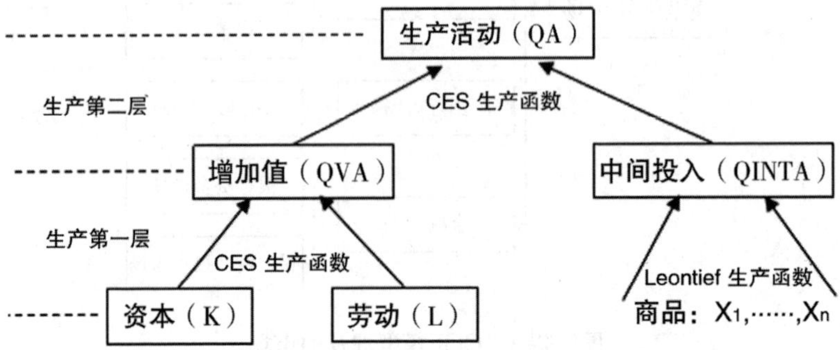

图5-2-2 生产函数的嵌套

增加值部分的生产函数依然假定为CES形式，产出为增加值，投入为劳动力和资本，生产函数如下。

$$QVA_a = \alpha_a^{va}\left[\delta_{La}^{va} QLD_a^{\rho_a^{va}} + \left(1-\delta_{La}^{va}\right) QKD_a^{\rho_a^{va}}\right]^{\frac{1}{\rho_a^{va}}},\ a \in A \tag{4}$$

求解生产者成本最小化问题，可以得到如下一阶条件和价格关系方程。

$$\frac{WL}{WK} = \frac{\delta_{La}^{va}}{1-\delta_{La}^{va}}\left(\frac{QKD_a}{QLD_a}\right)^{1-\rho_a^{va}},\ a \in A \tag{5}$$

$$PVA_a \cdot QVA_a = WL \cdot QLD_a + WK \cdot QKD_a,\ a \in A \tag{6}$$

式中，WL和WK分别表示劳动力和资本的价格；QLD和QKD分别表示生产活动的劳动力需求和资本需求。

中间投入部分的生产函数采用Leontief形式计算，具体如下。

$$QINT_{ca} = ica_{ca} \cdot QINTA_a,\ a \in A,\ c \in C \tag{7}$$

$$PINTA_a = \sum_{c \in C} ica_{ca} \cdot PQ_c, \ a \in A \quad (8)$$

式中，C表示商品集合；QINT表示生产活动对商品的中间投入；PQ表示国内市场商品价格；ica表示中间投入的投入产出直接消耗系数。

生产活动会转换成商品，转换关系如下。

$$QX_c = \sum_a sax_{ac} \cdot QA_a, \ c \in C \quad (9)$$

$$PX_c = \sum_a sax_{ac} \cdot PA_a, \ c \in C \quad (10)$$

式中，PX和QX分别表示国内生产活动产出的商品的价格和数量；sax表示生产活动与商品之间的分配比例。

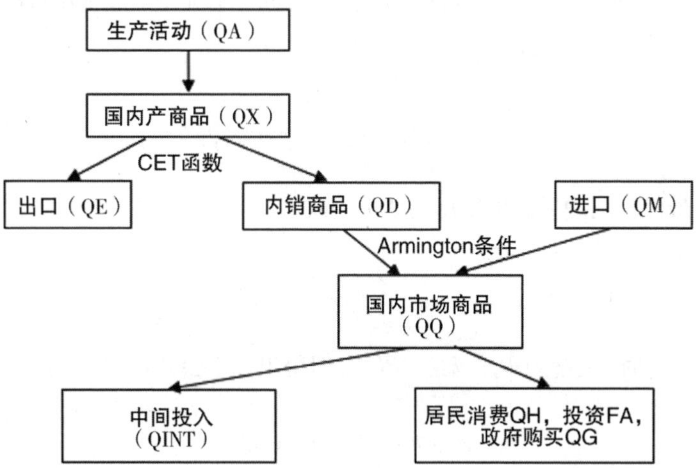

图5-2-3 商品流通过程

如图5-2-3所示，国内产出的商品被分为国内销售和出口两部分，它们的替代关系用CET函数（Constant Elasticity Transformation，恒转化弹性）[1]表示如下。

[1] CET函数的数学表达式和CES函数一样，只是参数 ρ >1。

$$QX_c=\alpha_c^t\left[\delta_c^t QD_c^{\rho_c^t}+\left(1-\delta_c^t\right)QE_c^{\rho_c^t}\right]^{\frac{1}{\rho_c^t}},\ \rho_c^t>1,\ c\in C \tag{11}$$

求解生产者最优化问题，可得到一阶条件和价格方程。

$$\frac{PD_c}{PE_c}=\frac{\delta_c^t}{1-\delta_c^t}\left(\frac{QE_c}{QD_c}\right)^{1-\rho_c^t},\ c\in C \tag{12}$$

$$PX_c\cdot QX_c=PD_c\cdot QD_c+PE_c\cdot QE_c,\ c\in C \tag{13}$$

此外有价格关系，如下公式所述。

$$PE_c=pwe_c\cdot EXR,\ c\in C \tag{14}$$

式中，PD和QD分别表示内销商品的价格和数量；PE和QE分别表示出口商品的价格和数量；pwe表示出口商品的国际价格；EXR表示汇率。

国内市场的商品由内销商品和进口品构成，假定它们之间的替代关系符合Armington条件[1]，计算公式如下。

$$QQ_c=\alpha_c^q\left[\delta_c^q QD_c^{\rho_c^q}+\left(1-\delta_c^q\right)QM_c^{\rho_c^q}\right]^{\frac{1}{\rho_c^q}},\ c\in C,\ QM_c>0 \tag{15}$$

求解最优化问题后，可以得到如下公式。

$$\frac{PD_c}{PM_c}=\frac{\delta_c^q}{1-\delta_c^q}\left(\frac{QM_c}{QD_c}\right)^{1-\rho_c^q},\ c\in C,\ QM_c>0 \tag{16}$$

当$QM_c=0$时，$QQ_c=QD_c$，$PQ_c=PD_c$，即得出如下公式。

$$PQ_c\cdot QQ_c=PD_c\cdot QD_c+PM_c\cdot QM_c,\ c\in C \tag{17}$$

进口品的价格关系满足如下公式。

$$PM_c=pwm_c\cdot\left(1+tm_c\right)\cdot EXR,\ c\in C \tag{18}$$

式中，PQ和QQ分别表示国内市场商品的价格和数量；PM和QM分别表示进

[1] Armington条件由提出者的名字命名，它假定QD和QM之间的关系符合CES函数形式。

口商品的价格和数量；pwm表示进口品的国际价格；tm表示进口税率。

2. 家庭模块

家庭的收入有5个来源：劳动收入、资本收入（实物资本收益）、证券投资收益（金融资本收益）、银行贷款加上存款利息、政府的转移支付。家庭支出体现在6个方面：消费、证券投资（股票和企业债券）、银行存款加上贷款利息、所得税、向国外的经常转移、居民固定资产投资。

本文的证券指企业融资发行的股票和债券，假定这些证券全部由家庭购买，即家庭向企业提供直接融资资金，企业向家庭支付证券投资收益。通过这样的模型设定，就在企业和家庭间建立了直接融资渠道。各类主体之间的融资关系如图5-2-4所示。

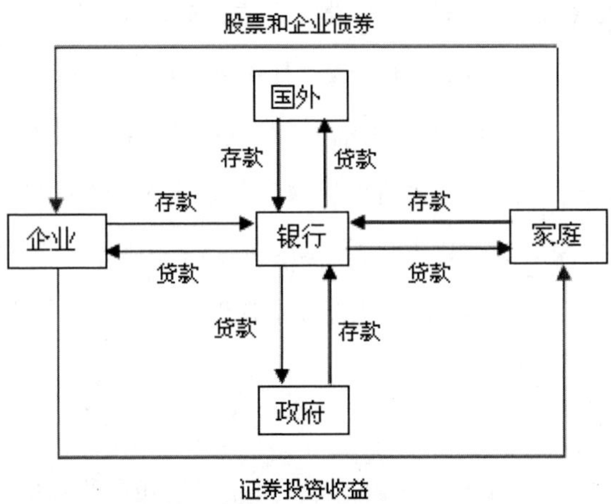

图5-2-4 各类主体之间的融资关系

注：图中箭头表示资金流动方向，其中，内圈部分为间接融资渠道，外圈部分为直接融资渠道。本文模型的一个关键创新，就是在银行的间接融资渠道之外，构建了企业和家庭之间通过证券（股票和企业债券）发行和证券投资回报构成的直接融资渠道。

假设居民对商品的需求服从LES（Linear Expenditure System，线性支出系统）形式，即居民必须支出一定数量的收入作为维持生存消费，剩下的收入才可以在消费和储蓄之间进行分配，家庭部门的计算方程如下。

$$\begin{aligned} YH = {} & WL \cdot QLS + WK \cdot shif_{hk} \cdot QKS + REVENUE \\ & + LOANH + HSINT + trnsfr_{h,gov} \end{aligned} \tag{19}$$

$$REVENUE = SECURITY \cdot i_r \tag{20}$$

$$PQ_c \cdot QH_c = PQ_c \cdot \gamma_c + \beta_c \left(EH - \sum_c PQ_c \cdot \gamma_c \right),\ c \in C \tag{21}$$

其中， $$EH = mpc \cdot (1 - ti_h) \cdot YH \tag{22}$$

$$\begin{aligned} HSAV = {} & (1 - tih) YH - EH - SECURITY - trnsfr_{row,h} \\ & - HINV - HLINT \end{aligned} \tag{23}$$

其中，方程（19）是家庭总收入方程，方程（20）是证券投资收益方程，方程（21）是消费支出方程，（22）是家庭储蓄方程。shifhk表示居民在资本中所占份额；REVENUE表示居民证券投资收益；SECURITY表示证券融资金额；ir是证券投资收益率；YH、EH、HSAV、HSINT、HLINY、LOANH分别表示家庭总收入、消费支出、家庭在银行的储蓄、家庭在银行的存款利息、家庭在银行的贷款利息、家庭贷款、政府对家庭的转移支付、国外向国内的资金转移。另外，trnsferh, g是政府向家庭的转移支付；trnsferrow, h是家庭向国外的经常转移；tih是个人所得税税率；β是LES需求函数的边际消费，是维持生存消费；mpc是边际消费倾向。

3．企业模块

企业的收入来自三部分：资本收入、企业贷款和存款利息支出、证券融资。企业的支出包括企业所得税、支付给家庭的证券投资收益、银行存款和贷款利息、固定资产投资。企业部门的计算方程如下。

$$YENT = shif_{ent,k} \cdot WK \cdot QKS + (LOANE + ESINT) + SECURITY \tag{24}$$

$$ENTSAV = (1 - ti_{ent}) YENT - REVENUE - ELINT - EINV \tag{25}$$

式中，YENT、EINV、ENTSAV分别表示企业收入、固定资产投资与储蓄；LOANE、ELINT 与ESINT 分别表示企业贷款、贷款利息支出与存款利息收入；

shifent, k表示企业占有的资本份额；tient是企业所得税率。

4．政府模块

政府收入包括：生产税净额、关税、资本收入、政府贷款和存款利息收入、个人所得税、企业所得税、来自国外政府的转移。政府支出主要用于商品采购、对居民的转移支付、固定资产投资、政府储蓄和贷款利息支出，政府部门的计算方程如下。

$$YG = \sum_a ta_a \cdot PA_a \cdot QA_a + \sum_c tm_c \cdot pwm_c \cdot QM_c \cdot EXR + shif_{g,k} \cdot WK \cdot QKS + LOANG + GSINT + ti_h \cdot YH + ti_{ent} \cdot YENT + trnsfr_{g,row} \cdot EXR \tag{26}$$

$$GSAV = YG - EG - trnsfr_{h,g} - GINV - GLINT \tag{27}$$

$$EG = \sum_c PQ_c \cdot QG_c \tag{28}$$

式中，YG、EG、QG、GINV、GSAV 分别表示政府的收入、商品采购支出、对商品的需求、固定资产投资、政府储蓄；LOANG、GLINT、GSINT 分别表示政府贷款、贷款利息支出、存款利息收入；shifgk表示政府部门拥有的资本份额；trnsfg, row为国外向国内政府的转移支付。

5．金融模块

金融模块包括银行资金市场和固定资产投资市场两部分。银行收入来自家庭、企业、政府和国外这4个部门的存款和贷款利息收入，支出为给这4个部门的贷款和存款利息支付。此外，银行还有部分资金投向固定资产投资。固定资产投资资金来自家庭、企业、政府和银行这4个部门。

方程（29）~（32）是家庭、企业、政府和国外这4个部门的贷款方程，假定4个部门的贷款都是相应部门收入的固定比例。

$$LOANH = \lambda_h \cdot YH \tag{29}$$

$$LOANE = \lambda_{ent} \cdot YENT \tag{30}$$

$$LOANG = \lambda_g \cdot YG \tag{31}$$

$$LOANF = \lambda_{row} \cdot YF \tag{32}$$

式中，λh、λent、λg、λrow分别对应家庭、企业、政府、国外这4个部门贷款占收入的比例；LOANF是国外部门的贷款；YF是国外部门的收入，其公式如下。

$$YF = \sum_{c} PM_{c} \cdot QM_{c} + shif_{row,k} \cdot WK \cdot QKS + trnsfr_{row,h} + LOANF + FSINT \tag{33}$$

国外部门的收入来自进口金额、资本收益、家庭的经常转移、国外贷款和存款利息收入。

家庭、企业、政府和国外这4个部门的存款利息公式为方程（34）~（37），具体如下。

$$HSINT = HSAV \cdot is \tag{34}$$

$$ESINT = ENTSAV \cdot is \tag{35}$$

$$GSINT = GSAV \cdot is \tag{36}$$

$$FSINT = FSAV \cdot EXR \cdot is \tag{37}$$

家庭、企业、政府和国外这4个部门的贷款利息公式为方程（38）~（41），具体如下。

$$HLINT = LOANH \cdot il \tag{38}$$

$$ELINT = LOANE \cdot il \tag{39}$$

$$GLINT = LOANG \cdot il \tag{40}$$

$$FLINT = LOANF \cdot il \tag{41}$$

存款利息之和和贷款利息之和的公式是方程（42）和（43），具体如下。

$$BSINT = HSINT + ESINT + GSINT + FSINT \tag{42}$$

$$BLINT = HLINT + ELINT + GLINT + FLINT \tag{43}$$

银行部门的收入和支出，分别用方程（44）和（45）表示，具体如下。

$$YB = HSAV + ENTSAV + GSAV + FSAV \cdot EXR + BLINT \tag{44}$$

$$EB = LOANH + LOANE + LOANG + LOANF + BINV + BSINT \tag{45}$$

式中，shifrow,k为国外部门的资本份额；FSAV、FSINT、FLINT分别是国外部门储蓄、国外部门存款利息收入、国外部门贷款利息收入；BSINT、BLINT、YB、EB、BINV分别为银行部门的存款利息收入、贷款利息收入、总收入、总支出、固定资产投资；is和il分别表示存款利率和贷款利率。

银行部门的固定资产投资公式方程如下。

$$BINV = TFA - HINV - EINV - GINV \tag{46}$$

式中，TFA是总固定资产投资。银行固定资产投资为总固定资产投资减去其他三个部门的固定资产投资。

6. 市场均衡

当达到一般均衡状态时，商品市场、要素市场、国际市场和金融市场将同时出清。

国内商品市场均衡的计算方程如下。

$$QQ_c = \sum_a QINT_{ca} + QH_c + QG_c + FA_c,\ c \in C \tag{47}$$

要素市场均衡的计算方程如下。

$$\sum_a QLD_a = QLS \tag{48}$$

$$\sum_a QKD_a = QKS \tag{49}$$

国际市场均衡的计算方程如下。

$$\begin{aligned}\sum_c pwm_c \cdot QM_c = \sum_c pwe_c \cdot QE_c + FSAV + FLINT + trnsfr_{g,row} \\ - shif_{row,k} \cdot WK \cdot QKS - trnsfr_{row,h} - LOANF - \frac{FSINT}{EXR}\end{aligned} \tag{50}$$

金融市场均衡的计算方程如下。

$$YB = EB \tag{51}$$

$$TFA = \sum_c PQ_c \cdot FA_c \tag{52}$$

式中，QLS和QLD为劳动力总供给和资本总供给；FA为商品投资。

实际GDP、名义GDP和名义总产值的计算公式如下。

$$GDP = \sum_{c}(QH_c + FA_c + QG_c + QE_c - QM_c) \tag{53}$$

$$\begin{aligned} PGDP \cdot GDP = &\sum_{c} PQ_c \cdot (QH_c + FA_c + QG_c) + \sum_{c} PE_c \cdot QE_c \\ &- \sum_{c} PM_c \cdot QM_c + \sum_{c} tm_c \cdot pwm_c \cdot EXR \cdot QM_c \end{aligned} \tag{54}$$

$$TQA = \sum_{a} PA(a) \cdot QA(a) \tag{55}$$

式中，PGDP为GDP价格指数；PGDP · GDP即为名义GDP；TQA为名义总产值。

7. 宏观闭合模块

由于模型中的方程数量和内生变量往往不相等，因此在CGE模型中需要依据经济理论选择一些宏观闭合条件对多余的内生变量进行“固定”，将多余的内生变量转换成参数，使得方程数量与内生变量数量相等，从而使得方程可以求解。本文基于后文的SAM表对模型进行了计算，在具体计算中，本文的模型共包括133个方程和142个内生变量，内生变量数量比方程数量多出9个，因此需要增加9个宏观闭合条件。本文选择的9个宏观闭合条件如下。

$$QLS = \overline{QLS} \tag{56}$$

$$WK = \overline{WK} \tag{57}$$

$$PGDP = \overline{PGDP} \tag{58}$$

$$EXR = \overline{EXR} \tag{59}$$

$$HINV = \overline{HINV} \tag{60}$$

$$EINV = \overline{EINV} \tag{61}$$

$$PA_{sec1} = \overline{PA_{sec1}} \tag{62}$$

$$FA_{com1} = \overline{FA_{com1}} \tag{63}$$

$$QG_{com1} = \overline{QG_{com1}} \tag{64}$$

式中，PAsec1为第一产业生产活动价格；FAcom1为农产品投资；QGcom1为农产品的政府购买量。

首先，本文假定劳动力是无限供应的（新古典情形），即方程（56）所反映的劳动力供给水平等于劳动力禀赋。原因在于我国城镇化率目前仍只有60%左右，距离发达国家的水平还有较大差距，大量农村劳动力进入城市将总体确保劳动力供给充足。其次，本文假定资本存在闲置（凯恩斯情形），即方程（57）反映的资本价格由有限的需求确定，这与当前受疫情和全球需求下滑影响，产能尚未充分利用的情况一致。方程（58）假定GDP价格指数不变，这是因为，尽管通胀总是存在，但一般短期变化不大。方程（59）假定汇率水平保持不变，尽管我国汇率制度已经不再盯住单一美元，而是转变成了以市场供求为基础、参考一篮子货币进行调节、有管理的浮动汇率制，但我国对外汇管制严格，汇率总体相对稳定。方程（60）和（61）假定家庭和企业的固定资产投资水平保持固定，由于投资具有一定“惯性”，因此该假设具有合理性。方程（62）、（63）和（64）假定第一产业生产活动价格、农产品投资、政府购买的农产品三个变量保持固定，这样假定有三个原因：其一，农产品需求相对稳定；其二，政府对于农产品保供稳价非常重视；其三，农业总产值在经济总产值中占比较小，即使假定情况与实际不符，也不会对总量变量的计算产生明显影响。

（二）金融SAM表的编制

要计算金融CGE模型，需要编制金融社会核算矩阵（Social Accounting Matrix，SAM）表，本文所用的金融SAM表主要参考霍丽骊等（2006）、王其文和李善同（2008）、范金等（2010）、范小云等（2015）、张欣（2020）等研究的方法编制，共包括14个账户，分别是第一产业生产活动（活动1）、第二产业生产活动（活动2）、第三产业生产活动（活动3）、农产品（商品1）、工业品（商品2）、服务（商品3）、劳动力（要素1）、资本（要素2）、家庭、企业、政府、国外、银行（金融1）、固定资产投资（金融2），具体的SAM表内容参见表5-2-1所示，SAM表的数据参见表5-2-2所示。

表5-2-1 金融社会核算矩阵内容

		生产活动			商品			要素		家庭	企业	政府	国外	金融		合计
		第一产业	第二产业	第三产业	农产品	工业品	服务	劳动力	资本					银行	固定资产投资	
生产活动	第一产业				农业总产出											一产总产出
	第二产业					工业总产出										二产总产出
	第三产业						服务总产出									三产总产出
商品	农产品	中间投入	中间投入	中间投入						居民消费		政府消费	出口		资本形成总额	农产品总需求
	工业品	中间投入	中间投入	中间投入						居民消费		政府消费	出口		资本形成总额	工业品总需求
	服务	中间投入	中间投入	中间投入						居民消费		政府消费	出口		资本形成总额	服务总需求
要素	劳动力	劳动者报酬	劳动者报酬	劳动者报酬												劳动总回报
	资本	资本报酬	资本报酬	资本报酬												企业总收益
家庭								劳动收入	资本收入	证券投资收益	转移支付		居民信贷 + 存款利息		居民收入	

（续表）

		生产活动			商品			要素		家庭	企业	政府	国外	金融		合计
		第一产业	第二产业	第三产业	农产品	工业品	服务	劳动力	资本					银行	固定资产投资	
企业									资本收入	证券				企业贷款+存款利息		企业收益
政府		生产税净额	生产税净额	生产税净额	关税	关税	关税		资本收入	所得税	所得税		政府间转移支付	政府贷款+存款利息		财政收入
国外					进口	进口	进口		资本收入	经常转移				国外贷款+存款利息		对外支出
金融	银行									居民储蓄+贷款利息	企业储蓄+贷款利息	政府储蓄+贷款利息	国外储蓄+贷款利息			银行收入
	固定资产投资									居民固投	企业固投	政府固投		银行固投		投资资金来源
合计		一产生产总成本	二产生产总成本	三产生产总成本	农产品总供给	工业品总供给	服务总供给	劳动总收入	资本总回报	居民总支出	企业总支出	政府总支出	对外收入	银行总支出	总投资	

资料来源：参考霍丽骊等（2006）、王其文和李善同（2008）、范金等（2010）、范小云等（2015）、张欣（2020）等文献的方法编制。

表3-2-2　金融社会核算矩阵

		生产活动			商品			要素		家庭	企业	政府	国外	金融		合计
		第一产业	第二产业	第三产业	农产品	工业品	服务	劳动力	资本					银行	固定资产投资	
生产活动	第一产业				107759											107759
	第二产业					1528726										1528726
	第三产业						955332									955332
商品	农产品	14056	62050	7231						25093		1590	1059		2674	113753
	工业品	20717	819171	144156						120391			141367		423669	1669471
	服务	8256	218428	279377						199068		146638	33149		95160	980076
要素	劳动力	66672	151636	256719												475027
	资本	1566	212470	232993												447029
家庭								475027	124711		7143	34415		79670		720966
企业									190371	36178				49336		275885
政府		–3508	64971	34856	100	2337	411		67506	13872	39450		69753	4691		294439
国外					5894	138408	24333		64441	11757				1194		246027
金融	银行									80821	14059	41317	699			136896
	固定资产投资									233786	215233	70479		2005		521503
合计		107759	1528726	955332	113753	1669471	980076	475027	447029	720966	275885	294439	246027	136896	521503	

注：表中数据单位均为亿元，所有数据均为名义值。

数据来源：根据《2018年全国投入产出表》《中国财政年鉴2019》《中国金融年鉴2019》《中国税务年鉴2019》《资金流量表（金融交易）2018年》《资金流量表（非金融交易）2018年》，以及中国人民银行、Wind数据库等来源数据编制。

编制SAM表所选择的数据基年为2018年，数据来源包括：《2018年全国投入产出表》《中国财政年鉴2019》《中国金融年鉴2019》《中国税务年鉴2019》《资金流量表（金融交易）2018年》《资金流量表（非金融交易）2018年》，以及中国人民银行、Wind数据库。

SAM表的平衡参考了王其文和李善同（2008）的处理方法，通过确定平衡项来保证每个账户的行之和与列之和相等。

（三）金融CGE模型参数的设定

表5-2-3列出了进行模型计算的主要参数，由于模型计算需要给各个变量赋初值，变量初值均根据以下参数和SAM表中的数据计算得到。

表5-2-3 金融CGE模型主要参数

参数	定义	取值	数据来源
	一产/二产/三产生产活动CES生产函数弹性相关系数	0.2/0.3/0.1	张欣（2020）
	一产/二产/三产增加值CES生产函数弹性相关系数	0.3/0.2/0.5	张欣（2020）
	农产品/工业品/服务Armington条件CES函数弹性相关系数	0.4/0.6/0.4	张欣（2020）
	农产品/工业品/服务CET函数弹性相关系数	1.4/1.4/2	张欣（2020）
is	存款利率	0.015	央行一年期存款基准利率
il	贷款利率	0.0475	央行一年期贷款基准利率
ir	证券投资收益率	0.197	根据SAM表数据计算得到
SECURITY	证券发行额	36179	根据SAM表数据计算得到
LESelasc	农产品/工业品/服务LES需求函数的弹性	0.5/1/1.2	张欣（2020）
Frisch	弗里希参数	−2	张欣（2020）

（续表）

参数	定义	取值	数据来源
β_c	LES需求函数的边际消费	0.034/0.324/0.642	根据SAM表数据计算得到
γ_c	维持生存消费项	19280/264610/388386	根据SAM表数据计算得到
ta_a	生产税净税率	–0.033/0.043/0.036	根据SAM表数据计算得到
shifhk/shifent,k/shifgk/shifrow,k	居民/企业/政府/国外资本份额	0.279/0.426/0.151/0.144	根据SAM表数据计算得到
λ h/ λ ent/ λ g/ λ row	居民/企业/政府/国外贷款参数	0.099/0.171/0.015/0.005	根据SAM表数据计算得到
tih	个人所得税税率	0.017	根据SAM表数据计算得到
tient	企业所得税税率	0.137	根据SAM表数据计算得到
mpc	边际消费倾向	0.44	根据SAM表数据计算得到

数据来源：笔者根据相关资料计算和整理得到。

四、国际金融市场震荡对我国宏观经济的影响分析

本部分首先基于测算结果对金融危机不同类型冲击的影响进行了评估，随后进行了相应的稳健性检验。

（一）国际金融市场震荡对我国宏观经济的影响

国际金融市场震荡可通过金融、外贸、国内供需三个主要渠道冲击我国市场。一般而言，金融冲击会首先发生，随后基本面开始恶化，如果没有及时有效的政策应对，贸易冲击和实体冲击往往会接踵而至。

基于上文SAM表和参数表的数据，本文通过GAMS软件编写了求解程序，对以上金融CGE模型进行了求解。此外，基于国际金融市场震荡的三个主要冲击渠

道，计算了4种不同冲击情况下我国主要宏观经济变量的变化情况。三种冲击在模型中的模拟方式如下。

（1）国际金融市场震荡通过资本市场传染产生金融冲击：用证券价值下降和证券投资收益率下滑来模拟。

（2）国际金融市场震荡通过外需下滑产生贸易冲击：用出口价格下降模拟。

（3）国际金融市场震荡通过国内供需恶化造成的实体冲击：通过企业固定资产投资下降模拟。

4种冲击的设定如表5-2-4所示。

表5-2-4 冲击的模型参数设定

	冲击类型	严重程度	描述	参数设定
无冲击	无	无	基准情形	参数取值均按照以上设定
冲击一	金融冲击	较强	证券价值下降10%，证券投资收益率下降10%	SECURITY=0.9*SECURITY0; ir=0.9*ir0
冲击二	金融冲击	严重	证券价值下降50%，证券投资收益率下降50%	SECURITY=0.5*SECURITY0; ir=0.5*ir0
冲击三	金融冲击+贸易冲击+实体冲击	较强	证券价值下降10%，证券投资收益率下降10%；出口价格下降10%；企业固定资产投资下降10%	SECURITY=0.9*SECURITY0; ir=0.9*ir0; pwe=0.9*pwe0; EINV=0.9*EINV0
冲击四	金融冲击+贸易冲击+实体冲击	严重	证券价值下降50%，证券投资收益率下降50%；出口价格下降50%；企业固定资产投资下降50%	SECURITY=0.5*SECURITY0; ir=0.5*ir0; pwe=0.5*pwe0; EINV=0.5*EINV0

注：参数设定中，变量后带一个0表示是基准模型中的参数。

资料来源：笔者根据相关资料整理。

基于模型的计算结果，参见表5-2-5、表5-2-6所示。

表5-2-5 不同冲击下我国主要宏观经济变量的测算值（单位：亿元）

	GDP	总产值	二产总产值	总资本需求	二产资本需求
初始值	1022163	2594544	1530584	447773	212728
冲击一	1022164	2594547	1530586	447774	212729
冲击二	1022168	2594558	1530594	447777	212730
冲击三	1011753	2537571	1461107	442596	204078
冲击四	924234	1734736	126807	396231	17871
	固定资产投资	家庭收入	家庭消费	家庭储蓄	家庭贷款
初始值	558483	712730	308435	110435	70284
冲击一	558521	712069	308399	109813	70276
冲击二	558672	709428	308251	107327	70242
冲击三	610012	706972	306191	107036	69773
冲击四	519188	682255	296979	106473	67673
	企业收入	企业储蓄	企业贷款	政府收入	总贷款
初始值	270177	8738	46798	283815	122715
冲击一	270189	9391	46800	283815	122709
冲击二	270238	12004	46808	283815	122684
冲击三	267877	28943	46399	283815	121820
冲击四	230099	85000	41997	269344	114731

数据来源：笔者根据相关资料计算得出。

表5-2-6 不同冲击下我国宏观经济变量的变动率（单位：%）

	GDP	总产值	二产总产值	总资本需求	二产资本需求
冲击一	0	0	0	0	0
冲击二	0	0	0	0	0
冲击三	−1.02	−2.20	−4.54	−1.16	−4.07
冲击四	−9.58	−33.14	−91.72	−11.51	−91.60
	固定资产投资	家庭收入	家庭消费	家庭储蓄	家庭贷款
冲击一	0.01	−0.09	−0.01	−0.56	−0.01
冲击二	0.03	−0.46	−0.06	−2.81	−0.06
冲击三	9.23	−0.81	−0.73	−3.08	−0.73
冲击四	−7.04	−4.28	−3.71	−3.59	−3.71

（续表）

	GDP	总产值	二产总产值	总资本需求	二产资本需求
	企业收入	企业储蓄	企业贷款	政府收入	总贷款
冲击一	0	7.47	0	0	0
冲击二	0.02	37.38	0.02	0	–0.03
冲击三	–0.85	231.23	–0.85	0	–0.73
冲击四	–14.83	872.76	–10.26	–5.10	–6.51

数据来源：笔者根据相关资料计算得出。

通过对测算结果分析，可以得到如下几点结论。

1．国际金融市场震荡对我国如果只产生金融冲击，没有产生贸易冲击和实体冲击，经济总量受到的影响有限，但会造成结构性扭曲

在冲击一和冲击二下，国际金融市场震荡产生的金融冲击波及我国市场，分别导致我国企业发行的证券价值下滑10%和50%，同时造成企业发行证券的投资回报率分别下滑10%和50%，但并没有进一步蔓延成实体冲击。在这种情况下，我国GDP、总产值、总资本需求、固定资产投资等总量变量没有或几乎没有出现下降。从企业角度看，原因在于我国企业直接融资比重偏低，目前只有30%左右，在金融冲击下即使直接融资渠道受阻，企业依然能从银行系统获得资金，保持生产经营的稳定性。从家庭角度看，我国家庭资产以实物资产为主，住房占比近七成，金融资产占比较低，仅为20.4%，比美国低20多个百分点[1]。即使金融冲击导致家庭证券投资收益下降，家庭收入降幅也很小，从测算结果可以看出，当证券价值和证券投资收益率同时下降50%，家庭收入的降幅只有0.46个百分点。2020年3月美股震荡一度波及我国股市，但由于没有产生实体冲击，影响很快消失。

金融冲击会产生结构性扭曲。当证券价值和证券收益率同时降低10%时，企业的储蓄会上升7.47%，而当证券价值和证券收益率降低50%时，企业储蓄会上升

[1] 中国人民银行调查统计司. 2019年中国城镇居民家庭资产负债情况调查[EB/OL].《中国金融》杂志官方微信公众号，2021–4–24.

37.38%。这反映出我国企业的风险偏好在资本市场遭受冲击时会明显降低，企业会减少风险投资，提高银行储蓄等无风险或低风险资产的比重。如果资本市场遭遇频繁冲击，可能导致我国企业更加依赖间接融资，不利于我国资本市场的持续健康发展。

2. 国际金融市场震荡同时产生金融冲击、贸易冲击和实体冲击的情况下，我国不仅经济总量会受到负面影响，结构性扭曲也会更加严重

在冲击三下，金融危机同时产生了金融冲击、贸易冲击和实体冲击，并波及我国市场，通过资本市场、外贸、投资等渠道冲击宏观经济。当证券价值和收益率下降10%、出口价格下降10%、企业固定资产投资下降10%时，我国宏观经济变量出现明显下滑，其中，GDP下滑1.02个百分点、总产值下滑2.2个百分点、总固定资产投资更是下滑9.23个百分点。可见，一旦出现贸易冲击和实体冲击，国际金融市场震荡的负面影响将全面传染到我国宏观经济系统。

冲击三下，经济中的结构性扭曲也会加剧。从资本需求角度看，尽管总资本需求只下降1.16%，但二产的资本需求却下降超过4%。从企业角度看，冲击三下的企业储蓄上升超过230%，远高于冲击一和冲击二中的下滑幅度。原因在于，金融冲击和实体冲击同时发生使得企业金融资产和固定资产的投资回报率同时大幅下滑，企业的风险偏好会明显下降，在大幅减少直接融资和固定资产投资的同时，迅速将资产转换成存款等低风险资产。由于投资意愿下降，经济复苏的动力会出现缺失，冲击的负面影响将进一步扩大和深化。

3. 当国际金融市场震荡演化为国际金融危机，带来严重的金融冲击、贸易冲击与实体冲击时，如果没有有效的政策应对，经济系统会出现恶性失衡甚至崩溃

在冲击四下，国际金融市场出现剧烈震荡，演化为金融危机，并对我国同时产生严重的金融冲击、贸易冲击和实体冲击，证券价值和收益率下降50%，出口价格下降50%，企业固定资产投资下降50%。此时经济系统将受到严重的破坏。GDP下降达9.58%，总产值降幅更是达到33.14%，资本总需求下降达11.51%，固定资产投资下降7.04%，均比冲击三的情况要严重得多。在这种极端情形下，所

有主体的收支状况和行为模式均发生巨大变化，这使得宏观经济变量进入快速下滑的通道。

从结构上看，失衡问题更加严重。工业部门的总产值和资本需求均下降超过90%，这意味着如果没有有效的政策应对，在极端金融冲击、贸易冲击和实体冲击之下，工业生产将走向停滞。由于工业部门是物质资料主要生产部门，工业部门的停滞也意味着经济走向崩溃边缘。企业存款在这种极端情况下上升超过800%，意味着企业已经几乎没有任何意愿持有证券类和生产性资产，会最大限度将资产转换成低风险的存款类资产。与此同时，企业的收入下滑也接近15%。模型中假定金融系统能一直正常运转，但在现实中，银行系统在严重金融危机冲击下可能已经出现崩溃，而一旦金融系统趋于奔溃，还会出现金融挤兑，整个经济的失衡状况可能比模型预测的还要严重。

（二）稳健性检验

为了检验结论的稳健性，本文参照范小云等（2015）的取值，计算了弗里希参数为-3时的模型结果，发现数据变动方向和反映的问题和以上分析一致。表5-2-7给出了弗里希参数为-3时的模型计算结果。

表5-2-7　不同冲击下宏观经济变量初始值与变化率（弗里希参数=-3）

	GDP	总产值	二产总产值	总资本需求	二产资本需求
初始值	1022162	2594543	1530583	447773	212728
冲击一	0.00%	0.00%	0.00%	0.00%	0.00%
冲击二	0.00%	0.00%	0.00%	0.00%	0.00%
冲击三	-1.02%	-2.20%	-4.54%	-1.16%	-4.07%
冲击四	-9.58%	-33.14%	-91.72%	-11.51%	-91.60%
	固定资产投资	家庭收入	家庭消费	家庭储蓄	家庭贷款
初始值	558468	713403	308450	107475	70287
冲击一	0.01%	-0.19%	-0.02%	2.18%	-0.02%
冲击二	0.03%	-0.73%	-0.06%	12.16%	-0.06%

（续表）

	GDP	总产值	二产总产值	总资本需求	二产资本需求
冲击三	9.23%	-0.90%	-0.73%	-0.41%	-0.73%
冲击四	-7.03%	-4.37%	-3.72%	-0.93%	-3.72%
	企业收入	企业储蓄	企业贷款	政府收入	总贷款
初始值	273884	11692	46843	287433	122763
冲击一	-1.35%	-19.68%	-0.09%	-1.26%	-0.04%
冲击二	-6.76%	-110.84%	-0.50%	-6.29%	-0.22%
冲击三	-2.19%	147.55%	-0.95%	-1.26%	-0.77%
冲击四	-15.99%	626.99%	-10.35%	-6.29%	-6.54%

单位：初始值单位为亿元，其他为%。

数据来源：笔者根据相关资料计算得出。

五、政策建议

本文研究发现，单纯的金融冲击对我国宏观经济的影响总体较小，因此，如果能够有效防范金融冲击，使之不引发实体冲击，那么我国应对金融危机的韧性和能力将大幅提升。此外，要预留必要政策空间，加强国际合作，多措并举构建防化金融危机冲击的高效体系。

（一）提高金融市场监管的有效性

一是加强监管协调。充分发挥国务院金融稳定发展委员会的政策统筹作用，针对外部金融冲击，加强监管部门协调，避免监管措施的叠加和干扰。

二是强化市场预期引导。更加重视与公众的沟通，积极及时回应市场关切，避免风险事件和政策实施对市场预期产生负面影响；预期管理主体扩大到一系列具有宏观调控职能的经济管理部门和地方政府，明确各方权责并加强协调。

三是完善跨境资本流动监管。加快构建跨境资本流动“宏观审慎+微观监管”两位一体管理框架，维护国家金融安全；借鉴国际经验，开展跨境资本流动高强度冲击压力测试，构建前瞻性的监测预警指标体系；加强跨境资本流动监管的国际合作，推动监管信息共享。

（二）预留政策空间应对潜在冲击

一是在政策思路上留足空间。风险的充分释放存在一定周期，例如次贷危机演化为全球性金融危机就酝酿了一年半的时间，因此，当前的政策需要适度“留白”，为应对后续风险做好充分准备。

二是在政策操作上做到精准稳健。货币政策要更加灵活适度、精准导向，在引导主要市场利率下行和降低企业融资成本的同时，要更加注重方式和节奏，避免过早“打光子弹”；财政政策上要做好项目储备，并通过加大沉淀资金盘活力度、增加专项债额度等举措，拓宽广义财政“赤字”规模，提升财政政策执行效率。

三是要完善宏观调控跨周期设计和调节。宏观调控既要立足当前，保持经济运行在合理区间，更要着眼长远，通过结构性稳杠杆措施，如加大不良资产处置力度、加强股权融资等，将宏观杠杆率控制在合理水平，提升我国金融系统韧性和抗风险能力。

（三）推进市场风险适度释放

一是有序打破金融市场“刚性兑付”。加强投资者教育，树立“买者自负”理念；严格按照资管新规、理财新规和理财子公司办法的规定，持续督促理财产品公开透明、简单净值化管理，要求公募产品主要投资标准化资产；同时，债券市场也将更加清晰地界定市场主体的责任边界，筑牢直接融资与间接融资之间的防火墙。

二是健全股票市场常态化退市机制。坚持市场化、法治化方向，完善退市标准，简化退市程序，拓宽多元退出渠道，严格退市监管，对于严重财务造假的“害群之马”、丧失持续经营能力的“空壳僵尸”，增强退市刚性，决不允许“久拖不退”。

（四）加强国际宏观政策协调

一是加强各国宏观经济政策协调。各国在出台货币政策时需要防止以邻为壑的货币政策，尽量降低给他国造成严重的负面溢出效应；在出台财政政策时也需要注意防控债务风险的发生；出台金融信贷政策时要兼顾金融监管，防控金融风险。加强沟通，确保金融市场和全球供应链稳定。

二是加强各国公共卫生政策协调。各国应集中精力控制好本国疫情，防止疫情扩散，加强国际抗疫合作，确保疫苗得到高效公平分配，确保重要医疗物资、关键农产品和贸易畅通，避免疫情触发金融危机。

三是加强国际组织之间的协调。国际货币基金组织（IMF）、世界银行（WB）、联合国（UN）、世界卫生组织（WHO）和G20等重要国际组织要各司其职，加强协调配合，共同抗击疫情，恢复经济，维护全球金融稳定。

参考文献

［1］范金，杨中卫，赵彤.中国宏观社会核算矩阵的编制［J］. 世界经济文汇，2010（04）.103–119.

［2］范小云，张景，松王博.金融危机及其应对政策对我国宏观经济的影响——基于金融CGE 模型的模拟分析［J］. 金融研究，2015（09）.50–65.

［3］霍丽骊，丛亮，张哲人，贺晋. CDF_CGE模型基本结构及应用［J］. 数量经济技术经济研究，2006（01）.117–128.

［4］李猛. 不同汇率机制下石油价格波动的金融CGE模型分析［J］. 数量经济技术经济研究，2009（04）.3–20.

［5］孙翊，王铮. "后危机"时代中国财政政策的选择——部门投资政策影响建模与分析［J］. 财经研究，2010（03）.4–13.

［6］王其文，李善同. 社会核算矩阵：原理、方法和应用［M］. 北京：清华大学出版社，2008.

［7］张欣. 一般均衡模型的基本原理与编程［M］. 上海：格致出版社，2020.

［8］中国人民银行调查统计司. 2019年中国城镇居民家庭资产负债情况调查［EB/OL］.2020–4–24.https://finance.sina.com.cn/money/lczx/2020–04–24/doc–iirczymi8099086.shtml.

［9］Breisinger, C., X. Diao, M. H. Collion. *Impacts of Triple Global Crisis on Growth and Poverty: The Case of Yemen*［J］. *Development Policy Review*, 2011, 29(2): 155–184.

［10］Lewis, J.. *A Computable General Equilibrium（CGE）Model of Banking System Stability: Case of Jamaica*［R］. *Working Paper*, 2009.

［11］Meng, X. M., M. Siriwardana, J. McNeill. *The Global Financial Crisis and its Impact on Emerging Markets: A CGE Assessment*［J］. *Journal of Economics, Business and Management*, 2015, 3(11): 1024–1030.

［12］Robinson. *Macroeconomics, Financial Variables, and Computable General Equilibrium Models*［J］. *World Development*, 1991, 19(11): 1509–1525.

［13］Stutt, A., T. Walmsley. *"Trade and Sectoral Impacts of the Gobal Financial Crisi - a Dynamic Computable General Equilibrium Analysis," in: Trade–led Growth: A Sound Strategy for Asia*［R］, *chapter 14, United Nations Economic and Social Commission for Asia and the Pacific*, 2011.

［14］Twimukye, E., J. M. Matovu, S. Levine. *Sectorial and Welfare Effects of the Global Economics Crisis on Uganda: A Recursive Dynamic CGE Analysis*［R］. *Research Series* No. 73, 2010.

［15］Willenbockel, D., S. Robinson. *The Global Financial Crisis, LDC Exports and Welfare: Analysis with a World Trade Model*［Z］. *12th Annual Conference on Global Economic Analysis*, 2009.